LEGAL GUIDE
TO INVESTMENT
IN POLAND

投资波兰法律指南

主　编 / 万　猛　[波]拉法乌·波利哈什
副主编 / [波]爱娃·罗特-皮耶特日克　闫　冬

中国法制出版社
CHINA LEGAL PUBLISHING HOUSE

目　录

前　言 1

第一章　在波兰从事经济活动 1

第二章　波兰公司法 23

第三章　中波两国商主体订立合同的冲突法问题 44

第四章　商主体订立合同的基本原则和要件 48

CONTENTS

FOREWORD 79

Ⅰ. DOING BUSINESS IN POLAND 83

Ⅱ. COMPANY LAW IN POLAND 115

Ⅲ. CONFLICT OF LAWS PROBLEMS IN CONTRACTS ENTERED INTO BETWEEN BUSINESS FROM POLAND AND CHINA 150

Ⅳ. BASIC RULES AND REASONS FOR ENTERING INTO CONTRACTS (INVOLVING BUSINESSES) 160

SPIS TREŚCI

SŁOWO WSTĘPNE 219

Ⅰ. PODEJMOWANIE I PROWADZENIE DZIAŁALNOŚCI GOSPODARCZEJ W POLSCE 223

Ⅱ. PRAWO SPÓŁEK W POLSCE 257

Ⅲ. KOLIZYJNOPRAWNE ZAGADNIENIA UMÓW ZAWIERANYCH POMIEDZY PRZEDSIĘBIORCAMI Z POLSKI I CHIN 290

Ⅳ. PODSTAWOWE ZASADY I PRZESŁANKI ZAWIERANIA UMÓW (Z UDZIAŁEM PRZEDSIĘBIORCÓW) 300

前 言

读者现在所读的这本书是北京外国语大学法学院和卡托维兹西里西亚大学法律与行政学院（WPiA UŚ）两校共同合作的成果。2005年，西里西亚大学爱娃·罗特－皮耶特日克（Ewa Rott–Pietrzyk）教授以及拉法乌·波利哈什（Rafał Blicharz）教授首次提出了与中国大学开展合作的想法。这一提议得到了北京外国语大学法学院时任院长万猛教授、欧洲语言文化学院院长赵刚教授以及波兰研究中心主任李怡楠女士的积极响应。

在与北京外国语大学合作的同时，卡托维兹西里西亚大学法律与行政学院也和东北大学文法学院开展了合作项目。在东北大学文法学院院长孙萍教授以及隋军教授的大力支持下，两校的合作硕果累累。

与上述两所中国大学最重要的合作成果就是全波兰第一所中国法律与文化学院的成立。此外，合作的形式还包括教研室和学生的互访、联合培养博士生以及学术交流（主要以出版物及会议的形式进行）。另外，我们也在商业方面给予企业支持。例如，我们受政府或机构的邀请，为企业提供专业的法律指导。

与此同时，我们还计划与两所中国高校合作出版关于本国经济活动的系列书籍，并以三种语言编写，即汉语、英语和波兰语。该系列书籍将为在波兰的中国商主体以及在中国的波兰商主体分别介绍在两个国家从事经济活动的基本信息。《投资波兰法律指南》是该系列的首部作品。该书主要以波兰法律为研究对象，为在波兰从事经济活动的中国企业介绍了波兰法律的基础知识，主要涉及：订立合同、从事经济活动以及公司法的问题。在之后的书中，我们还将会介绍其他对在波兰的中国企业来说具有重要意义的机制。

我们将诚恳地接受读者提出的意见和建议，只要其能够帮助我们实现目标，即让更多的中国人了解波兰的法律体系。我们会选择最重要的领域来讲解波兰法律知识。现阶段我们并不会深入地去分析在波兰订立合同、从事经济活动以及公司法的问题。如果有读者对个别的法律机制特别感兴趣，我们将在之后的书里对个别机制作出详细的分析。我们十分期待读者们的反馈。

同时，我们也想告诉读者们另一个好消息，那就是：由北京外国语大学的法学教授们编写的关于中国法律的书也已经完成。该书的名字和宗旨与本书完全一致，不久后将于波兰以三种语言发行。两所高校所著的书在主题和宗旨上就好像“镜面反射”，使读者们能够在同一时间既了解中国的法律和文化，又了解波兰的法律与文化。

因此可以说，我们为读者献上的这本书是中波两国多层次合作的又一个进步，但这绝不是终点。作为作者，我们将衷心地感谢读者们对本书的接受，也希望读者们能够积极参与我们的工作。只有这样，我们之后的书才能够更加完美、高效地介绍有关中国和波兰经济活动的法律知识。

我们也希望借此机会向许许多多参与到西里西亚大学与北京外国语大学以及东北大学的合作项目中的人士表示感谢，没有他们的支持，这本书无法完成。我们衷心感谢大学的校领导们，特别是：彭龙校长，维斯瓦夫·巴内希（Wiesław Banyś）校长以及米罗斯瓦夫·纳考涅赤内（Mirosław Nakonieczny）校长。同时，我们也对参与合作的法学院院长们，即万猛院长、孙萍院长以及切斯瓦夫·马尔蒂斯（Czesław Martysz）院长表示衷心的感谢。我们也感谢西里西亚大学波兰语言文化学院院长约兰塔·坦博尔（Jolanta Tambor）女士以及国际研究中心主任罗姆阿尔德·苏达克（Romuald Cudak）先生的鼎力支持和指导，他们在与中方的联系中发挥了重要作用。在合作过程中，我们与中方结下了深厚的友谊。如果学术交流里没有情感与友谊作为基础，那是不能算作完美的。而在与中方的合作中，我们最珍惜的恰是这份友谊。

我们同时也感谢西里西亚大学所有参与到合作项目中的行政人员，特别是阿佳塔·武伊齐克（Agata Wójcik）女士以及玛乌戈热塔·布哈赤（Małgorzata Buchacz）女士。借此机会，我们也对中国法律与文化学院的行政主任阿内塔·

帕雍克－考祖博（Aneta Pająk–Kozub）表示感谢，感谢她为我们的学院塑造了良好的形象。

最后，我们想对宝贵的译者们表示感谢，没有他们的付出我们自然无法读到本书。尼克·福克纳（Nick Faulkner）先生负责英文翻译与校订，同时也在其他方面给予了我们许多支持。中文翻译方面则由就读于北京外国语大学波兰语系，同时也学习法律的张蜜女士以及精通中文的波兰律师巴尔托什·高扎（Bartosz Gauza）先生负责。我们知道，波兰语到中文的翻译是一个十分艰巨的任务，因此他们对我们来说是十分宝贵的人才。

爱娃·罗特－皮耶特日克
拉法乌·波利哈什
皮特·皮尼奥尔
马切伊·扎哈里亚谢维奇

第一章　在波兰从事经济活动*

第一节　经济活动的概念

《波兰共和国宪法》（以下简称宪法）保证了在波兰从事经济活动的基础条件。例如，宪法主张保护私有权，以及经济活动自由与平等原则[①]。宪法第 20 条将波兰的经济模式确定为社会市场经济，该模式以自由经济、私有财产权，以及社会成员之间的团结、沟通与合作为基础，这也是波兰共和国经济体制的基础。《经济活动自由法》则更加详细、基础且全面地对在波兰开展及从事经济活动的行为作出了规定[②]。该法律具有普遍性，也就是说，只有在其他关于波兰经济活动的法律没有作出另外规定时，才适用该法律。（这正体现了拉丁语格言 lex specialis derogat legi generali，也就是“特别法优于一般法。”）

经济活动是一个为了达到特定目标，也就是生产特定产品或者完成特定服务而去联系并利用不同因素（如设备、劳动力、技术、信息网、产品）的过程。《经济活动自由法》，有时也被称为“公共经济权利宪法”，对经济活动作出了法律上的定义。根据《经济活动自由法》第 2 条的规定，经济活动包括以营利为目的的生产、建筑、商业和服务业活动，勘探、识别及开发矿藏的活动，以及有序且持续[③]的职业活动。这里所提及的对经济活动的定义包含以下几个结构性的要素：营利性、特定经济活动类型（经济活动领域）、持续性以及有序性。

---

* 作者为卡托维兹西里西亚大学（University of Silesia in Katowice）拉法乌·波利哈什（Rafał Blicharz）教授。

① 1997 年 4 月 2 日《波兰共和国宪法》，1997 年法律公报第 78 号，483 项及其修正案。

② 2014 年 7 月 2 日《经济活动自由法》，2015 年法律公报第 584 号，584 项及其修正案，以下使用简写“usdg”。

③ 与税法的定义略有不同。

要确定某一项活动是经济活动，那么该活动首先必须以营利为目的，也就是说，每一个商主体所从事的活动必须是有偿的，以营利为目的的，即使该活动没有给他带来利润。不能获利的结果可能是商主体不善经营导致的，也可能是有意的行为，特别是（但不只是）在经营初期，商主体付出的成本往往大于获得的利润（广告、推销、购买材料、装修、基础设施）。综上所述，一项活动是否具有营利性由客观因素决定。如果某项活动客观上不能营利（如非营利性活动、利他活动、自给自足），则不能被视为经济活动。

在上述定义里指出的活动类型，即生产、建筑、商业、服务业活动，勘探、识别及开发矿藏活动，以及有序且持续的职业活动，只是举例。这样的分类还可以更加具体。《经济活动自由法》没有对经济活动的类型作出具体的定义。关于此问题我们需要参考别的法律文件，其中比较重要的是部长会议于2007年12月24日出台的关于波兰经济活动分类（PKD）的法规[①]、于2015年9月4日出台的关于波兰产品和服务分类（PKWiU）的法规[②]，以及建筑法[③]。

要精准地确定生产活动这一概念的界限常常会很困难。关于波兰经济活动分类的法规将生产活动解释为通过物理或者化学的方式将原料、材料或者半成品加工为新产品（工业加工）的活动。用于加工的原料、材料或者半成品来自农业、林业、渔业、矿业或者其他生产活动。对自有或购买所得的材料进行实质性的改变、改造、翻新、重建或者装配，同样与生产活动相关。值得注意的是，如果生产出新的最终产品，而在生产过程的初期阶段使用的是废物（如废纸生产彩纸），那么这样的活动就被视为是生产活动（不同于回收利用可再生材料）。然而，加工废物所产生的可再生原料，应该被看作中间型产品，而不是新的最终产品。

我们可以尝试根据《建筑法》来定义建筑活动，它将建筑工程解释为重建、装修、翻修或者拆除建筑物的工程。

波兰经济活动分类的相关法规将经济活动解释为买入再卖出特定商品的活动。

---

① 2007年法律公报第251号1885项及其修正案。

② 2015年法律公报1676项。

③ 1996年7月7日出台的法律，2016年法律公报290项及其修正案。

服务业活动的概念非常宽泛。尽管现在还没有对此概念的规范性定义，但我们可以将服务理解为任何不会产生新商品（产品）的劳务。值得强调的是，欧盟法将服务业活动从经济活动中区分了出来。根据欧盟法，《波兰境内提供服务法》[①]将服务理解为是为了自身利益且以营利为目的而提供的劳务，尤其是建筑服务、商业服务及职业服务。我们将下列几类人称为服务者：

1. 来自其他欧盟成员国，不从事经济活动，在波兰共和国境内暂时性地提供服务的自然人、法人或者非法人组织；

2. 来自其他欧盟成员国，按照当地国家现行的法律从事经济活动，在波兰共和国境内暂时性地提供服务的商主体；

3. 在波兰共和国境内拥有住所或者居住地，提供服务，而不从事经济活动的自然人、法人或者非法人组织。

而服务接受者则应该理解为来自欧盟成员国，使用或将要使用服务者所提供的服务的自然人、法人以及非法人组织。

勘探、识别及开发矿藏是一种专业的经济活动。因为要开展并进行这一领域的经济活动首先需要获得特许权，在此基础上才可以进行特定类型的活动。《地质和采矿法》将勘探活动定义为以确定和初步记录矿藏、地下水或者地下二氧化碳资源为目的的地质工作，而识别活动则是在确定区域内初步记录矿藏、地下水或者地下二氧化碳资源的地质工作。

职业活动包含两层意思，它既指从事特定职业，尤其是独立职业（如律师、医生、护士、建筑师），也指以专业的方式从事某种活动。只有在以自己的名义且为自身利益从事特定职业时，我们才将其视为经济活动。因此，在劳动关系下从事某种职业不能被认为是经济活动。

另外，经济活动必须是有序且持续的。

有序性是指采取一系列以准备和进行经济活动为目的的行为。开展经济活动需要完成许多正式的程序，主要是注册登记、后勤、组织等。在进行经济活动过程中也要求有序性。每一个商主体应该做好准备，以便能够合理地

① 2010 年 3 月 4 日出台的法律，2016 年法律公报 893 项。

进行其所从事的经济活动。例如，一位机械师虽然不需要拥有所有的汽车部件，但至少需要具有最常更换或修理的部件，同时应该确保自己有固定的供应商，能够及时地向他提供所需要的工具和材料。通常假定每个主体都是具备有序性的，但问题在于有序性的程度。考虑到从事经济活动的专业性，商主体应当保持最高水平的有序性。这也是评判商主体所提供的服务承担责任的标准。

持续性意味着商主体应该明确至少在一段时间内会稳定地从事经济活动。临时或偶然提供的服务不能被算作经济活动，即便它满足定义的其他前提条件。持续性体现在商主体进行的活动是永久或不间断的，如每周 5 天；也体现在商主体从事的活动是周期性的，如季节性活动——只在冬天租借滑雪用具，只在夏天销售冰淇淋；另外，还体现在为开展经济活动而进行的一次性的行为，如修建一栋房屋或一个社区。

在个别情况下，即便满足所有评判经济活动的前提条件，也不能承认其是经济活动。这些情况包括：

1. 农业中涉及耕种农田、饲养动物、种植植物和蔬菜、林业、内陆渔业的生产活动；

2. 农民出租房间、出售家庭餐饮以及在农村提供其他与旅游相关的服务；

3. 农民在一年的经营期内生产不少于 10000 公升的葡萄酒的生产活动；

4. 农民出售自产农业产品的活动。

第二节　商主体的概念

一、对商主体的基本定义

在波兰，大约有 20 种对“商主体”这一概念的不同定义。这些定义出自不同的法律文件，而其中最具权威性的是《经济活动自由法》以及《民法典》[①]

① 1964 年 4 月 23 日出台的法律——《民法典》，2016 年法律公报 380 项，以下简称“kc”。

对此概念的系统性定义。这两部法律对此概念所作出的规范性解释在原则上也是基本一致的。根据《经济活动自由法》第 4 条的规定，商主体是以自己的名义从事经济活动的自然人、法人以及由特别的法律赋予其民事权利能力的非法人组织。从事经济活动的民法公司合伙人也被视为商主体[①]。而根据《民法典》第 43 条的规定，商主体是以自己的名义从事经济活动或职业活动的自然人、法人以及具有民事权利能力的非法人组织。在波兰，绝大多数对“商主体”的定义都结合了这两种定义里的两种要素，即主体要素和客体要素。主体要素说明了哪些主体可以成为商主体，而客体要素则说明了需要从事哪些活动才能够被视为商主体。鉴于以上论述的定义，我们可以得出结论，在波兰任何法律主体都能够成为商主体。而将某一主体视为商主体的前提条件是该主体从事经济活动。在《民法典》对“商主体”的定义中，紧跟“经济活动”一词出现的“职业活动”，与《经济活动自由法》在“经济活动”定义中所解释的“职业活动”在含义上是一致的。因此我们认为，《民法典》和《经济活动自由法》对“商主体”的定义在本质上是一致的。

以上介绍的对“商主体”的定义是对这一概念的基本理解。但正如前面所说，在一些法律文件里，对商主体的定义更加广泛。例如，《反不正当竞争法》认为，偶然从事营利的或职业活动的自然人、法人或非法人组织也是商主体[②]。

《经济活动自由法》同时也对“外国商主体”的概念作出了定义（第 5 条）。外国商主体是指在境外从事经济活动的外国人或者在境外从事经济活动的波兰公民。按照该条款的规定，外国人指以下几类人：

1. 不具有波兰国籍的自然人；

2. 住所在境外的法人；

3. 住所在境外且拥有民事权利能力的非法人组织。

---

① 有关民法公司的内容请参见第二部分。

② 1993 年 4 月 16 日出台的《反不当竞争法》第 2 条，2003 年法律公报第 153 号 1503 项及其修正案。

二、按照经济活动规模对商主体的分类

按照欧盟的法律，主要是出于国家援助法的需要，将波兰的商主体分为了微型、小型、中型和大型商主体。

微型商主体是指在最近两个会计年度内至少有一个年度同时满足以下的条件：

1. 年平均雇用职工少于10人；

2. 每会计年度来自销售货物、产品、服务或者金融交易的净营业额不超过两百万欧元，或者，在这些会计年度中其中一年度年底的资产负债总额不超过两百万欧元。

小型商主体是指在最近两个会计年度内至少有一个年度同时满足以下的条件：

1. 年平均雇用职工少于50名；

2. 每会计年度来自销售货物、产品、服务或者金融交易的净营业额不超过一千万欧元，或者，在这些会计年度中其中一年度年底的资产负债总额不超过一千万欧元。

中型商主体是指在最近两个会计年度内至少有一个年度同时满足以下条件：

1. 年平均雇用职工少于250名；

2. 每会计年度来自销售货物、产品、服务或者金融交易的净营业额不超过五千万欧元，或者，在这些会计年度中其中一年度年底的资产负债总额不超过四千三百万欧元。

在确定商主体身份时，需要按照波兰国家银行在选定的会计年度最后一天的外汇牌价，将欧元换算成兹罗提。而在计算年均雇用职工数时，只计算全职职工。并且不应该算入正在休产假、陪产假和亲子假的职工，以及正在做职业准备的职员。如果商主体总的经营时间不足一年，则以商主体最近一段时期的经营记录来估算商主体来自销售货物、产品、服务或者金融交易的净营业额，以及年均雇用职工数。

第三节　经济活动的原则——商主体的权利和义务

原则对每一领域法律的体制性规定都具有关键性意义。它们是法律解释中的规范性指引，因此在适用法律过程中，将以它们为标准来解决出现的疑问。它们也多次对商主体、消费者以及其他经济活动主体的权利、自由及义务作出了规定。在经济活动法的原则中，最常用的是经济活动自由、平等、合法、公开及诚信竞争原则。其中大多数原则的效力由宪法所赋予，在司法惯例和法律文献中有对其广泛的扩展以及丰富的解释。

经济活动自由原则意味着从事经济活动的决定是自由作出的。该原则还意味着，任何人都不能强迫他人开展或进行经济活动，同样也不能禁止他人进行经济活动，除非是在违反法律的情况下。同时也意味着，商主体有选择经济活动的领域、形式和范围的自由。选择经济活动的领域在原则上是不受限制的——商主体可以从事任何经济活动（选择任何领域）。然而从事经济活动的法律形式则是受限制的。考虑到安全原因，立法者根据经济活动的领域对其法律形式设置了很多限制（如银行业、保险业、公共投资机构等）。

经济活动的范围指从事经济活动的时间、地区、质量以及对象。理论上，商主体可以自行决定其进行的经济活动是否受时间限制。但一般情况下经济活动的时间不是固定的。领土范围决定了经济活动的领土界限。商主体一般不会超过这个范围，也就是说，商主体既可以在全国领域内，也可以在欧盟领域内进行经济活动。在一些情况下，所提供服务的质量也可以决定经济活动的范围，如一些与旅游相关的服务（酒店星级）。由商主体选择的经济活动类型决定经济活动的领域。

平等原则的意思是，处于相同事实和法律状况的商主体应该被同等对待。任何形式有关年龄、性别、性取向、出身、政治态度、民族、道德信仰的歧视都是被禁止的。

合法原则赋予商主体遵守法律法规的义务，其中包括社会共存原则以及已有的习惯。该原则同样也适用于公共行政机关，它们只能以法律为依据，并且在法律的界限内行使权利。

按照公开原则，经济活动必须对每一个人公开。这一原则的实现由商主体登记处的信息公开性保证，同时也依赖于对所提供的服务或生产的商品进行相应标记的义务。另外，在通信中商主体有义务标明注册登记号、纳税人识别号以及其他的身份识别标志。

商主体也必须遵守公平竞争原则。这里所指的不仅是遵守反不正当竞争法，也是指将反不正当竞争作为社会经济的现象，实现对竞争者和消费者的保护。

一些专家在解释经济活动原则时，也提到了下列这些原则：公共援助，保护所有权，尊重公共利益及他人合法权益，相互承认证书、证明书或其他能够确认商主体满足在欧盟境内开展和进行经济活动条件的文件，以及自由缔结合同原则。

除上述原则，暂停经济活动的权利以及向国家机关申请法律条款解释的权利也很重要。

商主体可以申请暂停经济活动以及重新开始经济活动。没有雇员的商主体可以暂停经济活动 30 天到 24 个月。但这一原则也有例外。没有雇员且从事经济活动 6 个月以上的商主体，可以出于照顾子女的原因，暂停经济活动 3 年，但最长不超过子女年满 6 周岁，除非其子女因健康问题（确认为残疾或部分残疾）需要商主体亲自照顾，在这种情况下，可以暂停经济活动 6 年，但最长不超过子女年满 18 周岁。

商主体可以一次性完全使用规定的暂停经济活动的时间，也可以分最多 4 次使用该时间。如果是以民法公司的形式进行经济活动，那么暂停经济活动的行为只在所有合伙人都已暂停的情况下才生效。如果商主体是两家或以上的民法公司的合伙人，那么他可以在一家或多家公司中暂停经济活动。但以多种法律形式进行经济活动的商主体只能够暂停其中一种形式的经济活动。在暂停经济活动期间，商主体不能进行经济活动，也不能取得来自农业活动以外的收入。但其具有以下权利和义务：

1. 进行所有维持或保证收入来源的必要活动；

2. 偿还或履行在暂停经济活动的日期之前所产生的债务或义务；

3. 出售自己的固定资产和设备；

4. 参加与暂停经济活动之前的经济活动相关的司法程序、税收程序和行政程序；

5. 履行所有法律规定的义务；

6. 获得来自暂停经济活动之前的经济活动的资金收入；

7. 如果商主体违反法律规定，则应该受到审查。

在公法性质的责任方面，暂停行为从开始暂停经济活动之日起生效，直到重新开始经济活动之日结束。

考虑到公共行政机构在解释法律法规时的可信度问题，立法者赋予商主体获得有约束力的法规解释的权利。商主体可以向相应的行政机构提交申请，要求就其个人的事务，出具关于某法规适用范围和方式的书面解释，其中可以申请解释的法规包括税收、社保、医保等。申请解释的内容可以涉及已有的事实状态或未来的事件。申请里应说明事实状态或未来事件以及就此事的自身立场。行政机关以行政决定的形式出具法规解释，而申请者拥有提出上诉的权利。

解释包括说明在某一事件中的正确立场，并引用法律陈述理由。另外，要告知申请人提起上诉的权利。行政机构应该毫不拖延地给出解释，最迟不晚于收到完整的已付款的申请之日起 30 天内（对于一些特别的法规，如税收，可以有更长的时间）。如果行政机关没有在规定的时间内给出解释，则将商主体在申请中所介绍的立场视为正确的。重要的是，解释对商主体来说没有约束力。

商主体在所获解释的适用范围内不需要承担任何税赋、行政制裁、经济制裁或者刑罚。然而解释对于行政机构来说是有约束力的。当商主体将相应行政机构出具的解释运用到实践中时，这一解释同样具有效力。行政机构出台的法规解释公布于其网站以及信息公报的网站上。

由主管经济的部长（波兰现为发展部部长）负责的针对商主体的电子服务平台，是商主体与行政机构的联系站。借助公共行政机构的电子平台交换信息，商主体能够更加便捷地处理有关在波兰境内开展、进行或终止经济活动的事务。该平台实现了以电子方式向相关部门投递申请的方式，包括向“波兰经济活动注册与信息中心”（CEIDG）递交注册申请，以电子方式发送有关开展、进行或终止经济活动必不可少的声明或通知，以及职业资格证。

在该服务平台的帮助下，商主体还可以了解到：有关在波兰境内开展、进行和终止经济活动时要求的程序和形式；在欧盟国家从事服务业的基本原则；相关机构的联系资料及他们的职责范围、工作方式；进入公共登记机关和有关经济活动的公共数据库的条件；在相应机构与商主体或消费者、商主体和消费者或者商主体与其他商主体发生纠纷时应该使用的法律手段等。

《经济活动自由法》规定了商主体特别的义务，其中值得注意的有：保证某项活动由具有相应资格的人完成，商主体之间必须以非现金流通的方式进行支付，以及与实现经济活动公开原则相关的义务。如果特别法规定，在完成特定类型的经济活动时，需要由具备相应职业资格的人完成，那么商主体有义务保证这一点的实现。

以非现金流通的方式完成支付，是指在下列情况时，支付或接收与经济活动有关的付款都需要间接通过商主体的支付账户：

1. 交易一方是其他商主体；

2. 一次性交易额超过了 15000 兹罗提；以其他货币结算的交易将按照波兰国家银行在完成交易的前一个工作日的汇率换算成兹罗提。

经济活动公开原则规定了商主体在波兰共和国境内对流通商品做标记的义务。商主体有义务在货物、货物的包装、标签、说明书上，以普遍接受的方式，用波兰语注明以下的信息：

1. 说明生产商及其地址，如果生产商的住所在欧盟成员国以及欧洲自由贸易联盟成员国境外，则需要说明生产商的国家以及住所。

2. 提供能识别货物的信息，除非货物的用途是显而易见的[①]。特别法规定商主体有提供更加具体的信息的义务。

另外，如果商主体通过直销或通过大众传媒工具、信息通信网络或大宗邮件的方式远程销售货物或提供服务，那么该商主体有义务在交易中至少给出以下信息：

1. 商主体的公司；

2. 纳税人识别号；

3. 商主体的住所和地址。

第四节 经济活动的程序性规定

一、本国商主体

根据公开性原则，为了保证流通的安全以及经济活动的合法性，开展经济活动要求进行相应的申报。在波兰有两个基本的经济活动登记机关："波兰经济活动注册与信息中心"（CEIDG）以及"国家法院登记处"（KRS）。除此之外，也有其他的登记处和信息处。这些机关根据经济活动的不同类型或者登记主体的不同类型各司其职。

经济活动注册与信息中心由《经济活动自由法》规定，而国家法院登记处则由《国家法院注册法》规定[②]。经济活动注册与登记中心为自然人商主体服务，而国家法院登记处则为其他类型的商主体服务。

商主体可以在向经济活动注册与登记中心提交登记申请后或在获得国家法院登记处的商主体备案后开展经济活动。

（一）经济活动注册和信息中心

经济活动注册和信息中心由波兰主管经济的部长（现为发展部部长）通过

① 不涉及食品和医学产品。

② 1997 年 8 月 20 号出台的法律，法律公报 687 项及其修正案。

信息通信系统负责。在经济活动注册和信息中心注册之前，需要提交申请。申请可以通过公共行政服务平台以电子邮件的形式提交，也可以以纸质文件的形式提交。如果申请是纸质文件，则需要将其提交到指定的地方政府，或者以挂号信的方式邮寄到指定的地方政府。以这种方式提交的申请需要证实申请人的身份。

申请的模板可以在经济活动注册和信息中心的网站下载（https://prod.ceidg.gov.pl/ceidg.cms.engine/）。当申请资料合格时，在经济活动注册和信息中心的注册即完成。以下情况将被视为申请资料不合格：

1. 缺少要求的信息；

2. 所包含的信息不符合法律法规；

3. 所涉及的活动违反法律法规；

4. 申请提交者被有效判决禁止从事经济活动；

5. 相关人已经在经济活动注册和信息中心注册过；

6. 没有附上符合法律要求的声明；

7. 无签名；

8. 提交者无资格。

如果申请不合格，地方政府的工作人员或信息通信系统会在第一时间通知申请提交人这一消息。经济活动注册和信息中心将申请中的相应信息发送给其他分管不同事务的机构（税收事务——税务局，数据事务——统计总局，社保事务——社保局）。在经济活动和注册中心的数据会持续更新，并和其他与商主体有关的登记处和机构进行信息互换（例如，一个以自身名义从事经济活动的自然人商主体转型成资本组合公司，需要在国家法院登记处注册，这时国家法院登记处会通知经济活动注册和信息中心有关转型的事实，破产法院、国家刑事登记处也会将类似相关的信息转交给经济活动注册和信息中心）。完成在经济活动注册和信息中心处的注册后，商主体会收到一份证明。该证明为电子版，也可以在经济活动注册和信息中心的网站上下载打印。

记录在经济活动注册和信息中心的数据适用正确性推定原则。如果因为商主体的申请资料而导致其在经济活动注册和信息中心的数据有误并造成了损失，那么由注册的自然人商主体对损失负责。同样，注册的自然人商主体也要对因为没有在规定时间内提交数据或者没有申报变更数据而造成的损失负责。除非该损失是由不可抗力造成的，或者是受害者或第三方的全责，此种情况下，注册人不需要承担责任。当发现在经济活动注册和信息中心登记的信息与现实不符时，发展部部长可以要求商主体在7天之内变更错误信息。

当出现以下情况时，应将商主体以行政决定的形式从经济活动注册和信息中心的记录中删除：

1. 确认商主体永久停止经济活动；

2. 商主体申请暂停经济活动，在申请的暂停时间过去后，商主体没有提交重新开始经济活动的申请；

3. 境外商主体失去进行经济活动的资格；

4. 商主体的注册违反法律；

5. 商主体对其进行经济活动的住所没有法定权利；

6. 商主体被判决禁止从事经济活动；

7. 商主体死亡。

经济活动注册和信息中心的数据和信息是公开的，每个公民都有权利获取这些数据和信息。

（二）国家法院登记处

国家法院登记处由三个登记处组成：

1. 商主体登记处；

2. 协会、其他社会和职业组织、基金会以及公众医疗单位的登记处；

3. 无偿付能力的债务人登记处。

商主体登记处由管辖范围为省或其中部分地区的地方法院（经济法院）在信息通信系统上负责。除此之外，还特别任命了国家法院登记处信息中心（CIKRS），该部门负责收集登记处的信息，同时应申请者的请求向其提供信息。波兰的乡级政府（乡是波兰行政区划的最低等级）也协助登记处的工作，他们保证申请者能够获得正式的申请表格，获知收费和支付信息以及法院登记处的地区管辖范围。登记处所录入的信息是公开的。相关的信息可以在网站 https://ems.ms.gov.pl/krs/wyszukiwaniepodmiotu 上找到。同样，每个人都有权查看商主体登记处录入的公司登记文件。

在商主体登记处登记的是非自然人商主体。其中包括商业公司（无限公司、合伙公司、两合公司、股份两合公司、有限责任公司以及股份公司）、欧洲经济利益集团、欧洲合作社、合作社、国有企业、科研所、相互保险公司以及在波兰境内的外国企业的分部。在建立法律主体的阶段，在商主体登记处登记的行为常常意味着主体成立或被赋予了法人资格。

在登记处注册前首先需要提交申请，申请的模板可在司法部的网站①上下载：商主体应该在出现登记必要之日起 7 日内提交在商主体登记处登记的申请。在提交商主体申请时，需要附上司法规费的支付凭证。因为根据公开性原则，商主体登记的部分内容需要在特别的公报中公开（即《法院与经济公报》），所以应该为公开登记信息支付相应的费用。在提交申请之后，登记法院需要在形式和内容方面对申请人进行审核。该过程一般为 7 天。完成登记备案后，登记法院将相关资料转交给国家纳税人主体的中央登记处以及统计总局。和经济活动注册与信息中心一样，国家法院登记处也会不断更新其录入的信息，并且与其他登记处进行信息互换，同时会采纳来自其他主体（如公证处、银行、政府行政机构、法院、法院执行人、国家刑事登记处信息中心）的信息。

由于在商主体登记处录入的信息适用正确性推定原则，因此当确认商主体没有向商主体登记处递交合规的注册申请时（如果申请具有强制性），登记法院有义务严格要求商主体在额外的 7 天之内完成合规的注册申请，否则将会被罚款。登记法院同样也可以以此为目的采取特别的强制程序。如果被罚款或执行强制程序后，在商主体登记处注册的商业公司仍旧不履行注册义务，那么登记法院能够基于重要的原因宣布解散该公司或指定清算人。

---

① https://bip.ms.gov.pl/pl/rejestry-i-ewidencje/krajowy-rejestr-sadowy/formularze-wnioskow-skladanych-do-centralnej-informacji-krs/.

二、外国商主体

上文我们解释了对外国商主体的定义。对于在波兰从事经济活动的外国商主体来说，最重要的是国民待遇原则。所有的欧盟国家都通过立法来保证这一原则的实现。波兰《经济活动自由法》第 13 条对该原则做出了解释，即来自欧盟成员国、欧洲自由贸易联盟成员国的商主体以及来自某些其他国家的外国商主体，能够在波兰按照和波兰人相同的原则开展和进行经济活动。

来自上述国家以外的公民，且在波兰共和国境内拥有特殊身份（如拥有欧盟的永久居留许可证、欧盟长期居留许可证、临时居留许可证、难民身份、辅助性庇护、出于人道主义的停留许可，容忍居留许可，或者在波兰共和国境内与波兰居民缔结婚姻，在波兰共和国使用临时庇护，拥有波兰人卡等情况），可以在波兰共和国按照和波兰人相同的原则开展和进行经济活动。但是不属于以上所说的两种类型的外国人仅有权利通过以下形式的公司从事和进行经济活动：两合公司、股份两合公司、有限责任公司和股份公司，同样也有加入这些公司以及收购或参与其股份的权利，除非国际协约另有规定。

国民待遇原则允许外国商主体在波兰能够按照和波兰公民相同的原则进行经济活动。但这只涉及来自欧盟国家或者拥有特殊身份的外国商主体。不属于以上所说类型的外国人只能够援引该原则的第三部分。

外国商主体能够在国民待遇原则的范围内，以任何合法的法律形式开展和进行经济活动。除了公司、基金会、协会等形式，外国商主体也能够以分公司和代表处的形式进行经济活动。

分公司是商主体在其住所或办公主要地点以外的地方单独设立的，在组织上是独立的。除非正式批准的国际协约另有规定，外国商主体能够基于互惠原则，在波兰共和国境内设立分公司。设立分公司的商主体只能在外国商主体受允许的范围内活动。分公司需要在国家法院登记处的商主体登记处进行注册。

无论国家法院登记处的法规会产生怎样的义务，在创立分公司阶段，外国商主体有以下义务：

1. 给出波兰分所的代表人姓名（分公司负责人）；

2. 提交经公证机关公证的分公司负责人的签字样本；

3. 将从事经济活动所依照的文件副本（组织简章、协议以及公司章程）提交到分公司的注册文件中，并附上由宣誓翻译官翻译的波兰语译文；如果外国商主体在波兰共和国境内创立了不止一家分公司，那这些文件可以只提交到其中一家分公司的登记文件中；

4. 如果存在或进行经济活动的依据是在登记处登记，那么需要在分公司的登记文件中附上这一登记文件的副本以及由宣誓翻译官翻译的波兰语译文；如果外国商主体在波兰共和国境内创立了不止一家分公司，那这些文件可以只提交到其中一家分公司的登记文件中。

在完成对分公司的登记后，外国商主体将有以下义务：

1. 使用和总公司同样的名字，加上法律形式的波兰语译名，并在后面注明“波兰分公司”字样；

2. 依据《会计法》用波兰语对分公司做单独的账务；

3. 在清算程序开始或失去经营权的情况下，应当在情况出现之日起 14 天内对主管经济事务的部长报备所有事实或法律状态的变更。

分公司受到主管经济事务部长（发展部部长）的长期监管。当出现下列情况时，部长有权作出禁止外国商主体通过分公司经营的决定：

1. 分公司严重违反波兰法律或者没有履行第 7 点中的报备义务；

2. 对创立分公司的外国商主体的清算程序开始，或者该商主体失去了进行经济活动的资格；

3. 外国商主体的活动危害到国家的安全或防御、保密条款中机密信息的安全或者其他重要的公共利益。

发展部部长告知分公司负责人所作出的决定，并通知其在指定的不少于 30 天的时间内开始分公司清算程序的义务。

外国商主体也可以在波兰共和国境内设立代表处。代表处的活动范围仅限于为外国商主体做广告或推销。由一国相应机构任命来促进该国经济的外国人，也可以在波兰设立代表处，该代表处的活动范围只能是推广该国的经济。

不同于分公司，外国商主体的代表处需要在属于发展部管辖的“外国商主体代表登记处”进行特别登记。只有外国银行或贷款机构的代表处不需要进行这样的登记。在申请登记代表处时，外国商主体需要递交上述和分公司相同的信息和文件。如果申请存在形式上的瑕疵，发展部将告知申请者在不少于 7 天的时间内补全信息。申请者可以根据具体情况延长补充申请的时间。在指定时间内如不能消除形式的缺陷，则会导致申请不被受理。申请通过后，发展部会发出到登记处进行登记的通知。发展部以行政决定的形式驳回登记申请，仅在出现下列情况时可以驳回登记：

1. 设立代表处会威胁到国家的安全或防御、保密条款中机密信息的安全或者其他重要的公共利益；

2. 申请的经济活动超过了代表处被允许的经营范围。

外国商主体在运行代表处时承担和运行分公司相同的义务（指定代表人、命名代表处、为代表处做单独的账务以及对经济活动的变更做相应的报备）。对代表处的监管规定以及禁止其经营的决定条件都与分公司一样。

第五节　对经济活动的限制

对经济活动的限制是自由原则的例外。宪法第 22 条规定，只有在考虑到重要的公共利益时，才可以限制经济活动的自由，并且这种限制只能够以立法的形式实现。基于此，在波兰对经济活动的任何形式的限制都必须有法律基础，并且必须是出于对重要公共利益的保护。

在波兰一共有 4 种基本的限制形式：特许权、许可证、受管制的经济活动以及经营执照。其他的限制形式，被称为软限制，包括：同意、反对、确认和通知。

特许权是一种对经济活动的限制形式，是一项为国家利益保留的权利。大多数国家存在只能由国家开发的经济开发区。其中最常见的是对国家安全具有重要意义的行业，如能源、国防、自然资源的开发、媒体等。这些区域划定了国家垄断的界限，被称为“合法垄断”。特许权意味着打破某一特定类型经济活动的垄断，将经营权授予由相应机关（最常见的是各部门部长以及地方自治政府的机构）选择的商主体。很明显的是，特许权只会授予那些能够保证按规定进行经济活动的商主体。在授予特许权之前，首先要进行特许程序，这是为了检验申请获得特许权的商主体是否可信。特许程序是一项行政程序，在一些情况下会引入招投标的元素（取决于具体的规定）。当申请获得特许程序、能够保证按照规定进行活动且满足授予特许权条件的商主体的数量多于预计授予的特许权数量时，应启动招投标。

以下是需要获得特许权的经济活动类型的详尽清单：

1. 勘测识别烃源岩以及属矿业权的固体矿物，勘测或识别矿藏、二氧化碳贮藏，开发矿藏、物质的地下无罐储存、废物地下储存、二氧化碳地下储存；

2. 生产和周转爆炸性物质、武器、弹药以及军事或武装用途的物品和技术；

3. 生产、处理、储存、转载、运送、经销或周转燃料或能源；

4. 以地下封存为目的的二氧化碳运送；

5. 人身和财产保护；

6. 广播和电视节目传播，除了仅通过信息通信系统而不在地面、卫星或光纤网传播的节目；

7. 航空运输；

8. 经营赌场。

由于特许权是一种自由裁量的行政决定（即使申请者满足所有要求的条件，特许机构仍可以拒绝向其授予特许权），商主体可以申请获得所谓的“特许承诺”，也就是承诺在未来某个时间授予特许权。特许承诺有一段确定的时间，不少于六个月。获得特许承诺意味着在其规定的时间内，在一定程度上可以确定能够得到特许权。通过这样的方式，商主体获得准备进行特许经济活动的时间，可以完成一定的投资，与承包人建立合作。当他完成这些事项后，可以以其所有的特许承诺为依据，再次向相关机构请求授予特许权。特许机构在特许承诺有效期内，只有在以下情况发生时，才能拒绝授予特许承诺：

1. 在特许承诺申请中的信息发生了变化；

2. 申请者不满足所有获得特许权的条件；

3. 对国家或公民的安全或防御造成威胁。

许可证意味着解除某一经济活动的普遍禁止。和特许权不同，需要许可证的经济活动不仅对每个公民来说都是禁止的，对于公共权力机关、国家（自治政府）法人或者其他国家（自治政府）组织单位也是禁止的。换句话说，任何有意进行这类经济活动的人，必须获得许可证。许可证是一项行政决定，是在完成行政程序之后颁发的文件。这是一种羁束性决定，如果申请人符合法律规定的条件，那么行政机构就必须授予其许可证。原则是，许可证允许在一段不确定的时间内，在全国范围内进行这种经济活动。特别法规也规定了这一原则的例外情况。《经济活动自由法》中（第 75 条）包含对获得许可证的条件作出规定的法律清单。很多法律都对获得该许可证的义务作出了规定，如银行法、资本市场法、药品管理法、航空法等。

受管制的经济活动是指要进行这类经济活动，首先需要满足一些法律规定的特殊条件。受管制经济活动的限制关键是在特别的登记处进行登记的义务。法律没有受管制经济活动的清单。但如烟草业、邮政业、侦探业务、托儿所业务、动物疗养院业务、旅游聚会业务等就是受管制的经济活动。登记信息是对所有人公开的。每一类经济活动由单独的公共行政机构来管理，其中有一些则是由专业机构来管理。有意进行受管制经济活动的人在递交登记申请并通过后会获得登记通知。管理登记的机构应该在 7 日内发出通知。如果没有在规定时间内完成这一行为，而申请是按照规定完成的，那么商主体可以在递交申请之日起 14 天后开始经济活动。

在波兰，只有一些道路和铁路运输法规定的经济活动要求获得经营执照。

我们所说的“软限制”涉及进行一次性或周期性的法律行为，或者进行一定业务范围内的活动。

原则是，特许权、许可证、经营执照、批准或登记受管制的经济活动等行为，使商主体能够在一段不确定的时间内，在全国范围内进行某种经济活动。

第六节　对商主体的审查

《经济活动自由法》同样也对商主体的审查作出了规定。再次强调，只有特别法规没有作出另外规定时，才适用该法（特别法优于普通法）。在实际中有大量的法规在关于审查商主体的问题上有不同的规定。

原则是，每一个监管机构在开始审查之前，有义务告知商主体关于审查的计划。审查机关需要向商主体发送通知，告知其何时将开始审查以及审查的对象是什么。审查应该在该通知到达商主体之日起的第 7 天到第 30 天内开始，开始审查需要另行通知。

审查由一位审查人或一个审查小组进行。在开始审查之前，审查人需要出示相关证件表明其身份（出示审查机关的职业证明以及审查授权书）。审查人必须保持客观性和公正性。如果审查小组中有人表现出了偏见，那么受审查的商主体有权申请撤掉此人。在展开第一个审查工作之前，审查人有义务使受审企业或个人知晓其在审查过程中的权利和义务。审查工作需要在受审人或者其代表人在场时进行。商主体有权参与每一个审查工作。审查工作在受审人的住所或者开展经济活动的地方进行，在受审人同意或在其申请下，也可以在其他存放文档的地方进行。审查时间为工作时间或者商主体实际从事经济活动的时间。经受审人同意后，审查工作或者具体的审查任务也可以在审查机关进行，这样有利于加快审查工作。审查不应当妨碍商主体的工作。告知商主体审查计划的义务是为了让商主体为此做好准备（准备证件、办公室等）。另外，审查工作应该以高效的形式进行，不能妨碍到受审商主体的正常运作。如果商主体以书面形式指出所进行的审查工作严重妨碍到其正常的经济活动，那么审查机关必须在审查报告中解释这些行为的必要性。

商主体有义务在其住所里管理好审查文书、授权书以及审查报告。审查文书可以是文件集的形式，也可以是电子形式。审查文书的作用是记录审查的持续时间及其数据。在审查开始时，商主体应当向审查小组出示审查文书。

原则是，对商主体的审查工作在同一时间只能开展一项。经济活动自由法同时也对审查做出了时间限制。审查机关对商主体进行的所有审查在一年内不能超过：

1. 针对微型商主体：12 个工作日；

2. 针对小型商主体：18 个工作日；

3. 针对中型商主体：24 个工作日；

4. 针对其他类型的商主体：48 个工作日。

延长审查时间只能是出于与审查机关无关的原因，并且需要书面陈述理由。在延长审查开始之前，需要向商主体发送审查延长说明书，并录入审查文书中。如果确认商主体没有合法履行自己的税收义务，审查机构可以将审查时间最长延长到上述时间限制的两倍。如果审查结果表明商主体严重违反法律，可以在当年就同样的审查对象进行再次审查，持续时间不应该超过 7 天。再次审查的时间不算入上述时间限制。

商主体可以以书面形式提起对审查机关所进行的部分审查工作的抗议（违反审查开始原则，如在没有告知商主体或者违背时间规定的情况下开始审查，在没有授权或没有合法形式授权的情况下开始审查，在进行审查之前没有出示相关的审查机关职业证，没有告知受审人在审查过程中的权利和义务，在受审人或其代表人不在场时进行审查工作，同一时间进行多项审查，超过规定审查时间限制）。

当商主体的权利因审查机关的不适当行为受到侵犯时，受审商主体是唯一有权提起抗议的主体。抗议应该在审查机关开始审查工作之日起 3 日之内提交到执行审查工作的机构。如果是超过审查时间限制的情况，则应该在超过时间限制之日起 3 个工作日之内提交抗议。商主体必须用正当理由陈述自己的抗议，具体说明不合法的行为或情况，并指出是哪些规定遭到了违反。

提出抗议后，审查行为将被暂停，暂停的时间不会被计算到审查持续的时间中。审查机关在审批抗议的时间里保护好所采集的与审查对象和范围相关的证据。所有在审查过程中可以成为证据的文件、信息、采样以及其他信息载体都应该受到保护。在收到抗议之日起 3 日之内，审查机关需要作出决定，如果承认抗议的合理性，则应宣布放弃审查行为的决定；如果认定抗议不合理，则应宣布继续审查行为的决定。

商主体如果对继续审查行为的决定不服，则可以在收到该决定之日起 3 日之内提起上诉。将其递交到级别高于审查机关的机关（也就是所谓的“上诉机关”）。上诉机关在提出上诉之日起 7 日之内以行政决定的形式对上诉进行审理。上诉机关结束上诉程序后，作出行政决定，即维持原判或作出终止审查行为的决定。

第二章　波兰公司法[*]

第一节　商业公司

在波兰的法律中，商业公司由 2000 年 9 月 15 日颁布的《商业公司法典》规定[①]。根据《商业公司法典》第 3 条的定义，商业公司的股东或合伙人按照其订立的合同，有义务通过出资的方式来实现共同的目标，如果公司设立合同或章程另有规定，也可以存在另外的合作方式。

忠诚义务是商业公司的特点，也就是合伙人为实现共同目标而共同合作的义务。商业公司是商主体的一种，需要在国家法院登记处的商主体登记处登记。商业公司基本上可以分成两类：人员组合公司（以下简称人合公司）与资本组合公司（以下简称资合公司）。

人合公司包括：无限公司、合伙公司、两合公司以及股份两合公司。人合公司是指为了以自己的商号从事经济活动而设立的公司，它是独立于合伙人的法律主体。人合公司的特点有：合伙人对公司债务承担无限责任，公司由合伙人直接经营，合伙人结构固定不变，不具备法人资格。人合公司须由两位及以上的合伙人组成。人合公司是不具备法人资格的组织单位，但法律授予其权利能力。根据《商业公司法典》第 8 条的规定，人合公司能够以自己的名义取得权利，包括不动产所有权及其他财产权，承担债务，起诉及被起诉，因此它具有权利能力、行为能力以及诉讼能力。

资合公司包括有限责任公司和股份有限公司。资合公司是由公司机构经营

---

* 作者为卡托维兹西里西亚大学（University of Silesia in Katowice）皮特·皮尼奥尔（Piotr Pinior）教授。

① 2016 年法律公报 1578 项，以下简称“ksh”。

的法人。股东不对公司的债务承担责任。资合公司以其全部财产对公司债务承担责任。资合公司有义务维持公司设立合同或章程上确定的注册资本额，这是对债权人的保障。资合公司的特征有：股东结构可变化，多数决策原则（少数服从多数），即股东所持有的股份决定其在公司中的地位。资合公司可以由多个股东组成，也可以仅由一位股东组成，所有的股份属于该独立股东。

我们还应该特别区分出另外两种从事经济活动的法律形式，也就是欧洲公司（拉丁语：Societas Europaea）和欧洲经济利益集团。这两种实体的设立由欧盟法规定：2001 年 10 月 8 日颁布的《欧洲理事会关于欧洲公司章程的 2157/2007 号规章》与 1985 年 7 月 25 日颁布的《欧洲理事会关于欧洲经济利益集团的 2137/1985 号规章》。因此，在欧盟境内设立这样的实体都适用相同的规定，并且可以将它们的住所迁移到另一个成员国。如果要在波兰设立这样的公司，并将其总部设在波兰，则需要在国家法院登记处的商主体登记处登记。

波兰法律还特别区分出了“民法公司”，由《民法典》第 860 条到第 875 条规定。不同于商业公司，民法公司不是独立于合伙人的法律实体，也没有在商主体登记处登记的义务。民法公司是法律上独立的商主体之间签订的一项合作协议，以此为依据，协议方有义务共同达成一定的经济目标。合伙人的经济目标可以是一次性的，也可以是长期的。

由于本书的范围限制，我们在这里只讨论由《商业公司法典》规定的商业公司。

第二节　无限公司

无限公司是一种人合公司，由《商业公司法典》第 22 条到第 85 条规定。目前有两种设立无限公司的方式，即传统方式和电子登记方式。以传统方式设立无限公司时，需要以书面形式订立合同，否则视为无效，并且需要向国家法院登记处的商主体登记处提交登记申请。以电子登记的方式设立无限公司，则需要在信息与通信系统上填写合同模板，录入必要的信息，并以电子签名或通过 ePUAP 账户签订协议。在电子登记的情况下只能以货币出资。在登记处的登记具有构成性，自完成登记的一刻起，公司便正式成立。此外，公司成立的信息必须在《法院与经济公报》中公布。合伙人在公司登记完成后出资。

自然人、法人以及具备法人资格的组织单位可以成为无限公司的合伙人。公司设立合同的内容至少应该包含：商号、公司住所、业务范围、合伙人姓名、合伙人的出资额及价值。无限公司的商号（作为企业在经营中的特定标志）应该包含至少一个合伙人的姓氏（或商号），并标明法律形式："spółka jawna"（无限公司）的字样，也可以使用缩写形式："sp. j."。

无限公司的资产由合伙人认缴出资额以及公司在经营过程中收购的财产构成，独立于合伙人的个人财产。在公司设立合同中确定了合伙人认缴出资额的义务，合伙人可以用货币或非货币的资产（电子登记方式除外）出资。非货币出资的方式包括物权（动产、不动产）、债权、无形资产权、劳动或服务。无限公司的非货币出资方式不受限制。合伙人以出资换取资本份额。资本份额等于合伙人实际认缴出资额，这是计算合伙人财产权的基础。财产权包括：取得资本利息的权利，在退出公司时取回部分资产的权利，分配公司剩余财产的权利。资本份额的价值不是固定的，在公司获利时增加，公司亏损时则减少。除了上述财产权利以外，合伙人还有权利参与公司利润的分配。原则上，无论公司合伙人的出资额或出资方式，他们平等地享有利润分配权，公司设立合同另有规定的除外。会计年终时，每个合伙人可以要求以现金形式分得公司利润。合伙人能够在公司设立合同中改变这一原则，并制定另一种利润分配制度，如按季度、月度、预付等。

无限公司的特点是合伙人直接管理公司的事务。在这里可以分为两个方面：一方面是执行公司事务的权利，主要是在内部关系事务上作出决定并采取事实行为。另一方面是代表公司的权利，包括以公司的名义对第三方作出意思表示（外部关系）。

原则上，每个合伙人有权利和义务管理公司事务，除非公司设立合同另有规定，也可以将公司事务委托给公司之外的人管理。在不超过一般业务范围的行为上，各个合伙人可以独立作决定。在超过一般业务范围的行为上，则需要合伙人一致决议，包括被排除在管理公司事务之外的合伙人。公司设立合同可以另行规定管理公司事务的原则。

各个合伙人在司法与司法之外的行为上可以独立代表公司。公司设立合同可以规定共同代表权，如两个合伙人的共同行为，或者一个合伙人和公司代理人的共同行为。在公司设立合同或法院生效判决的效力下，合伙人的代表权可以被排除。代表公司的合伙人的姓名以及代表的方式应当登记在国家法院登记处。

信息获取权是合伙人的一项非财产权利。各个合伙人有权利获取关于公司财产与经营状况的信息，且可随时查看公司的文书与文件。该权利具有绝对性，不得受公司设立合同的限制（《商业公司法典》第 38 条）。

合伙人有竞业禁止的义务。在未经公司同意的情况下，合伙人不得进行与公司形成同业竞争的活动，也不得以民法公司、无限公司或资合公司的合伙人或机构成员的身份加入竞争公司。合伙人还应当拒绝进行任何与公司利益冲突的活动。

人合公司的特点是合伙人以个人财产对公司债务承担责任。在清偿公司债务时，首先由公司作为独立于合伙人的法律主体以其所有的资产进行清偿。

人合公司允许合伙人人员结构的变化。加入新的合伙人时，需要修订公司设立合同，经过合伙人全体同意，并在国家法院登记处登记。新加入的合伙人对加入公司前一天产生的公司债务承担同样责任。只在公司设立合同有约定的情况下，可以转让合伙人身份（转让所有的权利和义务）。转让合伙人身份要求其他合伙人以书面形式同意，公司设立合同另有规定的除外。退出的合伙人和新合伙人对该退出合伙人参与的债务以及公司债务承担连带责任。合伙人也有权在会计年底的 6 个月之前，解除约定时间不确定的公司设立合同。合伙人退出公司后，仍然对其是合伙人时的公司债务承担责任。

根据《商业公司法典》第 58 条的规定，解散公司的前提条件有以下几种：公司设立合同约定的原因；合伙人全体一致的解散决议；宣布公司破产；合伙人死亡或宣布其个人破产；合伙人或其债权人解除公司设立合同；法庭的终审判决。原则上，在解散公司的情况下，应该进行清算程序，合伙人约定以其他方式结束公司的除外（《商业公司法典》第 67 条第 1 节）。例如，转让公司，一位合伙人收购公司的全部财产以承担其他合伙人的清偿责任。清算程序由清算人负责，他们应该结束公司进行的经营、出售公司的财产、偿还债务并向债务人讨债。即便满足解散公司的前提条件，但在所有合伙人同意下，也可以继续公司的经营，除了宣布公司破产及法院宣判其解散。

第三节　合伙公司

《商业公司法典》第 86 条到第 101 条对合伙公司作出了规定。合伙公司是合伙人为了从事独立职业而以自身名义成立的人员组合公司。合伙公司的特点是合伙人的主体范围有限，也就是说，只有从事独立职业的自然人能够设立合伙公司。另外，在合伙公司中，公司管理模式的选择也是合伙公司一个重要的特点。法律特别规定了对公司债务的责任，因为合伙人不对由其他合伙人造成的公司债务承担责任。在合伙公司的法律没有作出规定的情况下，应该适用规定无限公司的法律。

合伙公司的合伙人可以是：律师、药剂师、建筑师、审计员、保险经纪人、税务咨询师、投资咨询师、建筑工程师、会计、医生、牙医、兽医、证券经纪人、公证员、护士、助产士、法律咨询师、专利代理人、估价师和宣誓翻译。除了《商业公司法典》第 88 条所提及的职业符合特别法，如《心理专家和心理专家工会法》，规定的人也可以设立合伙公司。合伙公司成立的目标可以是从事一个及以上的独立职业，法律另有规定的除外。

设立合伙公司必须以书面形式订立公司设立合同，否则无效，并且需要在国家法院登记处完成商主体的登记。合伙公司的商号应该包含至少一位合伙人的姓氏，并标明“合伙人”“合伙人们”或者“合伙公司”的字样。商号同样也应该包括对该公司所从事业务的描述。在经营过程中允许使用缩写“sp. p.”(合伙公司)。在登记处注册公司时，应该附上有资格以合伙公司形式从事独立职业的证明文件。不能在网上注册合伙公司。

根据《商业公司法典》第95条第1节的规定，合伙人不对其他合伙人在从事独立职业过程中造成的公司债务承担责任，当公司雇员在其他合伙人领导下提供与公司业务有关的服务时，以作为或者不作为的方式对公司造成债务，合伙人也不对此负责。合伙公司本身以及实施行为的合伙人对在从事独立职业过程中造成的公司债务承担责任。公司里一位或多位合伙人可以扩大自己的责任范围，也就是合伙人同意对其他合伙人在从事独立职业过程中造成的公司债务承担责任(《商业公司法典》第95条第2节)。该合伙人对扩大自己责任范围的同意需要在公司设立合同中表示，另外还需要在国家法院登记处的商主体登记处登记该事项。但是每一位合伙人对不是由从事独立职业产生的公司债务，以个人资产和其他合伙人以及公司一同承担无限连带责任。

在合伙公司中可以出现两种管理公司的模式：由合伙人直接管理或者由合伙人表决任命的公司董事会管理。如果管理公司事务和代表权直接归属于合伙人，则应该适用规定无限公司的法律。如果是任命董事会，则应该适用规定有限公司的法律。如果要将管理公司事务和代表公司的权利委托给董事会，则需要在公司设立合同中约定。董事可以是合伙人也可以是公司以外的人。

在合伙人丧失从事独立职业的资格时，最晚应该在其失去资格那一会计年度的年底退出公司。如果合伙人没有宣布退出，则推定他在失去资格的那一会计年度的最后一天已经退出公司。当公司只剩下一位合伙人，或只有一位合伙人拥有从事独立职业的资格时，公司在出现上述情况之日起的一年后自动解散。

第四节 两合公司

《商业公司法典》第102条到第124条对两合公司作出了规定。在规定两合公司的法律没有特别规定的情况下，应该适用规定无限公司的法律。两合公司的特点是合伙人以不同的身份加入公司。两合公司是人合公司的一种，其中至少有一位合伙人对公司的债务承担无限责任（普通合伙人），另外至少有一位合伙人承担有限责任（有限合伙人）。合伙人之间的区别也体现在权责范围上。普通合伙人作为主动投资者，对公司直接享有经营控制权，享有管理和代表公司的权利。而有限合伙人则是所谓的“被动投资者”，其在公司中的权责是有限的。普通合伙人的地位相当于无限公司中合伙人的地位。

成立两合公司必须以公证书的形式订立公司设立合同，并在国家法院登记处进行登记。也可以在信息通信系统中使用规范性合同注册。两合公司的商号应该包括一位或多位普通合伙人的姓氏，并标明“两合公司”的字样。在公司的运营中运行使用缩写“sp. k.”（两合公司）。在普通合伙人是法人的情况下，该两合公司的商号应该包含法人公司的全称，并标明“两合公司”的字样。在两合公司的商号中加入有限合伙人姓氏意味着该有限合伙人在第三方面前对公司的债务承担无限责任。

执行公司事务的权利和义务属于普通合伙人。应该适用规定无限公司的法律。有限合伙人仅有权对超过普通管理的行为表示同意，但公司设立合同另有约定的除外。每一位普通合伙人可以在所有的司法行为和非司法行为中独立代表公司。在合同或终审判决的效力下，普通合伙人的代表权可以被剥夺。有限合伙人只能作为公司的代理人（《商业公司法典》第 118 条）。由于公司是由一位或多位普通合伙人管理，所以他们承担竞业禁止的义务。

两合公司以其所有资产以及其他合伙人对公司的债务承担责任。普通合伙人以个人财产同公司以及其他合伙人一起，对两合公司的债务承担无限连带责任。但是有限合伙人对公司债务，仅以其责任限额承担有限责任。责任限额是用货币表示的价值，它是有限合伙人对公司债务所负责任的上限。每一位有限合伙人的责任限额在公司设立合同里是单独表示的，并记录在国家法院登记处的登记文件里。有限合伙人认缴出资将使其责任降低为出资额。如果有限合伙人的实际出资额等于其责任限额，该有限合伙人则被免除责任。如果实际出资额少于责任限额，那么有限合伙人的责任限度为实际出资额和责任限额之间的差额。

第五节　股份两合公司

股份两合公司是一种混合性质的人合公司，结合了人合公司和资合公司的元素。《商业公司法典》第 125 条到第 150 条对股份两合公司作出了规定。在股份两合公司的法律没有规定的情况下，对普通合伙人应该适用规定无限公司的法律，而对股东适用股份有限公司的法律。

股份两合公司是以自己的商号从事经营活动的公司，其中至少有一位合伙人对公司债务承担无限责任（普通合伙人），且至少有一位合伙人为股东。体现人合公司元素的特点有：普通合伙人对公司债务承担个人无限责任，且享有对公司的经营和代表权。体现资合公司元素的特点有：股东对公司不负责，发行股票，注册资本，股东大会以及任命监事会。最低注册资本为 5 万兹罗提，来自股东认购股份的出资。 普通合伙人可以在注册资本中出资，也可以在其他基金中出资。如果普通合伙人在注册资本中出资，那么他们获得股份，同时也成为股东。

成立股份两合公司时，普通合伙人必须要签订公司章程，并以公证书的形式出具股东认购股份证明，同时需要将部分出资额作为注册资本，并到国家法院登记处登记。如果注册资本的出资方式为非货币财产，则必须在注册报告中加入对非货币财产的估价，并将其交给专业的审计人员审计。关于缴纳注册资本的问题应该适用规定股份公司的法律。

公司的商号应该包含一个或多个普通合伙人的姓氏，并标明“股份两合公司”的字样。在公司的经营中可以使用简写“s.k.a”（股份两合公司）。如果在公司的商号里加上股东的姓氏，则表示该股东面对第三方对公司的债务承担全责。

在规定对股份两合公司债务的责任时，既考虑到了公司债权人的利益，也保护了合伙人的利益。公司以其所有资产对公司的债务承担责任，公司有义务将其注册资本维持在章程中确定的最低限度以上。在这方面对股份两合公司适用规定股份公司的法律。另外，股份两合公司的普通合伙人以自己的财产对公司债务，同公司及其他合伙人一起，承担无限连带以及附带责任，也就是说首先用公司的资产进行清偿。因为有义务维持公司注册资本额度，所以从普通合伙人的角度来看，股份两合公司是所有人合公司中最有利的。股东不对公司债务承担责任。普通合伙人认购股份并成为股东的事实并不会改变他对公司债务的责任。

在股份两合公司中，执行公司事务的权利和义务属于每一位普通合伙人，公司章程另有规定的除外。对普通合伙人适用职权推定原则，也就是说，由他们做任何决定，法律或者公司章程将决定权利授予股东大会或者监事会的除外。每一位普通合伙人独立享有代表公司的权利。关于普通合伙人代表及执行公司事务的事项，适用规定无限公司的法律。股东没有资格执行公司事务，只能作为公司的代理人。

股东共同参与公司事务的执行过程，股东大会就法律或公司章程中规定的事项进行决议。每一位股东有权参与股东大会。股东大会的决议采用“多数原则”，法律或公司章程另有规定的除外。股东按所持股份行使表决权。通常是一股一票，公司章程另有规定的除外。章程可以规定优先股的发行，也就是赋予股东一票至多两票表决权。在法律没有规定的情况下，适用规定股份公司的法律。

股东大会的职权分为独立和非独立的。股东大会独立的职权有：审议批准公司的经营报告和财务报告；审议批准普通合伙人和监事会的报告，任命公司的审计员，任命起诉普通合伙人要求赔偿的委托代理人。在涉及《商业公司法典》第 146 条第 2 节所说的情况时，股东大会的决议需要全体普通合伙人同意，其中包括：股东的利益分配、转让或出租公司的经济实体或其中有组织的一部分，并确定其使用权，转让公司的不动产，变更章程，解散公司。另外，关于普通合伙人的利益分配和弥补亏损的决议，也需要大多数普通合伙人的同意。

当股份两合公司的股东超过 25 人时，该公司有义务任命监事会。在其他情况下，如果公司章程有规定，则可任命监事会。监事会成员由股东大会任命，也由股东大会罢免。普通合伙人不能是监事会成员，即便是持有股份的普通合伙人，也不能参与选举监事会成员的表决。监事会的职责是长期监督公司各方面的活动，评估公司的财务和经营报告，评估利润分配和弥补亏损，检查公司文件并有权要求普通合伙人作出解释，进行公司资产状况调查。当公司里所有普通合伙人都失去执行公司事务以及代表公司的资格而不能履行自己的职能时，监事会有权派出自己的成员临时执行普通合伙人的工作。 在法律没有特别规定的情况下，对股份两合公司的监事会适用规定股份公司的法律。

第六节　有限责任公司

一、设立有限责任公司

个人或多人可以以任何法律允许的目的成立有限责任公司。股东可以是自然人、法人、其他拥有法人资格的组织单位，但是自然人独资有限责任公司不能是唯一的设立人。有两种方式成立有限责任公司。第一种是传统方式，也就是以公证书的方式订立公司设立合同，任命公司机构，缴纳全部公司注册资本，其中注册资本可以是货币也可以是非货币财产，以及在国家法院登记处登记公司。第二种方式则是在电子系统上填写规范化合同，任命机构，将所有必要的信息录入电子系统里，并署上电子签名。但是以这种方式注册公司，只能在完成国家法院登记处的登记后，以货币形式出资。负责登记的法院有义务在 24 小时内审阅注册公司的申请。

公司设立合同中应该包括商号、住所、经营范围、出资形式和价值以及注册资本额。可以自由选择公司的商号，但是应该在商号中标明公司类型如“有限责任公司”的字样。最低注册资本额为 5000 兹罗提，最低出资额为 50 兹罗提。订立公司设立合同标志着股东获得公司的股份，此时的公司为设立中公司。以传统方式成立的有限责任公司应该在订立公司设立合同后的6个月内，向国家法院登记处的企业登记处提交注册申请。设立中公司可以以自己的名义获得权利，其中包括不动产权以及其他物权，承担债务，起诉及被起诉，也就是说，它是受法律承认法人资格的组织单位。设立中有限公司应该在商号中标明“设立中”的字样。以传统方式设立的设立中公司可以开始经济活动。在经济行为中公司由董事会或以全体一致决议任命的代理人代表。公司及以其名义实施行为的人一同，在第三方面前对公司债务承担连带责任。此外，在第三方面前，股东以其尚未认缴的出资额为责任限额承担有限责任。在登记处完成登记的一刻起，公司获得法人资格，且该登记具有构成性。

以传统方式设立的公司的注册资本必须在注册公司之前完全缴纳，出资形式可以是货币或非货币财产。非货币财产必须具有贡献能力，也就是说其价值可以用货币形式估价，并能够记入公司的财产状况表中，且是可以依法转让的。因此出资形式不能是劳务，也不能是不可转让的权利。所有出资的货币价值是公司的注册资本，股份不能低于此价值获得。

二、有限责任公司股东的权利和义务

股东在财产方面的权利有：管理股份权，利润分配权，优先认购权，剩余资产分配权。

管理股权包括转让、质押股份，转让股份的使用权，出资股份到其他公司。其原则是股份的可转让性。转让、质押或转让股份的使用权要求以书面的形式完成，并加上经公证的签名。股份的转让从告知该公司的一刻起便生效。在股份登记中记入新股东以及在登记处更新股东名单的行为仅仅是宣告性的。可以通过公司设立合同来约束股东对股份的管理权，如要求获得董事会的同意或者授予股东优先购买其他股东转让出资的权利。

利润分配权指股东按照股东决议，享有分得来自公司年度财务表的利润的权益。股东利润分配方案在定期股东会上以多数票原则表决决定。该决议应该确定支付利润的时间，如果股东没有确定支付时间，则由董事会来决定。在公司设立合同没有另外规定的情况下，股东按投入公司资本额比例分配利润。公司设立合同中可以设立优先股。持有优先股的股东在利润分红时享有优先权，但分得的利润不能多于普通股份的 150%。

优先认购权指公司在增加注册资本时，老股东按原先持有股份数量的一定比例优先于他人进行认购新股的权利，这使得公司能够保持原有的资本结构。这一权利可以在公司设立合同或者增加注册资本的决议中被排除，使外部投资者能够进入公司。

剩余财产分配权指股东有权在公司清算时，分得公司在偿还所有债务后的剩余财产。按照股东的出资额分配财产。财产分配开始的时间不早于发出清算开始通告以及告知债权人之日起 6 个月内。

除了财产权利，股东也享有公司权利，其中包括：参与股东会及表决权、股东诉权、独立查阅权、少数股东权、除名股东权、申请解散公司权，以及股东代表诉讼权。

参与股东会及表决权是绝对的，股东不能被剥夺这项权利。在股东会的召开程序和进行方式不符合法律规定时，可以对其决议提起诉讼。该项权利可以由股东亲自或通过代理人行使（《商业公司法典》第 243 条）。

股东的表决权取决于其持有的股份数量或价值。如果每一位股东都持有多数的股份，则实行一股一票的原则。公司成立合同中可以设置优先股，一只优先股最多相当于三票。如果每一位股东都只持有一份股份，那么每 10 兹罗提的价值等于一票，公司设立合同另有规定的除外，在这样的情况下，优先股不产生作用。在一些特定的情况下，股东在对涉及其对公司责任、免除债务和公司纠纷以及审批报告事项的表决权被排除。

股东诉权包含两种诉讼。当决议违反法律时，可以起诉决议无效（《商业公司法典》第 252 条）。而股东的决议违反公司设立合同或良好习惯，且同时有损公司利益或故意伤害股东利益时，则可以起诉要求驳回决议（《商业公司法典》第 249 条）。在股东投票反对决议，并在决议被采纳后要求记录下自己的反对意见，股东有权起诉决议；如果表决时股东不在场，那么只有在股东会的召集程序违法或表决程序违规的情况下，股东才有权提起诉讼。当股东在书面表决时被无正当理由地排除在股东会之外，或者没有以表决书的形式表达同意时，股东也有权提起诉讼。

在缺少监督机构时，股东享有独立查阅权。在公司设有监督机构的情况下，只要公司设立合同没有作出限制或排除，股东仍享有单独监督权。该权利的内容包括：检阅公司的财务记录和文件，针对自己的需要制定财务状况表，以及向董事会要求解释。如果担心股东利用获得的信息作出有违公司利益的行为，且对公司造成严重损害，董事会可以拒绝股东的要求。这时股东可以以上诉的形式要求审阅符合股东会决议的事项，如果被拒绝，则可以到公司登记的法院要求董事会执行提供信息的义务以及查阅财务记录和文件。

少数股东权可以通过单独或集体的方式行使，行使的条件是所持股份达到一定的比例。单独或合计持有 10% 以上股份的股东向登记法院提出请求，法院可以在要求董事会作出意思表示后，指定以调查公司财务和经营情况为目的的财务调查范围（《商业公司法典》第 223 条）。单独或合计持有 10% 以上股份的股东可以要求召开特别股东会，并在此次大会中加入特别事项；而单独或合计持有 20% 以上股份的股东可以要求在最近的股东会中加入特别事项（《商业公司法典》第 236 条）。如果股东的请求没有被受理，那么登记法院可以在要求董事会作出意思表示后，授权提出请求的股东召开特别股东会。

《商业公司法典》第 266 条到第 269 条规定了除名股东权。在涉及与某股东相关的重要原因时，法院可以应合计持有 50% 以上股份的股东的请求将该股东从公司中除名。

每个股东独立享有请求解散公司权，当无法实现公司目标或因公司关系导致其他重要事件发生时，股东可以行使该权利（《商业公司法典》第 271 条）。

股东代表诉讼权指当公司的合法权益受到不法侵害而公司却怠于起诉时，公司的股东可以在该不法侵害被披露之日起一年内以自己的名义起诉（《商业公司法典》第 295 条）。

股东的义务包括出资义务、补足差额义务、提供周期性的服务义务（《商业公司法典》第176条）以及退还不适当的付款的义务（《商业公司法典》第198条）。补足差额义务可以由公司设立合同规定，其作用是补充损失或资助投资。补足差额应该由股东按原持有股份数量的比例承担，且不能超过公司设立合同规定的限额。补足差额的价值和缴款日期由股东决议规定。可以将补足的差额返还给股东，这方面的职权归属于股东会（《商业公司法典》第177条到第179条）。

三、有限责任公司的机构

《商业公司法典》第201条到第211条对有限公司的董事会作出了规定。公司董事会可以由一人或多人组成。公司设立合同应该确定董事会的成员数 。董事会的成员可以是股东或股东以外的人，但只能是拥有完全行为能力的自然人。在公司设立合同没有另行规定的情况下，董事会的成员由股东通过多数票原则选举产生。董事会的成员与公司之间的关系为组织关系。可以和董事订立额外的劳动合同、雇佣合同以及经理聘用合同。董事的姓名需要在国家法院登记处登记，该登记行为具有宣告性。

董事会的成员有一定的任期，每个人的任期单独计算，公司设立合同另有规定的除外。 当董事死亡、辞职、被罢免时，任期随之终止。股东会有权罢免董事。

董事会执行公司事务，在所有的司法行为和非司法行为中代表公司。董事会的职权推定是指，由董事会决定所有事务，但是法律或公司设立合同将决定权授予公司其他机构的除外。 董事会在作决定时以所涉事务的重要性为依据。每一位董事可以在没有股东会决议的情况下执行不超过公司普通业务的事务。超过公司普通业务的事务需要经过董事会的集体表决。可以在公司设立合同中对此另作规定，尤其是对职权的划分。如果董事会是由多人组成的，还需要在公司设立合同中说明代表公司的方式。如果公司设立合同时没有对此作任何的规定，那么需要两位董事或一位董事和全权代理人共同以公司的名义作出意思表示（《商业公司法典》第205条）。如果法律规定，公司完成某一法律行为还需要其他机构的同意，那么未经同意而完成的这一法律行为是无效的。在董事和公司订立合同或者发生争议的情况下，董事对公司的代表权被排除，因为在这种情况下，公司由监事会或通过股东会决议任命的代理人代表。

当董事及其配偶、亲人、两代以内的家庭成员以及与其有私人关系的人和公司发生利益冲突时，董事应该披露存在的利益冲突，并保持不参与该事件的审阅，可以要求对此做书面记录（《商业公司法典》第 209 条）。公司董事负有竞业禁止的义务。董事不能在未经公司同意的情况下从事与公司形成竞争的业务，不能作为民法公司、人合公司合伙人加入竞争公司，不能作为机构成员加入竞争法人，同样也不能在竞争的资合公司持有超过 10% 的股份，或享有任命至少一位董事的权利（《商业公司法典》第 211 条）。

在有限责任公司中可以出现两种形式的监督机构，也就是监事会和审计委员会。监督机构是集体机构，由至少 3 名成员组成，由股东通过决议任命和罢免。监督机构的任期为一年，公司设立合同另有规定的除外。公司董事、全权代理人、清算人、部门或分厂主任以及就职于公司的总会计、法律咨询或律师不能进入监督机构。直接下属于董事或清算人的工作人员以及子公司的董事和清算人也不能成为监督机构的成员（《商业公司法典》第 214 条）。

监事会对公司所有方面的经营活动进行日常监督。为了履行职责，监事会可以检查公司所有的文件，要求董事会和工作人员作出报告和解释，以及检查公司财产状况。每一位监事会的成员都可以单独执行监督权，公司设立合同另有规定的除外。监事会可以对公司的经营报告、财务报告以及股东会作出的利润分配或亏损弥补方案提出意见。公司设立合同时也可以授予监事会出于重要原因对董事停职的职权，以及批准董事会执行一定事务的职权。

审计委员会是一种定期的机构，它的职权是在定期股东会上评估公司的经营报告、财务报告以及股东会提出的利润分配或弥补亏损方案。在没有设立监事会的公司里，允许扩大监督委员会的职权范围（《商业公司法典》第 221 条）。

股东会就公司最重要的事项作出决议。定期股东会在每上一个会计年度结束后六个月内召开，主要工作是审批上一会计年度的公司经营报告和财务报告，对利润分配方案和弥补亏损方案作出决议。在其他时间召开的是临时股东会。股东会对下列事务作出决议：公司设立合同变更、转让或出租公司的经济实体，购买或出售不动产，决议股东补缴出资额，决定索要对公司损害的赔偿，批准与董事、全权代理人或者监督机构成员订立的借款协议。

原则上，股东会由董事会召开。应该在召开股东会的至少两周前通过快递的方式向股东发送挂号信或包裹来通知。也可以通过电子邮件的方式发出通知，只要股东在之前以书面形式表示同意，并给出了接收通知地址。在股东会的邀请函中，应该注明股东会的日期、时间、地点和具体流程。在公司设立合同或法律没有另外规定的情况下，股东会的有效性不取决于所持有的股份。在有限责任公司中，如果在场的股东持有所有股份，且任何在场的人都没有对股东会的举行或对议程提出异议，那么可以在不正式召开股东会的情况下作出决议。另外，如果所有股东以书面形式表示同意该决议或同意书面表决，也可以在不召开股东会的情况下作出决议。

第七节　股份公司

一、设立股份有限公司

成立股份公司的要件包括：签订公司章程和认购股份，设置机构，缴纳出资以及在国家法院登记处注册。其中，公司设立人以公证书的形式订立公司章程是最基本的行为。公司章程规定公司的经营原则，其中包括商号、住所、经营范围、注册资本额、股份类型和价值。股份有限公司的商号可以任意选择，但是必须标明“股份有限公司”的字样。股份有限公司的最低注册资本为 10 万兹罗提。设立股份有限公司必须设置公司的首要机构，也就是董事会和监事会。

公司设立人可以在制定公司章程阶段或之后设置公司机构，设置首要机构的证明文件应该附在向国家法院登记处提交的登记申请中。在这些文件中应该说明股东以及每个股东所认购的股份以及其数量和类型。当完成对所有股份的认购后，设立中公司成立，这时公司可以以自己的名义获得权利，承担债务，起诉和被起诉（《商业公司法典》第 11 条）。设立中公司可以以自己的商号活动，但需要注明“设立中”的字样。在设置董事会之前，公司由所有设立人代表，或者由设立人一致决议任命的代理人代表。在第三方面前对以公司名义承担的债务，公司和以其名义实施行为的人承担连带责任。由公司本身、以其名义实施行为的人及股东以其尚未缴纳的出资额价值为限度，对公司的债务承担连带责任。

股份有限公司的出资形式可以是货币或非货币财产出资。以货币认购的股份需要在公司注册之前至少缴纳 25% 的票面价值。非货币财产出资应该在公司完成注册的一年内完成认缴。在非货币财产出资（或货币与非货币出资皆有）的情况下，公司的注册资本应该在注册之前缴纳至少 25% 法律规定的最低货币价值（25000 兹罗提）。如果公司在注册之前以非货币财产形式出资或为公司购买了资产，或在成立公司的过程中支付了服务酬劳，那么设立人应该制定报告并交给审计员对其真实性进行调查。非货币财产应该具有贡献能力，也就是说可以被转让，被计算到公司的财务状况表中。非货币财产出资还应该符合实用性的条件。以非货币财产认购的股份，到定期股东大会审议批准财务报告之日止应该为记名股份，且在这个时期中不能被出售并被质押（《商业公司法典》第 336 条）。

股份公司在完成国家法院登记处的登记后正式成立。应该在订立公司章程之日起 6 个月内向商主体登记处提交登记股份公司的申请，该申请需要所有董事签名。自登记完成的那一刻起，股份有限公司获得法人资格。

二、股票的概念及类别以及股份公司股东的权利

股票是一种有价证券，代表股东权利的集合。公司的股票可以无纸化（上市公司），也可以是传统形式的（非上市公司）。上市公司指的是公开发行的股票在证券交易所（如华沙证券交易所）上市交易的股份公司。其他公司则被称为非上市公司。

无纸化股票记录在持股人的电子证券账户以及全国证券库系统中。在转让

无纸化股票时，该笔记录转移到股票购受让人的账户上。

非上市公司的股票可以是记名股票也可以是无记名股票。《商业公司法典》第 328 条对股票票面的内容作出了规定。记名股票应在股票票面上注明持有人的信息（姓名或商号），并记录在股东名册上。转让记名股票需要有书面的声明或者在该股票的票面或其他文件上注明，另外还需要办理过户手续。记名股票可以在付款前交付。而无记名股票由股东将该股票交付给受让人后即发生转让的效力。

参与股东大会的权利是绝对的，该项权利可以由本人亲自行使或由代理人代为行使。在非上市公司中，持有记名股票的股东可以参加股东大会，只要其姓名在股东大会召开的至少一周前被记入了股东名册中。持有无记名股票的股东也有权参加股东大会，只要在股东大会召开的至少一周前将股票交存于公司。而在上市公司中，只有在股东大会召开的至少 16 天前已成为股东才有权出席股东大会。

股东的表决权取决于所持有的股份。通常实行一股一票制，但是在非上市公司的章程中可以规定优先股的表决权（一股两票）。在涉及股东对公司的责任、解除债务、与公司的争议以及审批报告时，股东的表决权才被排除。

在股东大会期间，股东可以要求董事会提供有关会议议程的所有信息。如果董事会拒绝股东的请求，股东可以向登记法院申请，要求其履行提供信息的义务。

股东诉权与有限责任公司股东的权利是相同的。

股东权涉及召开股东大会的请求权（《商业公司法典》第 400 条）以及补充会议议程的请求权（《商业公司法典》第 401 条第 1 节）。这些权利只在单独或者合计持有公司 5% 以上股份的股东请求时才能实现。另外，上市公司的股东也有权请求指定针对特别事务的审计员，也就是要求由公司出资，请审计员依法针对与设立公司或执行公司事务相关的事项进行调查。

上市股份公司的股东有一项特别的权利，就是强制收购或购回股票权。单独或合计持股超过 95% 股份的股东享有强制收购股票权（《商业公司法典》第

418 条）。相应地，在这样的情况下，少数股东可以要求强制购回他们的股票（《商业公司法典》第 418 条）。在非上市公司中股东也有相似的权利，需要单独或合计持股超过 90% 的股份。

和有限责任公司一样，股份公司的股东也享有股东代诉权。

股东有权按照股东大会对利润分配的决议，分得公司每年的利润（分配股利权）。股利的分配与股东所持股份成正比。优先股先于普通股获得优先股息，但最多不超过普通股息的 150%。其中“沉默股”是一种特殊的优先股，持有该种股票的股东不具有表决权，但是在利润分配上没有限制。

和有限责任公司一样，股份公司的股东同样享有优先认购权以及剩余资产分配权。

三、股份公司的机构

股份公司的董事由监事会任命及罢免（《商业公司法典》第 368 条），公司章程另有规定的除外。董事会由一位或多位成员组成，成员的数量应该在公司章程中确定。董事的任期不应超过 5 年，但是可以连任。董事的职务在任期届满，以及董事辞职、死亡、被罢免时结束。监事会和股东大会有权罢免董事。这两个机构也有权暂停董事的工作。董事的姓名应该登记在国家法院登记处。

董事会职权推定原则是指，在与其他机构的职权以及法律和公司章程不发生冲突时，董事会是执行所有事务的唯一机构。股东大会和监事会不能在执行公司事务的问题上对董事会发出有约束力的指令。多人董事会在执行公司事务时适用《商业公司法典》第 371 条，也就是董事会的集体原则。如果所有董事都收到了会议通知，那么董事会的决议可以被采纳。以公司的名义作出意思表示，需要两位董事或一位董事和全权代理人一起完成，公司章程另有规定的除外（《商业公司法典》第 373 条）。如果法律规定公司完成某一行为还需要其他机构的同意，那么未经该机构同意的法律行为是无效的。在董事和公司订立合同以及发生争议时，由监事会或者股东大会决议任命的代理人代表公司一方。

董事会成员承担竞业禁止的义务（《商业公司法典》第 380 条），且董事会成员有义务拒绝参加存在利益冲突的事务（《商业公司法典》第 377 条）。

监事会是股份公司中的法定必设机构。在非上市公司中，至少由 3 名成员组成；在上市公司中，则至少有 5 名。监事会成员由股东大会任命和罢免。和有限责任公司一样，股份公司的监事会成员也不可身兼他职。

选举监事会的特别方式是集中选举。这是一项少数股东权。由单独或合计持有超过 20% 股份的股东提出召开股东大会的请求，目的是集中选举监事会成员。在股东大会上，股东享有的表决票数等于其持股数乘以待选人数之积，且可以集中使用。以这样的方式，少数股东可以推选自己的代表进入公司监事会。

监事会对公司所有领域的事务进行长期的监察。监事会的职责包括：评估董事会对上一会计年度所作的公司经营和财务报告，检查这些报告与公司账目、文件以及与事实状态的相符性，以及检查董事会的利润分配方案和弥补亏损方案。为了履行义务，监事会可以检查公司所有的文件，要求董事会和与报告有关的工作人员作出解释，以及对公司的资产状况进行审计。在公司董事被罢免、辞职或因其他原因不能履行自己的职能时，监事会可以派出代表，暂时接替该董事的工作，但不超过 3 个月。

监事会按照集体原则行事。董事会可以通过决议指定个别监事会成员完成特定的监察工作。如果是以集中方式选举的监事会，那么少数股东团可以授权由自己选择的监事会成员进行单独的监察工作。

审计委员会是上市公司的法定机构。但是在监事会成员不多于 5 人的上市公司中，审计委员会的工作可以由监事会完成。审计委员会由监事会在自己的成员中选举产生。审计委员会由至少 3 名成员组成，其中至少有一位成员应保持独立性，且拥有在财务和审计方面的专业资格。审计委员会的职权包括：监督制定财务报告的过程，检查内部监察系统、内部审计、风险管理、财务审计的有效性，检查审计员以及检查财务报告主体的独立性。

股东大会的职权包括：变更公司章程，转让或出租公司的经济实体，购买或出售不动产，对公司损失索赔，强制收购股票，改变经营范围，发行债券，与董事、全权代理人、清算人、监事会成员订立贷款、借款、保证或其他类似的合同。定期股东大会的职权还包括：审批公司的经营和财务报告，决议利润分配和弥补亏损方案，以及审批公司机构的报告《商业公司法典》第 393 条到第 395 条）。

董事会、监事会以及单独或合计持有股份超过 50% 的股东可以召开股东大会。单独或合计持股超过 5% 的股东有权请求召开股东大会，如果董事会无视该请求，则可以向登记法院提出申请。召开股东大会的方式是提前三个月在《法院与经济公报（MSiG）》中通告。如果公司的所有股票都是记名的，那么可以在召开股东大会的至少两周前通过快递的方式向股东发送挂号信或包裹来通知。也可以通过电子邮件的方式发出通知，只要股东在之前以书面形式表示同意，并给出了接收通知的地址。上市公司通过在网页上发布通告来召开股东大会。在公司章程中可以允许通过电子通信的方式参加股东大会，这使得不能亲自前往会议地点的股东能够在会议中发言并行使表决权（通讯表决）。

股东大会的效力与所持股份的多少无关，但法律或公司章程另有规定的除外。表决适用多数票原则。和有限责任公司一样，公司权力机构的成员以及股东有权对股东大会的决议提起诉讼。

第三章　中波两国商主体订立合同的冲突法问题[*]

一、引入——合同适用法律的意义

合同双方在确定权利和义务之前必须约定所适用的法律。因为只有在适用的法律中，合同双方关系的内容才可以全部实现，在出现违约时才能够确定责任。另外，该法律也规定了订立合同适用的规定、合同的有效要件、如何解除合同等问题。

在国际交易中，合同双方通常会在合同中约定所适用的法律。但是这不能解决所有的问题。首先，需要评判在特定关系类型的背景下，所选法律的可接受性和有效性。其次，如果合同双方没有约定适用的法律，或者出于某种原因选择的法律不适用，这时就需要依据相应的冲突法来确定适用的法律。最后，在一些实质性的问题上不能自行约定适用的法律（如评定合同双方的能力）。

如果是由波兰的法院审理争议，那么将适用波兰现行的国际私法。但如果由波兰的仲裁法院审理，那么问题会更加复杂。

二、波兰现行的合同冲突法

最近十年内，有关合同债务的冲突法在波兰发生了很大的变化，主要原因是波兰于 2004 年加入了欧盟。根据规定，确定合同适用的法律应该以订立合同时的法律为基础。因此，不排除法院必须参考非现行法律来决定合同适用的法律。也就是说，针对在 2008 年 1 月 22 日之前已存在的事实应该适用波兰于 1965 年出台的国际私法。另外，在 2008 年 1 月 22 日到 2009 年 12 月 16 日订

* 作者为马切伊·扎哈里亚谢维奇（Maciej Zachariasiewicz）教授。

立的合同应该适用1980年《罗马公约》的冲突规范。自2009年12月17日起《罗马条例I》生效。在此日期之后订立的合同适用该条例（在欧盟其他国家也一样）。需要强调的是，波兰法院有义务在适用《罗马条例I》的冲突规范时，同等对待欧盟内的关系（如波兰和德国）和欧盟外的关系（一方为欧盟以外的国家，如波兰和中国）。因此适用《罗马条例I》的冲突规范符合普遍适用原则。

在其他问题上，波兰现行的国际私法也会产生影响。

三、《罗马条例I》

在合同债务的问题上，欧盟所有国家（除丹麦）有义务一致遵守用于确定合同适用法律的冲突规范。这些规范在《罗马条例I》中，自2009年生效。该条例适用于民法和商法的合同债务。《罗马条例I》由1980年《罗马公约》演变而来，它在很大程度上保留了相似的冲突法解决方案。该条例被视为欧盟立法的一大成功。它要求欧盟所有国家适用共同的冲突法，这使得冲突法问题更加清晰明了，也有利于巩固共同市场的建设。

四、法律的选择

在合同债务问题中，尊重当事人的意思自治是现代国际私法的基本原则之一。全世界都允许当事人约定适用的法律（尽管有时会有一定的限制）。在《罗马条例I》的背景下，选择适用法律的自由首先体现了这一原则。根据这条规定，当事人可以自行约定合同适用的法律。这样的选择使得当事人对适用的法律有相对的肯定，并且能够使合同内容满足具体某一法律体系的要求。

对法律的选择可以以明示或暗示的方式作出。只要双方约定“该合同适用某一法律”（或者“适用某一国的法律”），就算以明示的方式作出了选择。选择也可以以暗示的方式作出，但是必须来自法律规定或特殊情况。例如，以具有某国法律明显特征的格式订立合同。

根据《罗马条例I》，当事人可以约定将与其法律关系没有任何联系的法律作为适用法律，即第三国法律。例如，在波兰商主体和波兰商主体订立的合同中，双方可以约定适用瑞典法。但是能够选择的法律只能是一国的法律。

在国际仲裁中，这一问题略有不同，当事人的自由选择范围比在普通法院时更加广泛。

另外，“合同双方可以约定整个合同适用的法律，也可以约定合同部分内容适用的法律”。这一点对商业交易中复杂的合同（如与培训和其他服务相关的建筑工程合同）来说尤其有利。合同的某一部分可以单独适用其他法律。

需要注意的是，在选择法律时常常会伴随仲裁条例或者选择法院条款。应该明确地区分这两个概念。选择住所位于波兰的仲裁法院或者波兰的普通法院作为审理争议的机关，并不意味着自行选择了波兰法作为审理的实体法基础。

五、未作出选择情况下的法律适用

如果当事人没有约定合同适用的法律，那么将依据条例中的冲突规范来确定适用法律。根据《罗马条例 I》第 4 条第 1 款和第 2 款的规定，在当事人没有选择合同适用法律的情况下，该合同应该适用合同特定履行的当事人在订立合同时其惯常所居地国家的法律。法院需要独立评定合同哪一方是合同特定履行的当事人。如果以合同特定履行的当事人的标准不能确定适用的法律，则应该适用与它有最密切关系的国家的法律。

需要注意的是，《罗马条例 I》对运输合同、保险合同、劳动合同以及商主体和消费者之间的合同有单独的规定。

六、适用法律的范围

《罗马条例Ⅰ》第 12 条规定，合同适用的法律主要涉及以下问题：合同的解释；合同的履行；完全或部分不履约的后果以及损失赔偿额；债务消灭的各种方法，诉讼时效及诉讼限制；合同无效的后果。

关于合同履行的方式以及履行有瑕疵时所采取的步骤，应该考虑履行地国家的法律。例如，在评判配送货物的卖方是否正确履行合同时，需要考虑该国法定节假日的天数。

七、在仲裁中确定合同适用的法律

在现代社会，解决国际贸易争议最主流的方法就是仲裁。贸易仲裁在波兰拥有悠久的传统。如今，《民事诉讼法》第五章规定了它的基本功能。在波兰有两个主要的审理国际争议的仲裁法院：国家商务部仲裁法院（KIG）以及波兰商业总会。

如果当事人决定将争议交与仲裁法院审理，那么确定合同适用的法律会比在国家法院更加困难。自然，我们最常遇到的还是双方已经约定好合同适用法律的情况。仲裁委员会尊重当事人的选择，除非出现了该选择无效的情况。如果当事人没有约定合同适用的法律或者选择无效，那么仲裁法院必须以其他方式确定适用的法律。在国际仲裁中有很多方式来确定适用法律。

在上述两个仲裁法院的规章中，可以找到在没有选择法律时确定适用法律的指示。根据波兰商业总会规章第 38 条第 2 款的规定，适用仲裁委员认为适用的实体法。根据国家商务部仲裁法院（KIG）规章第 6 条第 1 款的规定，适用与所审理的法律关系有最密切关系的国家的法律。上述两种规章都没有指出参考《罗马条例 I》或其他冲突规范。

第四章　商主体订立合同的基本原则和要件*①

第一节　概　要

本部分主要解释波兰法律体系中有关订立合同的原则，这些原则主要出自《民法典》（以下简称民法）总则中对商主体的特别规定。在波兰的法律背景下介绍商主体之间的关系，我们不得不参考关于普遍交易的规章条例。因为在波兰的法律中，管辖商业活动的私法制度被纳入普遍民法制度中。在商业公司法典规定的范围内，相应地适用于民法典。因此，在波兰的法律中不存在这样的基础，来明显区分出与民法（私法）相对立的、规定商主体的法律（商法）。如果仅仅通过规定商主体的法规来分析订立合同的问题，得到的结果将是不全面的。这样的方式不能够使我们在波兰法律的背景下充分理解有关订立合同的制度。

基于此，我们将会在此介绍适用于所有民事法律主体的有关订立合同的总则（民法第一则），并对涉及商主体的法规加以强调。考虑到本书并非面向专业法学研究者，我们并没有详尽地分析在法律解释时出现的一些案例疑点①②。

我们希望通过概括的方式来介绍订立合同的问题，从而使（不属于波兰法律界的）读者们对建立民事法律关系有一个基本的理解，其中主要包括下列在订立合同时需要注意的最实质的元素。

---

* 作者为爱娃·罗特－皮耶特日克（Ewa Rott-Pietrzyk）教授。

① 如果有学习波兰语和法律的读者想对此问题做深入的研究，笔者推荐以下读物作为参考：System Prawa Prywatnego. Prawo cywilne–część og ó lna. T. 1. Red. M. Safjan. Warszawa 2012; System Prawa Prywatnego. Prawo cywilne–część og ó lna. T. 2. Red. Z. Radwa ń ski. Warszawa 2008. Z pozycji anglojęzycznych zob. np.: Polish Bussines Law. Ed. Z. Brodecki。

第一，合同的有效要件，也就是合同有效需要满足的基本条件。首先，合同订立人必须符合规定的法律状态，包括：具有订立合同的资格（民事行为能力），无缔约过失，以正确形式订立合同以及确定的合同内容。

第二，如果由代理人（法定代理人、委托代理人或商务代理人）代为订立合同，合同成立的前提是满足有效代理的要件。如果合同或代理的有效要件不成立，那么当事人可能受到民事制裁，不能按照其意思形成法律状态。

第三，还需要了解在波兰的法律中应该以怎样的方式订立合同，以及在谈判开始后，当事人承担哪些义务（特别是订立合同的义务）。在订立合同方式的章节前，也介绍了合同订立前的注意事项，主要包括此阶段的协议（预约合同，保密条款）。

最后，读者们还可以了解到一些有关订立合同的专业概念（如合同、谈判、报价、误解、代理人、商务代理人）。在本部分会对这些概念加以解释。

一、区分商对商（B2B）和商对客（B2C）交易模式的价值论基础

交易这一概念涉及许多不同的法律事项，特别是民事法律行为以及由此产生的在商品及服务交换领域内不同民事法律主体之间的关系。以参与交易的主体为依据，我们可以区分出三种主要的交易模式。

第一，普遍交易，与商业活动[①]参与者无关（在这种情况下，进行该活动的主体是谁并不重要）。

第二，商对商交易模式——与商业活动相关。一些合同在法律定义上是商业合同，如当事人双方都是商主体的委托代理合同（《民法典》第758条到第764条）、运输合同（《民法典》第794条到第804条）。在其他的合同中，只要求其中一方主体是商主体（如转让合同，《民法典》第765条到第773条；保险合同，《民法典》第805条到第852条；存放合同，《民法典》第853条到第859条）。这些合同的另一方可以但不必须是商主体。

第三，商对客交易模式，也就是一方为商主体的交易（B2C）。它的特点是

① 经济活动受2004年7月2日出台的《经济活动自由法》规定，即2016年法律公报1829项、1948项，1997项；2017年法律公报460项、819项。

一方为商业活动的主体，另一方为消费者。消费者的概念在《商业公司法典》第22条有规定[①]。

因此，参与主体的性质在原则上决定了交易的模式。区分交易模式本质的目的是弱者利益保护原则。这一原则尤其体现在《消费者权益保护法》中。该法将消费者视为非专业人士，保护其权益，也就是保护弱者的利益（在经济上处于弱势，从而在谈判中也处于弱势）。波兰《消费者权益保护法》借鉴了欧盟法中保护消费者权益的部分。在本书中，有关消费者权益的法规不是讨论的重点。在一些特殊的情况下，商主体也受到欧盟法的保护[②]。主要涉及商业代理。欧盟成员国有共同的消费者保护标准。值得强调的是，商对商交易模式的特点是，商主体之间在建立法律关系时有更多的自由。在这样的模式下，商主体之间的协议不受非强制性法律的约束。而在商对客的交易模式中，双方的协议必须严格符合民法的规定，从而实现对弱者利益的保护。

二、国内交易和国际交易—法源介绍

（一）国内法法源

在分析私法制度，尤其是涉及合同的原则时，在成文法方面，首先应该参考《波兰共和国宪法》。其中第22条具有十分重要的意义："只有在商业活动危害到公共利益时，才能对其自由加以限制，且只能够以立法的形式实现。"

直接规定订立合同的原则在民法典第一则中。在大多数情况下，还必须参考民法的其他规定，特别是：有关债务的规定（民法第353条）、有关合同类型的规定（民法第535条）以及其他法律的规定（如关于招投标——公共采购法）。这些法规在此不作为分析的对象。民法第一则规定的事项包括：订立合同的能力、意思表示瑕疵、民事法律行为的形式、订立合同的方式、对合同的解释以及代表机制。

① 请参见：M. Jagielska: *Zehn Jahre EU-Osterweiterung – eine privatrechtliche Bilanz. Polen – „reimplementing" EU Private Law.* "GPR Zeitschrift f ü r das Privatrecht der Europäischen Union" 2014, no. 6, s. 2–11。

② 请参见：M.Jagielska et al.:*Implementing Consumer Law in Poland.* "European Review of Private Law" 2007, no. 6, s. 873–889。

同样具有重要意义的还有良好习惯以及一般条款。一些法规直接参照了良好习惯以及一般条款的价值取向，如社会共存原则（民法第5条、第56条、第58条、第65条及第353条）以及公序良俗原则（民法第72条）。良好习惯有助于理解特定行业法律关系的特点。而一般条款则有助于理解具体情况，从而能够为非典型案件找到合理的解决方案。

需要注意的是，在分析合同问题时，除了法律条款，还应该参考司法惯例，从而得到全面的分析。

（二）国际法法源

1. 欧盟法——实体法和冲突法[①]

（1）具有约束力的欧盟合同法

欧盟法中规定合同的法律是分散的。它们只涉及对于欧盟来说具有价值的问题，在它的管辖范围内具有约束力和强制力，以指令（成员国有权选择并决定适合自己意图的形式和手段来实施）或条例（直接对每一个成员国的国内法产生效力）的形式存在。在合同法方面，欧盟的立法机构主要在有消费者参与的法律关系范围内作出了规定。本书在此问题上不作深入分析。

（2）示范法

欧洲的法学专家超过30年致力于合同示范法的研究。其中最重要的是欧洲私法共同参考草案（DCFR）。合同双方可以选择不依据本国法律，而依据该草案订立合同。如果在仲裁法庭解决争议，可以完全适用示范法；而如果在普通法院，则示范法受到本国法律的限制。示范法有利于来自不同国家的商主体。

2. 国际公约

国际公约对于合同法及其解释都具有直接的影响[②]。其中1980年的《联合国国际货物销售合同公约》（CISG）[③] 对于商主体之间由合同产生的法律关系具有重大意义。在下列两种情况下，它适用于营业地在不同国家的主体之间订立

---

① 国际私法的问题重点在第三部分讨论。

② 请参见：http://www.coe.int/en/web/conventions/search-on-states/-/conventions/treaty/country/POL（发布日期：2017年10月2日）。

③ 1997年法律公报第45号286项，以下简称CISG。

的货物销售合同。第一，营业地都是公约的缔约国。波兰和中国都是该公约的缔约国，因此中波两国之间的货物销售合同都适用该公约。第二，如果国际私法规则导致适用某一缔约国的法律，那么也适用本公约。公约的主要内容为国际货物销售的一致法规。它规定了订立合同的原则、合同解释以及合同的违约责任。

（三）如何理解波兰法律中的合同

合同是一种民事法律行为，其中至少包含两个意思表示。当事人的意思表示决定合同的成立（订立合同）、变更（合同变更协议）以及法律关系的终止（合同终止协议）。这样的定义已经满足诺成合同的要件，也就是说诺成合同的有效要件仅为当事人意思表示一致。除此之外，有一些合同还需要其他必不可少的元素，如赠与合同、土地登记。

值得注意的是，合同产生的效果除了来自双方的意思表示，还来自民法第56条的两个原则，即社会共存原则和公序良俗原则。因此，法官在审理合同争议时，在考虑合同条款的同时，还应该考虑相关的法律条款，以及社会共存原则和公序良俗原则。

（四）订立合同的自由（契约自由原则）

契约自由原则赋予每一个法律主体通过民事法律行为，尤其是合同，自由设立民事法律关系的权利。但是，自由决定的范围在与公共利益和道德准则出现冲突时，将受到法律的限制（《民法典》第58条和第353条）。这一原则的价值论基础是每个人生来的自由以及自主决定的权利。在《波兰共和国宪法》中也有这样的表达（第22条）。这一原则的价值论基础也包括对每个人尊严的捍卫。

民法分则对不同民事法律行为的自由范围分别作出了规定，其中债权法的规定最广泛。契约自由原则不仅适用于有名合同（如买卖合同、雇佣合同、委托合同、互易合同），也就是法律规定的合同类型，同样也适用于无名合同，也就是立法者没有在法律中规定的合同类型（如专有技术合同、经销合同、保理合同、特许经营合同）。

从广义上说，契约自由原则的内容包括：

1. 是否订立契约（在一些领域订立合同的自由受到限制，如提供特定的服务和货物，如能源、天然气、电等；以及义务保险）；

2. 与谁订立契约（在选择提供特定服务的主体时，这一自由受到限制，如选择银行服务时只能选择银行）；

3. 订立什么内容的契约；

4. 订立什么形式的契约——这是狭义的契约自由原则；

5. 以何种方式订立契约；

6. 决定是否可以自由终止契约（通过合同终止协议；单方的民事法律行为，即解除或终止）。

有关合同内容的契约自由原则由民法第353条规定。根据这一原则，民事法律关系的内容和目的不能违背下列事项：

— 法律（即强行法）；

— 社会共存原则；

— 公序良俗。

违反这些限制的结果常常是最严厉的民事制裁，也就是绝对无效（民法第58条）。民事法律行为自开始起无效，合同双方有义务返还对方已经给付的财物。因为这一制裁使得该行为从始至终没有法律基础。

（五）专业交易中的合同——实质

这类合同的关键在于主体的确定，也就是说合同双方都是商主体。订立合同的基础是双方的合作和已有的习惯。同时合同法也强调合同双方的平等地位。违反这一原则的结果可能是民事制裁（绝对无效），也可能是法院的干涉，尤其涉及剥削关系的合同（民法第388条）。

在一些合同中，诚实信用原则具有特别重要的意义。法律对于商主体在履行义务时应尽的努力具有更高的要求（民法第355条）。

在民法第一则中，有很多规定反映在了专业交易与普遍交易的不同之处，如在合同签订前阶段的告知义务、撤回要约、有保留地接受要约，以及发出要约时沉默的意义。

第二节　合同的订立

一、概要

合同双方在签订合同之前，可以作出不同类型的意思表示，它们的法律性质也可能是不同的。不是所有的意思表示都会产生义务。合同双方在订立合同之前通常会签订各种协议来保障自己的权益，如约定订立合同的程序、信息披露的范围、对合同订立前所获信息的保密义务。合同双方也可以签订预约合同来保证本约合同的签订。其中，保密合同和预约合同在交易中具有十分重要的意义。

二、订立合同前的协议

（一）保密协议

合同双方在谈判阶段可以签订保密协议，或者披露信息的一方可以要求另一方对这些信息保密（民法第 72 条）。这些行为的目的是保护一方（或双方）在谈判时披露的机密信息。双方的协议或一方的保留使合同签订人承担不向他人披露保密信息并将其作为己用的义务。如果一方违反保密义务，受损方则可以要求其赔偿损失（民法第 471 条）或返还利用该信息所获的利益。

（二）预约合同

在本约合同因为各种原因（法律或事实）不能及时订立时，订立预约合同是很好的解决方案。在这样的情况下，合同双方保证自己会签订本约合同。所以该合同的内容就是合同一方或双方在未来签订本约合同的义务。

预约合同应该确定本约合同中实质性的内容（民法第 389 条第 1 节），如在买卖合同中应该确定买卖标的以及价格。在实际中，合同双方常常在预约合同中约定本约合同订立的时间，但这并不是预约合同的有效要件。如果在签订预约合同之日起一年内没有指定签订本约合同的时间，那么任何一方都不能再要求订立本约合同。预约合同原则上确保合同双方不会不履行签订本约合同。

如果合同一方不履行签订本约合同，受损方可以根据具体情况决定适用哪一种违反预约合同的后果（两种后果，一种较轻，一种较重）[①]。如果本约合同需要以特别的形式订立（如以公证书的形式订立不动产买卖合同），只能产生有限的后果。受损方只能够要求赔偿损失，不能够要求以司法途径强制订立本约合同。如果受损方向法院提出订立本约合同的请求，那么法院的判决将代替不履行订立本约合同一方的意思表示产生效力。

预约合同的主张在本约合同本应签订之日起的一年失效。如果法院受理订立本约合同的请求，那么该主张在判决生效之日起一年后失效。

三、合同的有效要件

（一）概述

每一份合同都需要对其有效要件进行评估。显然，订立合同的双方必须满足法律规定的前提条件。在合同出现争议时，法院首先要对合同的有效性进行评估，考虑所有的有效要件，即合同双方是否具有订立合同的能力、其行为是否符合形式要求、合同是否存在瑕疵，以及合同内容是否符合以下标准：法律及由合同产生的法律关系的本质，以及公序良俗（社会共存原则）。

（二）行为能力

行为能力——除权利能力外，涉及所有的民法主体，即自然人、法人以及不具备法人资格的组织单位。只有权利能力，不涉及所谓的准法人，特别是人合公司：无限公司、合伙公司、两合公司及股份两合公司。适用于自然人的法规，也相应地适用于这些单位（在《商业公司法典》没有规定的范围内）。

行为能力是指能够以自己的行为依法行使权利和承担义务的能力（如通过订立买卖合同成为所有人）。每个人都具有权利能力（能够成为所有人），但不是每个人都具有行为能力，即通过自己的行为成为所有人（如无行为能力的人）。法人的权利能力和行为能力自法人成立时产生，到法人终止时消灭（民法第 38 条，第 39 条）。

---

① 这里指的是在谈判过程中因不诚信行为导致的赔偿责任范围。

存在两种影响自然人行为能力的因素，即年龄和无行为能力的推定。在评判自然人民事法律行为的效力时，依据年龄和无行为能力的推定可以将这一能力划分为三个范围。年龄是确定行为能力范围的原则性和普遍性因素（它涉及所有的自然人）。而无行为能力的推定（部分或完全）只发生在法律规定的特定情形中（民法第 13 条到第 16 条）。

年龄和无行为能力的推定对行为能力的范围影响如下：

1. 自然人从出生之日起到年满 13 周岁为无行为能力人。这类人不能够独立完成民事法律行为。由其法定代理人（家长、监护人）以其名义代其完成民事法律行为。由这类人订立的合同效力待定（民法第 58 条）。

2. 年龄在 13 周岁到 18 周岁的自然人为限制行为能力人。

3. 年满 18 周岁的自然人为完全行为能力人。这类人可以依法完成所有的民事法律行为。

其中限制行为能力人在法律状态方面是最特殊的。因为需要区分他们的民事法律行为：

— 哪些是其可以独立完成的；

— 哪些是需要经法定代理人追认才算完成的，在这种情况下限制行为能力人不能独立改变自己的法律状态；

— 哪些是完全不能完成的（具有个体性质的民事法律行为）。

原则是，限制行为能力人独立实施民事法律行为，但是只有经过其法定代理人追认的合同才具有效力。与其订立合同之人可以指定其法定代理人追认合同的时间。但是法定代理人拒绝追认的民事法律行为是绝对无效的。未经追认而订立的合同是效力待定的合同。只有在法定代理人表示同意，或限制行为能力人成年之后，合同才有效力。但是如果法定代理人拒绝追认，或确认时效已过，那么合同自始无效。

这里存在一种例外，那就是将限制行为能力人视为完全行为能力人。这样的情况常发生在限制行为能力人没有实施处分行为，也没有拖欠债务的情况下。这一例外对于商主体的交易来说没有很大的意义。

（三）合同的形式

1. 选择合同形式的自由

民法中规定了选择民事法律行为形式的自由，法律另有规定的除外。

对于要式法律行为，适用一般保护原则，也就是说如没有遵守要求则视为绝对无效。在这样的情况下，特定的法律形式是发生争议时的有力证据，便于进行调查。

2. 形式的分类

民法依据合同制定的方式将合同的形式分为以下几类：

（1）普通书面形式（民法第 78 条），如委托合同（民法第 99 条）；

（2）确定日期，有确定日期的文件（民法第 81 条）；

（3）确定签名，有正式确定的签名的文件，如出售公司（民法第 75 条）；

（4）公证形式，如不动产买卖合同（民法第 58 条）；

（5）电子形式（民法第 78 条），等效于普通书面形式，但合同订立方没有使用电子形式的义务；

（6）文件形式（民法第 77 条），同样包括非正式的形式，只要明确意思表示人是谁。

3. 不遵守形式要求的法律后果

不遵守形式要求会导致一定的民事制裁。根据制裁的类型，我们可以将法律形式分为三个类别：

（1）不采用则无效的形式；

（2）为举证而采用的形式；

（3）为产生一定法律效果而采用的形式。

上述第一种类别的形式会产生影响最深远的后果。根据民法第 73 条的规定，如果法律要求以其他形式来完成民事法律行为（不同于普通书面形式、电子形式和文件形式），那么没有按照该形式而实施的民事法律行为视为无效。这里所说的形式主要是：公证书（民法第 158 条、第 234 条到第 237 条、第 1052 条），注明日期的文件以及确认签名的文件。另外，一些合同必须采用书面形式，否则无效，这些合同包括：委托合同、商事代理合同以及竞业禁止协议。

合同双方也可以在合同中约定无效制裁。这里和法定要式法律行为适用相同的原则。如果合同双方约定，民事法律行为需要以某一特定形式完成（不同于普通书面形式、电子形式和文件形式），那么只有在采用这一形式的情况下该民事法律行为才有效（民法第76条）。合同双方不需要约定不遵守该形式的后果（只需要约定具体的形式，如公证形式）。但如果针对的是普通书面形式，那么合同双方需要明确约定不采用该形式的结果是行为无效。如果没有明确约定“须采用书面形式，否则无效”，那么视为这一形式只是用作证据，而合同本身是有效的。

为举证而采用的形式主要涉及普通书面形式、电子形式和文件形式。不采用这些形式不会导致行为无效，但是会导致在举证时受到限制，这样的限制只出现在订立合同的事实本身是争议点时。如果有效要件不成立，那么在解决争议时，证人的证据将不被采用。除非双方一致同意，或应消费者要求，可以采纳该证人的证据。

为举证而采用的形式由法律规定（如超过500兹的借款合同、配送合同、建筑合同、民法公司合同、撤销捐赠等），当事人也可以自行约定（民法第76条）。

值得注意的是，为举证而采用的形式不适用于商主体之间的法律关系。在订立合同的事实本身是争议点时，商主体不受举证的限制。

为产生一定法律结果而采用的形式是指，法律规定只有采用某特定的形式，民事法律行为才会产生特定的结果。尽管不采用该特定形式不会导致民事法律行为无效，但是该行为不会产生所有期待的结果，同时还会产生当事人期待之外的结果。在此可以以租期超过一年的不动产租赁合同为例。这样的合同应该以书面形式订立。如果合同双方没有采用书面形式，那么该合同被视为未约定时间的合同（民法第660条）。

4. 后续法律行为的形式

后续法律行为的形式主要涉及已经订立的合同。这些行为包括：合同变更协议（变更或补充有效合同），合同终止协议，解除合同，退出合同。

针对这些行为的形式，民法规定了四个原则（民法第 77 条）。第一条原则规定，补充和变更合同要求采用与订立合同时相同的形式。合同双方也可以在合同变更协议中约定更严格的形式（如以公证形式订立）。

第二条原则与合同的终止有关，也就是双方协商一致终止合同或者单方终止或退出合同。如果合同是以书面、电子或文件形式订立的，那么合同解除协议或终止协议应该采用文件形式（法律另有规定的除外）。

第三条原则规定，在解除以其他特殊形式订立的合同时，也必须采用相同的形式。

第四条原则规定，一方终止或解除以特殊形式订立的合同时，必须有相应的文件加以确认。

5. 合同确认书

合同确认书涉及未采用书面形式而订立的合同。如上述所说，为举证而采用的书面、电子和文件形式不适用于商主体之间的关系。因此，商主体之间的合同确认书的功能相当于普通交易和商对客交易中的举证功能。

如果商主体之间没有按照一般的书面形式订立合同，那么合同一方出具的合同确认书对合同双方有约束力（民法第 77 条）。同样的原则也适用于商主体之间没有遵守文件形式要求而订立合同的情况。但只有满足以下条件时，才具有约束力：

— 合同确认文件在双方订立合同后第一时间发给了对方；

— 合同确认文件没有对合同内容实质的变更；

— 对方没有在第一时间表示对合同确认文件的否认。

但是如果在合同确认书中对合同内容进行了非实质性的更改，那么该合同确认书仍具有约束力。这一规定的目的是简化专业交易，并增强其确定性。

（四）瑕疵

1. 概要

民事法律行为的瑕疵最常与意思表示瑕疵相关。出现瑕疵的原因，首先是对合同订立方或第三方的意思表示不一致；其次是缺少意思表示，合同订立方或第三方可能对其施加外部影响（如胁迫或欺诈）。合同中出现意思表示瑕疵时，合同双方的关系不平等，也就是说，合同双方对所进行的交易在认识上是不平等的。这时改变合同双方的法律状态是有必要的。

因此，关于意思表示瑕疵的法律具有修正功能。针对特定的瑕疵有相应的民事制裁。民事法律行为的瑕疵（合同，单方意思表示）可能导致绝对无效（在当事人受到欺骗而无法作出真实的意思表示时）或相对无效。在第二种情况中，当事人可以撤销有缺陷的意思表示（在胁迫或欺诈情况下作出的意思表示）。民法规定了特定缺陷存在的前提，而在确认之后，将依法通过制裁对其进行修正。

可以说，意思表示瑕疵是在两种情况中出现的错误。首先是在决定是否订立合同或进行其他法律行为时出现的（被胁迫或缺失意识）错误。其次是在对外表示内心意思时出现的错误（导致意思和表示不一致）。而误解则是在上述两种情况中都可能出现的问题。

在波兰的法律中将意思表示瑕疵分为了以下几种情形：

— 缺少意思表示的意识或自由（民法第 82 条）；

— 虚伪（民法第 83 条）；

— 误解或陷阱（民法第 84 条到第 86 条）；

— 胁迫（民法第 87 条）。

涉及剥削的规定也具有修正意义，但是它没有被系统地归入意思表达瑕疵的分类中。

2. 缺少意思表示的意识或自由

这一类型的瑕疵会导致最影响深远的后果。它包括两种状态，即缺少意识和缺少自由。每一种状态的意义相同。出于对受损主体的保护，对这类瑕疵适用绝对无效的制裁。

第一种情况，缺少意识，即作决定之人对该行为将产生的法律效果没有意识。缺少意识的标志是缺少对自己行为将产生的效果的认识。这样的情况常常由精神疾病、智力发育不全导致，也存在其他原因，如精神错乱。在这种情况下，不需要区别缺少意识的状态是长期的还是暂时的。重要的是该状态是否在其作决定之时存在。当出现严重的精神错乱时，应该检查其行为是否是在有意识的情况下实施的。如果是，那么该法律行为是有效的（如患有精神疾病的限制行为能力人；而无行为能力人所实施的行为始终是无效的，是否有意识没有意义）。

缺少自由是指在作出决定时缺少自由。决定因素是作决定之人本身的心理状态，而不是外部环境。因此，缺少自由是指自由决定的可能性被完全排除的状态。在这里不应该考虑出于困难的经济状况而订立不公平合同的情况。剥削是其中的一种情况（民法第 388 条）。没有自由是指自由选择的可能性被完全排除的情况，如由于疾病或吸毒导致完全不能决定自己行为的情况。

值得注意的是，缺少意识或自由可以由“任何原因”导致。例如，外伤后的精神错乱、精神失常、抑郁症、癫狂、酗酒、吸毒、长期严重的疾病、滥用药物、接触有毒物质等。出现这类瑕疵的结果是影响最深远的民事制裁，即绝对无效。

3. 虚伪

虚伪不涉及单方法律行为（如终止或退出合同）。虚伪成立的前提是至少有两人以上的当事人。民法第 83 条规定了虚伪的前提条件：

— 向对方作出的意思表示只是假象；

— 对方（接受方）表示同意只是假象。

在这种瑕疵中，当事人在以下两种情况中表示同意。第一，双方约定，其实施的民事法律行为完全不会产生法律效果，如假借转移物权来防止对抵押物的处置。第二，约定其所作的意思表示会产生法律效果，但是不同于所实施的法律行为所产生的效果。例如，为逃避继承法规定的责任，双方以买卖合同为掩饰，实际订立的是捐赠合同。在这样的情况下，所实施的法律行为是为了掩饰另一个法律行为。在给出的例子中，虚伪的法律行为，即当事人公开的法律行为是绝对无效的。但是被掩盖的法律行为如果满足有效要件，则被视为是有效的。

应该注意的是，虚伪的法律行为会威胁交易的安全。在出现下列情况时，法律保护善意第三人的权益：

— 第三方获得权利或义务被解除；

— 基于虚伪法律行为而完成的行为是有偿的；

— 第三方是善意的。

这里也适用善意推定（民法第 7 条），也就是善意第三人的活动是基于公开的法律行为进行的，而对隐藏的法律行为不知情。

4. 误解和欺诈

首先需要明晰，哪些情况是作出意思表达时的误解，可以分为最基本的两种情况。

（狭义）误解的要件是对事物显然状态的错误认识或缺少对事物显然状态的认识（错误的预见，如在购买画的赝品时，错误地认为购买标的物是真品）。

误解还包括对意思表示内容的错误认识。在此，意思是真实的，然而意思表示却是有瑕疵的。这种情况导致意思和表示不一致（例如，表意人的本意是租赁不动产，但在合同中却变成了承包；又如，本来以为价格 1000 欧元，在合同中却变成了 10000 欧元）。

上述对误解的分类没有规范性的意义，它们产生的法律效果相同。

根据民法第 84 条误解的构成要件包含以下内容：

— 误解对于法律行为的内容来说是重大的；

— 误解必须是实质性的，也就是说，一个理智的人不会作出这样的意思表示。

对另一方（接受方）作出意思表示时，还必须任意满足以下要件之一：

— 误解是由对方造成的，尽管不是以过错的方式（合同标的是出售 2005 年产的汽车，而实际上是 2003 年产的汽车）；

— 对方知道误解的存在（如知道买方有意购买的是羊毛量为 100% 的材料，但在有意识的情况下，出售羊毛量为 80% 的材料）；

— 对方能够轻易地注意到误解（例如，买方作为专家知道卖方向其介绍的是价值不菲的真品，却以赝品的价格购买了该画）。

我们将陷阱理解为误解的另一种形式，它是指一方或第三方故意诱使另一方产生误解的行为。陷阱的要件比误解宽松，因为陷阱不需要是实质的，也不需要涉及法律行为的内容。

错误和胁迫的情况相似，都会导致相对无效。

5. 胁迫

胁迫是指对表意人的心理威胁。胁迫的构成要件限于以下情形。一方强迫另一方作出特定内容的意思表示。威胁对方，如果不作出某意思表示，将使用对其本人或他人（如亲属）造成不利后果的手段。这里的胁迫是指故意对表意人造成人身或财产的不安（害怕、恐惧状态）。例如，以绑架子女相威胁，逼迫公司合伙人让出股份。

胁迫的构成要件有：

（1）胁迫必须是非法的。这里既指违反法律，又指违反公序良俗（以暴力威胁要求对方解除债务，或者债权人以强制执行相威胁要求债务人退出公司）。

（2）威胁必须是严重的。需要评定受胁迫之人是否会因此而害怕（主观因素），威胁是否有实现的可能性，是否任何人在受胁迫之人的处境都会害怕（客观因素）。

误解和胁迫的结果都是相对无效（也就是可变更、可撤销）。这样的制裁弹性相对较大，在法律效果方面的影响不如绝对无效那么深远。受误解或胁迫影响的表意人可以通过合法的行为撤销意思表示。表意人以书面形式撤销有瑕疵的意思表示。应该在威胁停止（或发现误解）的一年内向对方作出意思表示。撤销瑕疵意思表示的结果是，该法律行为自始无效，且具有溯及既往的效力。在这样的情况下，意思表示失去了法律基础。对已履行的合同将产生恢复原状的后果。因此，通过司法途径撤销误解或胁迫时的意思表示不是必要的。

（五）民事法律行为的内容

在法律行为的有效要件中，最后需要考虑的是法律行为的内容。民法典第

58 条指出了评判标准。根据这一规定，需要检查每一份合同是否符合法律规定以及是否符合公序良俗。还需要检查其内容是否违反法律的目的。通过法律对超过这些限制的情况进行制裁，在这样的情况下，意思自治受到一定的限制。

在解释私法的分类特点时，已经详细地解释了什么是违反法律。在此，还需要强调的是，只有违反强制法才会导致民事制裁。违反强制法的结果是绝对无效。在半强制性法规的情况下，约定的内容不能有损于受法律保护一方的利益。如果合同内容违反这一原则，那么它对受法律保护一方来说不具有效力（如消费者、代理人）。

违反社会共存原则（即一般条款）同样会导致绝对无效。这些原则是对成文法的弹性适用，以便在非典型情况下能够公正且合理地解决问题。这些原则反映了以下的价值观：良好习惯、合理、诚信、客观善意。在下面列举的情况下适用一般条款的情况：合同约定证人说出真相的条件是收到报酬；合同内容使一方过分地依赖另一方，则造成了合同双方的不平等（违反合同合理原则）。

一般条款是法律没有明确定义的规定。法官在适用法律时，应当根据实际情况并结合特定的法律文化和基本原则来适用一般条款。裁定者应该独立地形成自己的观点。在这个领域并不存在已有的规则或社会共存原则的集合。

四、总结：对瑕疵法律行为的制裁

波兰法律针对各种瑕疵法律行为规定了不同程度的制裁。在裁定某法律行为是否有瑕疵以及应受到何种制裁时，应该考虑法律行为所有的有效要件。

首先是影响最为深远的制裁，即绝对无效，除此之外还有：相对无效（可撤销），效力待定。

下列情况会导致绝对无效：

— 无民事行为能力；

— 未遵守法定或约定的形式要求；

— 意思表示瑕疵（无意识、无自由或虚伪）；

— 违反法律和社会共存原则。

相对无效则发生在受误解或胁迫的影响下作出意思表示的情况下。

效力待定是指所实施的法律行为必须要经过另一人的追认才有效。由限制行为能力人或无权代理人实施的法律行为效力待定。无权代理是指没有代理权或超越代理权。

关于相对无效，还需要补充的一点是，无效可以是整个合同，也可以只是部分内容。部分无效的法律行为剩余部分是有效的。

在实际中，合同会保留条款的可分性，如果合同的某一或若干条款在任何方面无效、非法或无法执行，这些无效、非法或无法执行的条款或部分将视为从未包括在合同中。其他条款的效力不变，同时具有法律效力，并可执行。如果在合同中加入新的条款来代替无效条款，那么新条款将被视为有效（只要其满足民法第 58 条的规定）。

第三节　合同解释

在波兰法律中，每一个意思表示都应该按照民法第 65 条规定的两个基本解释原则来解释。根据这一规定，既应该考虑表意人的真实意思，又应该考虑他人（意思表示的接受者或合同另一方）基于此意思表示而产生的信任。民法第 65 条的第一个原则涉及每一个意思表示，即单方意思表示（如终止合同）或合同。根据这一原则，在做解释时应该考虑以下因素：作出意思表示或订立合同的情形，合理原则（通过一般条款表现）以及良好的习惯。第二个原则则直接针对合同。这一原则认为，合同当事人真实的目的优先于文字上的说法。所以如果合同当事人的目的与合同所表示的目的不一致，那么适用的法律将首先考虑前者。

由此可见，在解释合同时，真实意思（主观标准）具有基础性的意义，合同一方对另一方产生的信任同样也很重要。在客观标准方面，理性人的概念则十分重要。当合同双方发生冲突时，很难确定“合同双方的共同目的”。在这样的情况下，就需要分析一个理性人会根据对方所作的意思表示产生怎样的合理期待以及信任。

在确定意思表示或合同的正确意思时，需要考虑一个理性人会在这样的情况下怎样理解。根据民法第 65 条的规定，需要指出对合同内容怎样的理解应受到保护。合同一方只有在“合同双方处于相同的情况下，特别是拥有相同的知识来理解互相的意思表示”时，才能够有效地援引自己所理解的对方的意思表示。当合同双方因为对意思表示的理解不同而造成冲突时，首先适用信任保护原则以及理性期待原则，而不是当事人的“意思”或表意人的理解。

第四节　商对商交易中订立合同的方式

一、选择订立合同方式的自由

在民法中规定了订立合同的方式（要约、谈判、拍卖、招投标）。合同双方可以自由选择订立合同的方式。除民法外还有其他特别法要求以法定方式和程序订立合同，如公共采购法①。

在经济关系中，合同需要以要约或谈判的方式订立。在选择这些方式时，需要根据不同的情形来决定，如合同的复杂程度、合同双方的信任程度、某一行业的标准化合同（也就是使用格式合同，民法第 385 条）。

二、要约

以要约的方式订立合同，即合同一方发出要约，合同另一方直接接受。这样的方式适合较为简单的合同，不要求谈判或独立确定合同的个别内容。因此，常常涉及的是行业里的格式合同。一方将格式合同发给另一方，另一方接受则订立合同。

我们将要约理解为向对方作出希望订立合同的意思表示，且该表示确定了合同实质性的内容（民法第 66 条）。需要强调的是，要约必须要符合法定的构

---

① 2004 年 1 月 29 日出台的《公共采购法》，2004 年法律公报第 19 号 177 项，即 2017 年法律公报 1579 项。

成要件才有效。第一，要约必须坚定。第二，要约必须是认真的。第三，要约必须包含合同内容的必要元素（不完整的提议将不会被视为要约）。例如，在买卖合同中至少应该说明标的物以及价格（或者在未来确定价格的准则）。第四，对方只需要对要约直接接受，合同即成立。

另外，启事、价格表、广告以及其他面向大众或个别群体的信息不是要约，而是要约邀请（民法第 71 条）。但是，在销售场所面向公众展示商品并明码标价的行为，则满足要约的构成要件（民法第 543 条），如汽车经销商在汽车销售中心展示汽车并标明价格。

发出要约的行为会产生一定的法律效果。首先，要约对要约人有约束力；其次，受要约人只要接受要约，合同便成立。

确定要约从何时开始具有约束力是十分重要的。首先需要分辨该要约是针对特定的受要约人（具体的合同方），还是针对非特定的群体。在第一种情况中，要约从指定受要约人能够了解其内容之刻起产生约束力。在第二种情况中，要约自发布之刻起生效（如在告示板、报纸上，或通过其他传播信息的手段）。还需要注意的是，表意人的死亡或失去民事法律行为不会导致其已经发出的要约失效。

同样重要的还有确定要约失去约束力的时刻（民法第 66 条）。要约在要约指定的时间过去后失效。如果没有确定时间，则适用法定原则。根据第一个原则，如果当面或借助直接沟通工具（如电话会议），向对方发出要约，而没有被立刻接受，即在谈话过程中没有被接受，要约则失去约束力。根据第二个原则，如果以其他方式，即以间接的沟通工具（如书信、邮件）发出要约，那么要约在要约人按照正常情况本应收到答复的时间过去后失去约束力。但是在这里应该考虑到考虑、表达、回复及发送信息的必要时间。

民法典也对延迟接受要约的情况作出了具体的规定（民法第 67 条）。如果对要约的回复是在恰当时间内发出的，视为合同成立。但如果要约人在第一时间回复对方，由于延迟回复导致要约已过期，则视为合同不成立。

值得注意的还有要约的可撤回性。在这里，要约是针对特定受要约人还是非特定的群体具有不同的意义。在后一种情况中，要约可以随时撤回或改变，除非要约人指定了撤回时间。但这一原则对已经接受要约（并以此方式订立了合同）的人或以电子方式告知接受要约的人不适用。然而，针对特定受要约人的要约不可撤回。

另外，在商对商的关系中，要约的可撤回性适用特别的原则（民法第66条）。在商业关系中，要约可以在订立合同前撤回(也就是在对方接受合同前)。只有撤回要约的意思表示，在受要约人发出接受要约之前已发送给受要约人，这样的行为才有效。还需要说明的是，尽管在这里有不同的规定，但是如果内容规定不能撤回或指定了接受时间，那么这样的要约是不能撤回的。

原则上，受要约人需要向要约人表示对要约的接受（民法第69条）。但是这一原则也有例外。这样的例外可以来自固有的习惯，也可以来自要约的内容。特别是要约人要求立刻履行合同的情况（如发送订购的货物）。在这样的条件下，合同于受要约人在恰当时间内履行合同时起生效。

受要约人应向要约人作出接受要约的意思表示。但是也存在例外。首先，在以要约方式订立合同时，还应注意到受要约人的沉默对于合同成立的意义。原则是，要约人不能单方面规定，受要约人的沉默意味着合同成立。但是合同双方可以通过合同约定。

在这里需要强调的是，在商对商关系中存在着不同的原则。在商对商关系中，如果出现下面两种法律规定的情形，那么沉默则意味着同意（民法第68条）。第一，商主体之间的关系是长期的。第二，要约与其从事的经济活动相关。在这些情况下，如果没有及时回复则视为接受要约。换言之，受要约人在收到要约后的沉默被视为同意订立合同。

以要约的方式订立合同时，适用“镜面反射原则”。接受要约意味着对要约内容的同意。但是，如果受要约人要对合同内容作出修改或补充，那么他的意思表示将被视为是新的要约。这时角色发生转换，原本的受要约人成了要约人。

还需要强调一点，那就是在专业关系中，存在不同的规定(民法第68条)，这一规定适用于商主体之间接受要约，但对要约作出了修改或补充的情况。这里所说的修改或补充不能够改变要约的实质内容（例如，不能将标的物从私家车改为货车）。在这样的情况下，视为有保留事项的合同成立。但是，当出现下列情况时，合同不成立：

— 在要约中指出，对该要约只能毫无保留地接受；

— 要约人在第一时间表示了对保留事项的反对；

— 受要约人在对要约的回复中表示只有要约人同意保留事项才接受要约，但是没有及时收到要约人的同意。

在波兰的法律中，也可以通过电子要约的方式订立合同。需要强调的是，以电子形式订立合同需要经过受要约人的同意。这样的同意可以通过任何方式作出，甚至可以是暗示的方式，如在公司信头上给出电子邮箱地址。这一原则适用于以电子形式发出的要约，但只是不针对特定对象的要约。第一，要约的有效性取决于具体受要约人的及时确认；只有在那时要约才有效。第二，发出电子要约的商主体承担在合同订立前的告知义务。如果没有履行这些义务，那么要约不生效，且可能会造成要约人的赔偿责任。

这一原则不适用于通过电子邮箱或其他个人远程沟通工具订立合同的情况。这种情况适用普遍的规定（民法第 61 条）。

三、谈判

我们将谈判理解为，在更加复杂的交易中双方以订立合同为目的在利益平衡上互相影响。在这样的合同中，有很多决定需要在谈判过程中单独协商。在谈判中需要遵守以下几条原则（民法第 72 条）。第一，在谈判过程中，当事人的意思表示原则上没有约束力（除非某一方的意思表示可以被定义为要约）。第二，应该保持对合同内容的自由决定权。第三，当事人应该以符合良好习惯的方式，即诚实信用的方式，开始和进行谈判。尤其是双方应当以订立合同为目标进行谈判，而不是为了掩盖其他目的而虚假进行（如为了获取对方投资计划的信息、拖延对方与他人订立合同、揭露企业机密等）。合同当事人的道德评价在这里具有十分重要的意义。如果评价是负面的，那么不诚信的当事人可能会承担赔偿责任。

波兰法律规定，在以谈判的方式订立合同时，只要合同双方对合同所有的内容达成一致，合同便成立。

如上述所说，当事人在谈判阶段的负面评价可能会造成赔偿责任。不遵守诚实信用原则的当事人承担补偿对方因期待合同订立而造成的损失。尤其是在谈判时承担的费用（专家评估费用、在谈判地的停留费用等）。赔偿不包括合同订立之后可能获得的利益。

四、拍卖和招投标

拍卖和招投标具有共同的特点（民法第 70 条）。这两种订立合同的方式都属于多方竞争性的程序。它们的目的是从发出的要约中选择出最有利的要约，并与其要约人订立合同。

拍卖或招标公告由组织方或其他受委托的主体发布。公告将发布给有限或无限的接收群体。公告的内容应该包括说明合同内容的要约邀请。应该首先说明拍卖或招标的时间、地点和条件。拍卖或招标的公告及条件可以改变，只要在内容中对此有保留。组织者从公布条件之刻起，要约人从发出要约之刻起，则有义务按照公告的程序以及拍卖或招标的条件行动。

除此之外，还有一些针对拍卖和招投标的另行规定。

在拍卖过程中，要约在出现其他更有利的要约时则失去效力，除非拍卖条件另有规定。自拍卖师落槌确认之刻起合同便成立。

而在招投标中，要约人不参与对要约的审批，通常由招标委员会来进行。组织方选择最有利的要约，或者认为没有一个要约符合其要求。如果出现第二种情况，那么招投标的结果是没有订立任何合同（民法第 70 条）。当组织方选择出一个要约后，其他的要约则失去效力。组织方与被选择的要约人订立合同。在这个阶段，招标人有义务以书面形式告知竞标方其选择结果。没有履行这个义务将造成赔偿责任。

合同自要约人收到招标人选择其要约的意思表示时起成立。但在一些情况下还要求以特殊的形式订立合同，这样合同才生效。例如，在买卖不动产中，必须要以公证形式订立合同。如果一方拒不订立合同，那么对方可以要求以法院判决来代替其意思表示。

在招投标程序（及拍卖程序）中，投标担保作为其中一个元素，具有特别重要的意义。它是资产的门槛，它要求参与者慎重考虑是否参与投标或拍卖。在实践中这一机制被用作招投标的规则。它是对订立合同的保证，具有限制功能。投标担保的内容可以是：资金、有价证券、担保、银行保函。

如果计划的合同没有成立，那么投标担保会有以下几种结果：第一种情况，如果中标人不履行订立合同，那么招标人可以不予退回保证金或要求赔偿。在其他情况下，投标保证金应该立刻返还，担保效力随之消失。第二情况，当招标人在选中投标后，不履行与中标人订立合同，那么中标人可以要求双倍返还保证金或赔偿其在招投标过程中承受的损失。在以上两种情况中，投标担保保证了以司法途径调查合同订立的可能性。扣留保证金则是一种有效的赔偿手段。因为它没有约定损失赔偿的金额以及不履行订立合同方需要对哪些情况承担责任。

以拍卖或招投标的方式订立的合同可以在法律规定的情形下失效（民法第70条）。受损人（通常是拍卖或招投标的组织者或参与者）可以要求合同无效，如果合同的另一方或其他参与者，通过违法的方式对拍卖或招投标的结果产生了影响。其中包括：贿赂委员会成员，勾结竞买者以获得低价，贿赂其他竞买者使其不参加拍卖，并将价格控制在其指定范围内。请求招标或拍卖无效的权利自受损人得知存在无效原因之日起一个月后生效，且不应晚于合同订立之日起的一年内。

五、利用格式合同订立合同

在实践中，特别是有商主体参与的时候，常常用到格式合同。格式合同的出现顺应了避免每次单独确定合同内容的趋势。这种订立合同方式的特点是格式合同接受方的附从（又称附从合同）。使用格式合同的一方适用契约自由原则。而对另一方来说，使用格式合同会造成这一原则的限制。因为格式合同会对接受方的利益造成威胁。因此法律保护弱势一方的权益，也就是因使用格式合同导致法律状态受到威胁的主体（例如，权利和利益不对等的合同，与履行合同有关的风险，承认强势一方单方变更或终止合同的权利）。

格式合同是一方在订立合同前已经制定好的合同，而接受方对其内容没有影响。为了另一方接受格式合同，它必须要在订立合同之前发送给接受方。但是法律也规定了发送格式合同义务的例外。如果在某一行业中，商主体之间的某一种格式合同是被普遍采用的，而对方可以轻易获知该格式合同的内容，那么提前发送格式合同不是必要的。但是，如果一方使用的是电子版的合同，那么他有义务在合同订立前以对方能够保存且能够打开的方式发送合同给对方（民法第 384 条）。在订立合同前发送合同的原则也有例外。另外，如果合同一方在长期合同的存续过程中（如 5 年的代理合同）向对方发送格式合同，只要对方没有在第一时间拒绝，那么合同便有约束力。

在实践中有时会出现格式条款与实际合同内容不符的情况。在格式条款和合同内容矛盾的情况下，首先有效的是合同内容（这时合同对双方有约束力）。

法律也对制定格式合同提出了两条原则性的要求（民法第 385 条）。第一，格式合同必须意思明确。第二，对于特定的接受者来说应该是可理解的（如以对方能够理解的语言制定）。不满足这些要求的格式合同对合同另一方没有效力[①]。

波兰的法律规定，为保护弱势方利益，必须翻译有歧义的合同内容。这一原则在涉及消费者保护方面得到了充分的体现（民法第 385 条）。在专业交易中，这一原则涉及保险代理协议。需要注意的是，这一原则也可适当地适用到商主体合同的其他范围。

另一个规定涉及所谓的格式冲突，这是针对商主体之间所使用的格式合同（民法第 384 条）。根据这一规定，采用不同格式合同的商主体之间订立的合同，不包括那些内容冲突的格式条款。在这样的情况下，受要约人在收到要约后，可以及时告知要约人不准备订立合同。如果受要约人没有这样做，那么合同双方受格式合同和格式条款的约束，忽略内容冲突的条款。

① 2015 年 9 月 11 日出台的《保险法》第 15 条，2015 年法律公报 1844 项。

第五节　通过代理人或商务代理人订立合同

一、概要

原则上，法律行为由该行为所产生的法律效果所涉及的人来完成。但是在实际的交易中，法律行为常常需要由代理人来完成（直接代理人）。这是由各种各样的情况决定的。在商对商关系中，由于商主体空间和组织上的活动范围，很多时候都需要代理。对代理人的需求可能与自然人的事实障碍有关，如无法到场，缺少资格。为了满足这些需求，波兰的法律允许由代理人为直接利益人（被代理人、委托人）完成法律行为。

因为在波兰的法律中采用这一原则，即法律行为可以由代理人完成。因此由代理人在代理权限内完成的法律行为，直接对被代理人产生法律效果（这是代理的核心）。由代理人以被代理人名义完成的法律行为的当事人是被代理人和第三人（即授权人的合作伙伴）。

代理人的代理权可以来自：法律（如家长对孩子的监护权），法院判决（如为无民事行为能力人指定监护人），或者委托人的意思表示。

代理人以委托人名义实施的行为是否有效，取决于以下几个要素：第一，代理人必须有以他人名义活动的授权。第二，必须有代表委托人的资格，且在权限范围内活动。第三，该行为可以由代理人完成（如订立遗嘱、收养孩子）。

二、代理权

（一）通过代理人活动

代理人的活动以委托人授予其的代理权为基础。换句话说，代理权来自委托人的意思。授予代理权是授权人的单方法律行为。代理人以委托人名义进行的法律行为直接对委托人有效。委托人才是法律行为中的当事人。

应该强调的是，授予代理权的法律行为仅仅是授权行为。授予代理权的行为并不会使代理人负有行动的义务。基本合同才会产生这一义务。代理人在签订基本合同后，才算接受了完成委托事项的义务（基本合同可以是雇员合同、代理合同、劳动合同、运输合同等）。如果没有签订基本合同，那么授权人不能基于自己的授权要求代理人赔偿损失，如没有以授权人的名义在公证处订立不动产买卖合同。

（二）代理的形式以及生效要件

在波兰的法律中采用自由选择代理权授予形式的原则。代理权可以包含在基本合同中，或者产生于以明示（书面或口头）或暗示方式作出的法律行为。因为代理权并不依赖于合同，合同不是代理人履行义务的根源。

波兰法律也规定了自由选择代理权形式的例外。第一种例外是，代理人法律行为是否有效取决于是否遵守特定形式（如不动产买卖需要公证形式）。此时，实施该法律行为的授权必须要以相同的形式作出（民法第 99 条）。例如，在上述不动产买卖的例子中，委托授权必须要以公证形式作出。

第二种例外是，全权代理的授权必须以书面形式作出，否则无效（民法第 99 条）。

关于代理的其他有效要件，需要补充的是，代理人至少需要有限制民事行为能力。但在一般情况下，授权人都会将代理权授予完全民事行为能力人。

（三）无权代理人

无权代理人是指完全没有代理权或超越代理权限的人。无权代理人的行为不会使授权人承担义务。其法律行为的效果取决于该行为是单方法律行为（如终止合同或退出合同），还是以他人名义订立的合同。在第一种情况中，法律行为原则上是无效的（民法第 104 条）。但如果是订立合同，那么该合同的效力待定。合同的生效必须要经过授权人的追认（民法第 103 条）。如果缺少授权人的追认或追认时效已过（由合同另一方指定），那么合同自始无效。

在授权人不予追认的情况下，无权代理人将承担两个责任：第一，无权代理人需要将所有因订立合同而获得的财务返还（如收到了货物、货款、酬劳等）。第二，无权代理人对合同另一方因不知其没有代理权而订立合同造成的损失承担赔偿责任。也就是说，合同另一方是善意的（即对无权代理人无代理权或超越代理权限的事实不知情）。

但是，如果在代理权消灭后，无权代理人的行为在先前的代理权限内（民法第105条），那么由其订立的合同是有效的，除非合同另一方知晓或轻易便能知晓其无代理权的事实。

在民法中规定了上述原则的一些例外情况（如民法中涉及商业代理第760条）。

（四）代理权的类型和特别情况

在民法中可以分为三种基本类型的代理权（民法第98条）：

—— 全权代理（如对进行日常董事会活动的授权）；

—— 类型代理（如以艺术收藏家的名字购买某艺术作品的授权）；

—— 特别代理，即完成特定法律行为（如订立出售公司合同的一次性代理）。

在波兰的法律中，复代理，即代理人将代理权转托给他人代理，只在特殊情况下是被允许的。也就是说，原则上复代理是禁止的。只有在下列三种情况下，代理人才能够将代理权转托他人。第一，在原代理协议中约定了这样的可能性。第二，来自法律的规定（如律师或法律咨询师将代理权转托给其他律师或法律咨询师）。第三，来自构成代理关系基础的法律关系（如来自委托、代理协议、公司协议、运输协议）。

波兰的法律还规定了推定代理（民法第97条）。这一规定涉及在商主体指定地点接待客户的人。如有疑问，则推定此人有权以公司的名义实施在公司一般服务范围内的法律行为。

法律还规定了一种特殊情况，被称为“和自己的法律行为”。这一概念包含两种情况：第一，代理人以授权人的名义作出或接受意思表示，而以自己的名义实施法律行为。第二，代理人代表双方当事人，也就是以双方的名义作出意思表示。这样的行为原则上是禁止的。除非这是代理协议允许的，或者不存在侵犯授权人利益的可能性。

（五）代理权的消灭

代理权可能在各种不同的情况下消灭。原则上，代理权在约定的时间过去后或决定代理权的条件被破坏后消灭。代理人此时应当返还授权人代理文件。另外，代理权在以下情况出现时消灭：

——代理人完成约定的代理行为；

——授权人撤回代理权（但是存在不可撤回的代理权）；

——代理人放弃代理权；

——授权人或代理人的死亡；

——基础关系的消灭，如果代理权是以默示的方式产生。

三、商事代理

（一）商事代理的实质

商事代理是商主体授予的代理权。商务代理人可以是拥有完全民事行为能力的自然人。

商事代理是全权代理的一种变体。它的代理权限由法律规定。不能对其进行修改。因此第三人不能对商事代理进行限制。法律对商事代理范围的规定较为宽泛。包括与经营企业相关的司法行为和非司法行为（民法第 109 条）。但一些行为被排除在商事代理权限外。这些行为包括：转让企业、转让不动产等，实施这些行为需要另外的授权（实施特定行为的授权）。

因此，每一个合同订立者知道（或至少应该知道），哪些是商务代理人的法定职权。这一规定增加了商对商交易的确定性。

商事代理权不可以转托。商务代理人只能够确定实施个别行为或某一类型行为（民法第 109 条）。不同于全权代理，商事代理权可以在任何时候撤回（民法第 109 条）。

（二）商事代理权的形式

商事代理权需要以书面形式订立，否则无效。值得强调的是，在此不适用民法第 99 条第 1 节关于代理权衍生形式的规定。也就是说，如果商务代理人必须以特别形式订立合同，对他的授权并不需要以相同的形式作出（这是对代理人的规定）。

（三）商事代理权的类型

在波兰的法律中规定了两种类型的商事代理权：联合商事代理权和分部商事代理权（民法第 109 条）。

商事代理权可以联合授予给几个人（联合商事代理权）或独立地授予。商事代理权的联合性质应该来自商主体的意思表示，并在登记时公开。同时也需要公开执行联合商事代理权的方式。被授予代表权的主体不需要同时行动，可以独立地作出意思表示。联合商务代理人也可以和董事会成员或人合商业公司的合法代理人共同做决定。

分部商事代理权的意思是，商事代理的权限仅限于与企业分部有关的事务。这是第三人无权限制商事代理的例外。

（四）商事代理权的消灭

在下列情况发生时，商事代理权消灭：商主体在登记处注销，宣告破产，清算开始以及商主体转型。另外，商务代理人死亡后，商事代理权自动消灭。但是商主体死亡或失去民事行为能力不会导致商事代理权的消灭。商主体不仅需要在登记处报备商事代理权的授予，也需要报备其消灭的情况。

FOREWORD

This book is a result of cooperation between The Beijing Foreign Studies University (BFSU) in Beijing and the Law and Administration Faculty at the University of Silesia (*Wydział Prawa i Administracji Uniwersytetu Śląskiego-WPiA UŚ*) in Katowice, Poland. Cooperation with the Chinese partner was initiated by Professor Ewa Rott–Pietrzyk and Professor Rafał Blicharz in 2015. The idea was well received by both the Dean of the School of Law – Professor Meng Wan–and representatives of the School of European Languages and Cultures at the BFSU, namely by Professor Zhao Gang the Dean of this Faculty and Li Yinan, PhD – the Head of the Polish Language Department and the Polish Research Centre.

While cooperating with BFSU, WPiA UŚ will also start projects with the School of Humanities and Law at Northeastern University(NEU). This very effective cooperation with NEU is possible thanks to the kindness of Professor Sun Ping, the Dean of this Faculty, and of Professor June Sui, who has visited WPiA UŚ many times.

Entering into cooperation with these Chinese universities resulted primarily in opening the first School of Chinese Law and Culture in Poland. It has also led to a partnership between the universities based on the mutual exchange of academics and students between the Beijing Foreign Studies University and Northeastern University in Shenyang on one hand, and the University of Silesia on the other, as well as on mentoring doctoral candidates under cotutelle agreements and acedemic activities (particularly in the form of publications and conferences), as well as on business activities (including assistance for companies from both countries, for instance in the form of expert activities ordered both by private and public law entities).

Our publishing cooperation takes place as part of a project to prepare a range of tri-lingual papers (in Polish, Chinese and English) on how companies from one country do business in the other country. In other words, these publications will serve as sources of basic information for Chinese companies trying to operate in Poland, and for Polish ones in China. Doing Business in Poland is the first title starting this series. This first book presents the issues characteristic for Polish law, and is dedicated to Chinese businessmen in order to make them familiar with the existing basic legal requirements regarding contract law, conducting business and commercial companies law. Other institutions that may be of importance for Chinese businesses in Poland will be presented in subsequent editions in this series.

The authors welcome any suggestions from anyone interested in this series of papers that may facilitate presenting the knowledge about the Polish legal system in China. We intend to present a sketch of Polish law in certain areas. At this stage, we are not interested in a detail analysis of Polish law with regard to contract law, conducting business and commercial companies law in Poland. We assume that a detailed analysis of certain legal institutions will be considered in our publications at a later stage, should the readers be interested. We look forward to any initiative from our readers in this regard. In other words, we are ready to extend the scope and present more detailed studies on the institutions of Polish law, further to the feedback received from readers, who will share with us information on their particular interests.

We are happy to also announce that a similar book on Chinese law, under the same title, with the same purposes regarding its contents, has been prepared by a team of experts from the BFSU. It will also be published in Poland in three languages. Thanks to publishing books that mirror each other in terms of the discussed subject and purposes, readers from both countries will have a chance to become familiar with Chinese and Polish legal culture, legal regulations and customs, as well as with the contents of selected legal acts.

This book therefore constitutes another step towards developing multidisciplinary contacts as part of Sino–Polish cooperation. The authors very much hope that it will be well received, and we welcome any comments. Thanks to your feedback, we can make further editions more useful and effective, and concentrate exactly on the issues you are most interested in with regard to the legal system (both private and public law) based on which businesses operate in Poland and in China.

We would like to acknowledge here all the people who enabled Polish–Chinese academic cooperation to start and to continue between Beijing Foreign Studies University, Northeastern University and the University of Silesia, which has led to this book. We appreciate the positive encouragement from the governing bodies of these universities, in particular Professor Peng Long, Professor dr hab. Wiesław Banyś, and Professor dr hab. Mirosław Nakonieczny. We are also grateful to the Deans of the cooperating faculties (schools) of law, namely to Professor Wan Meng, Professor Sun Ping, and Professor dr hab. Czesław Martysz. The Polish - Chinese cooperation with the participation of the University of Silesia, including our faculty, would not be possible without the support, friendship and precious guidance received from Professor dr hab. Jolanta Tambor - Director of the School of Polish Language and Culture, and Professor Romuald Cudak, Head of the International Polish Studies Department at UŚ, who have wide and friendly contacts with Chinese partners. It is worth adding that in relationships with Chinese partners, friendship and good relations guarantee effective and positive cooperation, and are at least as important as well–drafted contractual provisions in European legal culture. We greatly appreciate our friendly relations with our kind Chinese partners. Academic cooperation without these close, friendly bonds developing between the parties would not be so complete and satisfying. We are extremely happy that we can enjoy these particular values in our relations with the Chinese parties.

We would also like to thank all the members of the UŚ administration who provide valuable assistance to us in various ways, always effectively, in particular: Ms Agata

W ó jcik and Ms Małgorzata Buchacz, for their much appreciated kindness. We also thank Ms Aneta Pająk–Kozub, who is the best Administrative Director of the School of Chinese Law and Culture, creating a positive image of our Faculty and the University for our Chinese partners. This is very valuable.

We also thank our translators, who made this publication possible, namely: Nick Faulkner, who we can always count on (not only with regard to this publication) with English translations and proofreading, and Mi Zhang (who studies Polish law and language at BFSU), who is invaluable in their ability to translate from Polish to Chinese.

Rafał Blicharz

Piotr Pinior

Ewa Rott–Pietrzyk

Maciej Zachariasiewicz

I. DOING BUSINESS IN POLAND

1. Business Activity as a Term

The foundations of Polish entrepreneurship, including the freedom of business activity, equality and protection of property rights are guaranteed by the Constitution of the Republic of Poland.[①] Article 20 of the Constitution introduces the principle of a social market economy in Poland and stipulates that the economy is based on the principle of the freedom of business activity, private ownership and solidarity, dialogue and cooperation between social partners, and it constitutes the basis of the economic system in the Republic of Poland. A more detailed, basic and comprehensive legal act that regulates undertaking and conducting business activity in Poland is the Act on the Freedom of Economic Activity.[②] This act is of a general type, which means that, if not stipulated otherwise by any other act applicable to economic activity in Poland, this act is the one that applies (as expressed by the Latin concept: lex specialis derogat legi generali).

Business activity as a process involves connecting and using various elements (e.g. equipment, labour, technology, information networks, products) in order to achieve certain objectives, namely to develop certain goods or perform certain services. The starting point always includes certain input elements used by the entity conducting the business; their processing results in finished products–the anticipated result of the

① Constitution of 2 April 1997, Journal of Laws 1997.78.483 as amended.

② The act of 2 July 2014, Journal of Laws 2015.584 as amended, hereinafter: the AFEA.

business activity. On the other hand, the legal definition of business/economic activity is set out in the Act on the Freedom of Economic Activity, sometimes referred to as the "constitution of public commercial law". According to Article 2 of the AFEA, economic activity is activity in exchange for remuneration, such as creating, constructing, trading and performing services, exploring, recognising and mining mineral ores, as well as professional activity performed in an organised and continuous manner.[①] This definition of economic activity comprises several structural elements. They include: exchange for remuneration, a certain type of economic activity (sector of the economy), as well as continuity and an organised manner.

In order to be considered economic activity, certain activity must be performed with the intention to make profit. This means that the activity of each enterprise must be in exchange for remuneration and profit-oriented, even if the activity does not bring any. Failing to achieve profits may result from incompetent management or the intentional activity of the enterprise, which may incur higher operating costs (advertising, promotion, purchase of materials and equipment, and developing infrastructure), particularly when starting the business, than the profits it generates. Objective factors decide whether certain activity may be profitable. If a certain activity performed by a rational person may bring profits, it is considered gainful activity. If a certain activity, objectively speaking, cannot bring a profit (e.g. non-profit business, altruistic activity, satisfying one's own needs), it cannot be considered gainful activity, and as a consequence, it cannot be treated as economic activity either.

Types of activities indicated in the definition-creating, constructing, trading and performing services, exploring, recognising and mining mineral ores as well as professional activity serve as examples here. A full catalogue of such activities may be wider, though the one indicated in the act is so extensive that it is difficult to find any other type not defined there. The Act on Freedom of Economic Activity does not define

① The tax law assumes a slightly different definition.

certain types of business activities. Other legal acts are useful in this regard, first among them the Regulation of the Council of Ministers on the Polish Classification of Business Activity (PKD) of 24 December 2007,[①] the Regulation of the Council of Ministers on the Polish Classification of Goods and Services (PKWiU) of 4 September 2015,[②] and the Construction Law.[③]

It is often difficult to set out the limits of production activity (manufacturing) as a term. According to the PKD Regulation, production activity is understood as physical or chemical processing of raw materials, materials or semi-products into new products (industrial processing). Raw materials or semi-products that are processed result from agricultural, forestry activities, fishery, mining or other production activity. Material changes, processing, renovation and reconstruction, the assembly of products from own or purchased materials are also connected with manufacturing. However, producing a new final product, when waste is used at the input of the manufacturing process (e.g. producing confetti out of paper waste) is considered production activity (as opposed to the recovery of recyclables). On the other hand, secondary raw materials resulting from processing waste should be considered intermediate products and not new finished products.

An attempt could be made at defining construction activity on the basis of the Construction Law, according to which, construction works are understood as constructing,works involving reconstructing, assembling, repairing or demolishing a building facility.

The Regulation on PKD describes commercial activity as activity involving the purchase and resale of certain goods.

The term "services" is widely understood. Although currently a normative definition of this term does not exist, it can be assumed that service is any performance

① Journal of Laws 2007.251.1885 as amended.

② Journal of Laws 2015.1676.

③ The act of 7 July 1994, Journal of Laws 2016.290 as amended.

that does not result in producing new goods (products). It is also worth pointing out that services and economic activities are considered as separate terms under European law. Consequently, the Polish Law on Providing Services in the Republic of Poland,[①] defines a service as the performance by the service provider made on its own account, usually in exchange for remuneration, in particular construction, commercial services and services performed within certain professions. On the other hand, the service provider is:

1) an individual, legal entity or organisational unit without legal personality, from other member state, not conducting business activity, that temporarily offers or performs a service in the Republic of Poland;

2) an enterprise from other member state that conducts business activities in line with the regulations applicable in that state and temporarily offers or performs a service in the Republic of Poland;

3) an individual, legal entity or organisational unit without legal personality, with their registered address or address of residence in the Republic of Poland, not conducting business activity, that temporarily offers or performs a service.

A customer is understood as an individual, legal entity or organisational unit without legal personality, from a member state, using or intending to use the services performed by the service provider.

Exploring, recognising and excavating mineral deposits from ores is a qualified type of business activity. Undertaking and conducting business activities in this sector generally requires obtaining a licence, namely a special administrative document based on which the enterprise can conduct certain type of activity. The geological and mining law defines exploration as performing geological works in order to establish and produce initial documentation for mineral ores, underground water or underground residues of carbon dioxide, while recognising is defined as the performance of geological works within the area of the initially documented mineral ore, underground waters or an

① The act of 4 March 2010, Journal of Laws 2016.893.

underground residue of carbon dioxide.

Professional activity is understood both as performing certain profession, particularly freelance professions (e.g. an attorney–at–law, doctor, nurse or architect) as well as the performance of activities in a professional way, i.e. professionally. Performing certain professions may be considered as performing business activities only in the event that the activity is performed by professionals in their own name and on their own account. Therefore, performing certain profession under an employment relationship is not performing business activities.

In addition, in order to be considered economic activity, certain activities must be performed in an organised way and continuously.

The organised way means undertaking a set of activities aimed at both preparing and performing business activity. Undertaking business activity requires performing a range of formalities, mainly concerning registration, as well as logistics, organisational, and often also factual formalities. The requirement of being organised includes also operations while conducting business activity. Each enterprise should be organised enough to be able to properly perform business activities (e.g. a car mechanic does not have to have all the parts of a car, but at least those spare parts that are most often replaced or repaired, and in addition, he should ensure permanent supplies from an entity that will immediately deliver the necessary tools and materials to the enterprise). It is usually assumed that every entity is organised, only the level of organisation varies. Taking into account the professional nature of conducting business activity, an enterprise should be organised to the greatest possible extent. The enterprise's liability for the services performed is also judged in line with this criterion.

At the same time, continuity means that the enterprise is oriented towards permanently conducting business activity at least for a certain period. Performing services incidentally cannot be considered business activity, even if all the other premises of the definition are met. Continuation is observed both when an enterprise conducts business non–stop, permanently (e.g. for five days a week), and in the event of conducting temporary business (e.g. seasonal – rents ski equipment only in winter, sells ice cream in summer only), or if he/she participates in a one–off business undertaking, namely with the intent of conducting business activity (e.g. constructing one house, or a set of single–family houses).

In some cases, certain activities will not be considered business even if they meet all requirements and grounds of a business activity. This may occur in the following circumstances:

1) production in agriculture, including agricultural crops and livestock and animal husbandry, gardening, horticulture, forestry and inland fishery;

2) lease of apartments, sale of homemade meals and performing other services to tourists residing in farms;

3) production of wine by farmers manufacturing less than 100 hectolitres of wine during one economic year;

4) activities of farmers including the sale of their own agricultural products.

2. Enterprise as a Term

2.1 Basic definitions of enterprises

Around twenty various definitions of an enterprise can be found in Poland. Without judging the importance of definitions included in other legal acts, the key importance, the systematic one, is given to the definition included in the Act on the Freedom of Economic Activity and in the Civil Code,[①] with their normative meaning broadly corresponding to each other. Pursuant to Article 4 of the AFEA, an enterprise is an individual, a legal entity or an organisational unit without legal personality who

① the act of 23 April 1964, Journal of Laws No 116, 2016.380 as amended, hereinafter: the CC.

is assigned legal capacity under a separate statute, performing business activity on its own behalf. In addition, partners in a partnership are considered enterprises within the scope of business activities they perform①. Pursuant to Article 43^1 of the Civil Code, an enterprise is an individual, a legal entity or an organisational unit without legal personality, that has legal capacity and performs business or professional activities on its own behalf. The majority of definitions of an enterprise that exist in Poland comprise two elements: an objective one and a subjective one. The subjective element specifies a group of parties that may be considered enterprises, while the objective element describes the activities that these parties must undertake to be considered enterprises. In light of these definitions, all right holders may become an enterprise in Poland. Performing business activities by a certain entity is the condition for it to be considered an enterprise. On the other hand, the professional activity referred to in the definition of an enterprise in the Civil Code, exists alongside business activity, though its scope corresponds to the understanding of professional activity that is included in the definition of business activity in the Act on the Freedom of Economic Activity. As a result, the scope of the definition of an enterprise from the Civil Code corresponds to the scope of the definition of an enterprise in the Act on the Freedom of Economic Activity.

The indicated definitions of an enterprise constitute the basic understanding of the term. However, as already mentioned above, an enterprise is sometimes defined differently, usually broadly, in some legal acts. The Competition Law may serve here as an example, where an enterprise is understood as an individual, legal entity or an entity without legal personality that participates in business operations by performing gainful activities, even to a limited extent.②

The Act on the Freedom of Economic Activity also sets out a definition of a foreign enterprise (Article 5 of the AFEA). According to this definition, a foreign enterprise is

① See comments in Section II of this paper regarding partnership.

② Article 2 of the Unfair Competition Act, Journal of Laws 2003.153.1503 as amended.

a foreign entity performing business activities abroad, and a Polish citizen performing business activities abroad. Under this provision, a foreign entity is:

1) an individual who is not a Polish citizen;

2) a legal entity with its registered office abroad;

3) an organisational unit without legal personality who has legal capacity, with its registered office abroad.

2.2 Enterprises divided according to their sizes

Mainly due to the requirements of the state aid law, and in accordance with the regulations of the European Union, Polish enterprises are divided into micro, small, medium and large enterprises. A micro enterprise is deemed an enterprise that, at least in one of the two last financial years:

1) employed less than 10 employees per annum and

2) obtained an annual net turnover from the sale of goods and services and financial operations not exceeding the PLN equivalent of EUR 2 million, or the total assets of its balance sheet, prepared as at the end of one of these years, did not exceed the PLN equivalent of EUR 2 million.

A small enterprise is deemed to be an enterprise that, at least in one of the two last financial years:

1) employed less than 50 employees per annum and

2) obtained an annual net turnover from the sale of goods and services and financial operations not exceeding the PLN equivalent of EUR 10 million, or the total assets of its balance sheet prepared as at the end of one of these years did not exceed the PLN equivalent of EUR 10 million.

On the other hand, a medium enterprise is an enterprise that, at least in one of the two last financial years:

1) employed less than 250 employees per annum and

2) obtained an annual net turnover from the sale of goods and services and financial operations not exceeding the PLN equivalent of EUR 50 million, or the total assets of its balance sheet prepared as at the end of one of these years did not exceed the PLN equivalent of EUR 43 million.

The values expressed in EUR are calculated into PLN according to the average exchange rate announced by the National Bank of Poland in the last financial year, selected for the assessment of the enterprise's status. On the other hand, average employment per annum is established by counting full-time equivalents. While calculating the average annual employment, employees who are on maternity leave or similar leave, paternity leave, parental leave and child care leave are not taken into account, and nor are individuals employed as apprentices. With regard to an enterprise operating for less than a year, its anticipated net turnover from the sales of goods, products and services and financial operations, as well as average annual employment, is estimated on the basis of information for the last period documented by the enterprise.

3. Rules of Conducting Business Activity–Rights and Obligations of an Enterprise

Principles are of key importance for systematic regulations in every area of law. By providing normative interpretation guidance, they help resolve doubts arising in the process of applying the law. Quite often, they also indicate the limits of rights, freedoms, and sometimes also obligations of enterprises, consumers and other participants of economic activity. The principles of commercial law include, most frequently, the freedom of economic activity, equality, legality, transparency and respect for fair competition. The majority of these principles are based on the Polish Constitution; they are widely developed and justified in the case–law and in the doctrine. The principle of the freedom of economic activity means the freedom to make decisions on undertaking economic activity. This means that nobody can be forced to undertake and conduct business activity and, in general, nobody can be prohibited from conducting it (as long as they do not act illegally). This also means that an enterprise enjoys the freedom to select the object of its business, its form and scope. While the selection of the object is generally unlimited–an enterprise may conduct any business activity (in any area) –the selection of the legal form, on the other hand, may be limited. For security reasons, the legislator introduced a range of limitations regarding the form, depending on the selected object of business (e.g. banking, insurance activity, joint investment institutions). The scopes of business activity are estimated by the duration of an entity, its location, quality and object of business. While undertaking business activity, an enterprise may individually select the duration of its operations, though this does not happen often. This means that an enterprise may operate for indefinite time. The territorial scope of activity means the area where the business is conducted. Enterprises usually do not limit this either, which means that they may operate within the whole country, and in the European Union. In some cases, the scope of business operations may also dictate the quality of performed services. This may apply, for instance, to some tourism services (hotel services standards). On the other hand, the subjective scope is estimated by an enterprise's selection of types of business activities.

The principle of equality means that enterprises that are in the same actual and legal situation should be treated in the same way. Any forms of discrimination due to age, sex, religion, sexual orientation, origin, political beliefs, ethical, moral beliefs etc. are prohibited.

The principle of legalism imposes on enterprises the obligation to observe the applicable laws, including the principles of social co–existence and accepted customs. This rule refers also to the functioning of public administration bodies, which may act only on the basis and within the limits of law.

According to the principle of transparency, business activity is transparent for everyone. This principle is exercised through the transparency of commercial registers, as well as by the obligation to place relevant marking on the services performed and the goods manufactured, or the enterprise giving, in correspondence, its register number, tax identification number (NIP) or other identifying marks.

When conducting business activity, an enterprise is obliged to respect also the principles of fair competition. This means not only observing the competition law, but also the protection of competition as a social and economic phenomenon, and the protection of competitors and consumers.

Among the principles of business activities, some authors also list the principle of public assistance, protection of property, respect for public interest, justified interest of third parties, mutual recognition of certificates, licences or documents confirming that the conditions for undertaking and performing business activity in the EU are performed, and the freedom to enter into agreements.

Among the rights of enterprises provided for in the commercial law, in addition to the principles listed above, it is worth mentioning also the right to suspend business activity and the right to address authorities in charge for issuing a binding interpretation of a regulation. A contact point also facilitates business.

Suspending business activities and resuming the performance of business activities takes place at the request of an enterprise. An enterprise who does not employ any staff may suspend the performance of business activities for a period from 30 days to 24 months. Exemptions from this principle are provided for. An enterprise that does not employ any staff, and which has been conducting business activity for at least six months, may suspend the business for up to three years in order to take care of a child in person, though not longer than until the end of the calendar year in which the child becomes six years old, and in the case of a child who, due to a health condition (confirmed by a certificate of disability or certification of disability level), requires personal care by an individual who conducts business activities, then for up to six years, but not exceeding the date of the child becoming eighteen years old. The extension of the suspension period is possible once in full, or in up to four parts. In the case of performing business activity as a partnership, the business can be effectively suspended provided that all its partners suspend the business. An enterprise that performs business activity as a partner in more than one partnership may suspend the business in one or in more such partnerships, but an enterprise that performs business activity in various legal forms, may suspend the business in one of these forms. During the business activity suspension period, an enterprise cannot perform business activity or obtain any ongoing profits from any non-agricultural economic activity. However, the enterprise has the right or obligation to:

1) perform all activities necessary to keep or securing the source of income;

2) receive due amounts or the obligation to pay liabilities, arising before the date of suspending the performance of the economic activity;

3) sell its own fixed assets and equipment;

4) participate in court proceedings, tax and administration proceedings related to the business activities performed before suspending the economic activities;

5) perform all obligations imposed by applicable laws;

6) obtain financial revenues also from activities conducted before suspending the business activity;

7) it may be subject to inspection in line with the rules provided for enterprises performing economic activities.

With regard to public law obligations, suspending the business activities is legally effective from the date on which the suspension of business activity starts, until the date preceding the date of resuming the business activities.

Taking into account the certainty of interpretation of legal provisions by public administration bodies, the legislator provided enterprises with the right to obtain a binding explanation of legal provisions. An enterprise may submit an application to a public administration body in charge for a written interpretation regarding the scope and method of applying the provisions of law, or on imposing the obligation to pay a public duty or premiums for social or health insurance, in its individual case. A request for an interpretation may apply to the existing actual status or to future events. In the application for an interpretation, the actual status or future event must be presented together with the applicant's own standpoint in the case. The interpretation is issued following a decision that can be appealed against. The interpretation contains an indication of the correct opinion in the case, together with its legal justification and instructions about the right to lodge an appeal. It is issued without undue delay, but no later than within 30 days from the public administration body receiving a complete and paid for application (detailed regulations provide also for longer time limits for issuing interpretations in some cases, e.g. in tax issues). In the event of an administration authority failing to issue an interpretation within the time limit it is assumed that the standpoint of the enterprise indicated in its application for issuing the interpretation by the body is correct. More importantly, the interpretation is not binding on the enterprise, though it cannot be charged with any public duties, administrative, financial sanctions or penalties within the scope in which it adhered to the obtained interpretation. On the other hand, the interpretation is binding on the public administration authorities in charge for the enterprise. The interpretation is also binding on an enterprise acting in line with the well–established practice of interpretation exercised by the applicable public administration authority. Well–established interpretation practice is understood as the explanation of the scope and method of applying regulations, imposing the obligation to pay a public duty or premiums for social or health insurance, by an enterprise, dominating in decisions issued with regard to the same factual situations or future events and in the same legal status. Interpretations of public administration bodies are generally available on their websites and on the Public Information Bulletin's website.

A contact point is an electronic form of servicing enterprises conducted by the minister in charge of the economy (currently in Poland it is the Minister of Development). Using an electronic platform of public administration services, the minister enables certain issues related to undertaking, performing and winding-up business activities in the RP to be dealt with by exchanging information on-line. The contact point allows for applications to be submitted to the relevant authorities on-line, including applications to make entries in the Central Register and Information on Businesses, benefits or notifications necessary for undertaking, conducting or winding-up business activity and approving professional qualifications. It also serves for obtaining certain information regarding procedures and formalities required while undertaking, performing or winding-up business activity in the Republic of Poland, general principles of providing services in the European (Economic Area) states, contact information for certain bodies, indicating the scope of their competences, methods and conditions for access to public registers and public databases containing information on business activity and enterprises, the legal measures available in the event of a dispute between an authority in charge and an enterprise or a consumer, or between an enterprise and a consumer, or between enterprises, as well as other disputes.

Among special obligations of an enterprise that are imposed by the Act on the Freedom of Economic Activity, it is worth pointing out the obligation to ensure the performance of certain activity by individuals holding certain licences, the obligation to make payments between enterprises based on a cashless settlement system, or obligations related to implementing the principle of transparency in business. If detailed regulations impose the obligation to holding relevant professional qualifications while performing a certain type of business activity, the enterprise is obliged to ensure that the activities within the business activity are performed directly by an individual holding these professional qualifications.

On the other hand, the obligation to make payments in cashless turnover involves the performance or acceptance of payment related with the performed business activity with the use of a payment account of the enterprise, in each case when:

1) another enterprise is a party to the transaction that is paid for, and

2) the one-off value of the transaction, notwithstanding the number of payments resulting from it, exceeds the equivalent of PLN 15,000, where transactions in foreign currencies are calculated into PLN according to the average exchange rate for foreign currencies announced by the National Bank of Poland, on the last business day before the date of the transaction.

Due to the transparency principle, enterprises are obliged to mark goods marketed in the Republic of Poland. In general, an enterprise is obliged to place an instruction on goods, their packaging, labels, or to deliver the following written information in Polish in any other manner usual for these goods:

1) the producer's name and address, the state in which the producer is registered, if it is located outside the European Union member states and outside the member states of the European Free Trade Association (EFTA) - the parties to the European Economic Area Treaty;

2) allowing the goods to be identified, unless the designation of goods is obvious[①].

Detailed regulations may impose on enterprises the obligation to publish more detailed information.

In addition, if an enterprise offers goods or services for direct selling or for remote selling with the use of mass media, teleinformation networks or non-addressed printed forms, it is obliged to submit in an offer at least the following information:

1) the enterprise's business name;

2) tax identification number (NIP);

3) the enterprise's registered address.

---

① This does not apply to food products and medical products.

4. Undertaking Business Activity in Poland

4.1 National enterprises

According to the transparency principle, taking into account the safety of turnover and legality of conducted business activity, undertaking business activity must be reported in line with applicable requirements. There are two basic commercial registers in Poland: the Central Register and Information on Economic Activity (Centralnej Ewidencji i Informacji o Działalności Gospodarczej–CEIDG) and the National Court Register (Krajowy Rejestr Sądowy–KRS). Other lists and registers also operate apart from the above ones. They are maintained due to the type of the performed business and type of an entity obliged to make entries in these registers. Part of them is functionally or structurally connected with CEIDG and KRS.

The Central Register and Information on Economic Activity is regulated by the Act on the Freedom of Economic Activity (AFEA), while the National Court Register is regulated by the Act on the National Court Register①. The Central Register and Information on Businesses is regulated and maintained for enterprises who are individuals (sole traders), while the National Court Register is maintained for all other business entities.

An enterprise may undertake business activity on the date of submitting the application for an entry into the Central Register and Information on Economic Activity, or upon obtaining an entry in the commercial register in the National Court Register.

4.1.1. Central Register and Information on Economic Activity–CEIDG

The CEIDG is maintained in the electronic system by the minister in charge of the economy (currently it is the Minister of Development). An application must be filed in order to be registered in the CEIDG. The application can be submitted on-line,

① The act of 20 August 1997, Journal of Laws No 2016.687 as amended.

using the public administration services platform, or on a document in hard copy. If the application has the form of a document, it should be filed in the relevant municipality office or sent by registered letter to the address of the relevant municipality office. In the event of submitting an application in this manner, the individual who files the application must confirm their identity. This is followed by the application being uploaded to the electronic system by the municipality.

A template application can be found on the CEIDG website (https://prod.ceidg.gov.pl/ceidg.cms.engine/). An entry in the CEIDG is made if the application is correct. The application is incorrect when:

1) it does not contain information;

2) it contains information that does not comply with the provisions of the law;

3) it applies to activities not covered by the provisions of the act;

4) it was submitted by an individual who was prohibited to conduct business activity under a valid judgement;

5) it regards an individual who is already registered in the CEIDG;

6) no declarations required by law are attached to it;

7) it is not signed;

8) it was submitted by an unauthorised individual.

If the application is incorrect, the municipality or the CEIDG's computer system (if the application is submitted on–line) notifies the submitting party immediately about this fact. The CEIDG sends relevant data included in the application to other bodies that are in charge of issues related to conducting business activity (in tax issues–to the Tax Office, in statistical issues–to the Central Statistical Office (GUS), and in social insurance issues–to the Social Insurance Institution (ZUS)). Information kept in the CEIDG is updated on a day–to–day basis and synchronised with other registers or authorities that may affect an enterprise (e.g. if a sole trader is transformed into a commercial company–the company is subject to registration in the National Court

Register, so the National Court Register will notify the CEIDG about the transformation, similarly, applicable information will be submitted to the CEIDG by the bankruptcy court, the National Criminal Register).

Upon being registered in the CEIDG, the enterprise receives a certificate. The certificate is in the form of an electronic document or a printout from the CEIDG's website.

Information included in the CEIDG is assumed to be true. An individual entered in CEIDG (the Central Registry and Information about Business Activities) is liable for damage caused by registering false information in the CEIDG, if it was subject to obligatory registration at the individual's request, as well as by failing to notify the CEIDG about information subject to the obligatory registration within statutory time limit, or failing to submit a notification about changes in the information covered by the registration, unless the damage resulted from the occurrence of force majeure or is attributed exclusively to the injured party or to a third party for which the party entered in the CEIDG is not liable. Taking this into account, an enterprise entered in the CEIDG is obliged to constantly update the information contained in the register. Changes must be notified within seven days from their occurrence. The Minister of Development may also demand that changes be notified within seven days if he finds that there is a discrepancy between the information in the CEIDG and the actual status.

An enterprise is deleted from the CEIDG ex officio, following an administrative decision of the minister responsible for economy in the event of:

1) finding that the enterprise has permanently ceased to conduct business activity;

2) the enterprise failing to submit the information on resuming the performance of business activity, if the suspension term has expired as indicated in the application for suspending the business;

3) a foreign enterprise losing the right to perform business activities;

4) an entry made while breaching the law;

5) the enterprise failing to present the legal title to premises where he/she conducts business activity;

6) a prohibition on the enterprise performing business activities being issued in a valid judgement;

7) the death of the enterprise (the sole trader).

Data and information shared by CEIDG is transparent and available in the public domain. Everybody has the right to access the data and information shared by CEIDG.

4.1.2. National Court Register

The National Court Register comprises three registers:

1) the commercial register;

2) the register of societies, other social and professional organisations, foundations and public healthcare entities;

3) the insolvent debtors register.

The commercial register is maintained in the electronic system by district courts (commercial courts) with their jurisdiction over the province or an area thereof. An especially established Central Information of the National Court Register (CI KRS) operates in these courts, containing the set of information of the register, and also grants information from the register at the request of the interested parties. The municipalities also help to maintain the register (as the lowest level of local government in Poland) by ensuring the interested parties also have access to official application forms, among other things, that are required under the act, allowing for registering unlimited companies or access to information about the amount of charges, methods of payment and local jurisdiction of registry courts. The information contained in the register is transparent. More information can be obtained at https://ems.ms.gov.pl/krs/wyszukiwaniepodmiotu. Everybody has the right to review the registry files for entities entered in the commercial register.

In general, entities other than individuals (sole traders) are entered in the commercial register. This includes, but is not limited to commercial companies (registered partnerships, professional partnerships, limited partnerships and limited joint stock partnerships, limited liability companies and joint stock companies), European economic interests associations, European co-operatives, co-operatives, state-owned companies, research institutes, mutual insurance companies, branches of foreign companies operating in the Republic of Poland. Most frequently, legal personality is created at the stage of incorporating the entity, or upon registering it in the commercial register.

The entry in the register is made following an application, the template of which is generally available (on the website of the Minister of Justice – https://bip.ms.gov.pl/pl/rejestry-i-ewidencje/krajowy-rejestr-sadowy/formularze-wnioskow-skladanych-do-centralnej-informacji-krs/, in registry offices and in local authority offices). An application to make an entry or modification in the commercial register should be submitted within seven days from the occurrence of the event justifying making the entry. Evidence that the stamp duty has been paid must be attached to the application for registration. Due to the fact that some entries in the commercial register are subject to being published in a special publication (the official judicial and economic journal- "Monitor Sądowy i Gospodarczy") a fee for publishing the entry there must also be paid. After application is submitted, it is reviewed by the registry court in terms of meeting formal requirements and its actual content. Generally, there are seven days given for doing this. Upon making the entry in the Register, the registry court transfers the relevant data to the Central Register of Entities-the National Register of Taxpayers and to the Central Statistical Office. The National Court Register, similarly to the CEIDG, is subject to updates and synchronising with other registers, based on data submitted by certain entities (e.g. notaries, banks, government administration bodies, local governments, court bailiffs and the Information Office of the National Criminal Register, for example).

Due to the fact that the information entered in the commercial register is presumed to be true, in the event of finding that the enterprise failed to perform a certain obligation of filing an applicable request to make an obligatory entry in the commercial register, the register court is obliged to call on the enterprise to make the entry within an additional seven days' time, subject to a fine, which may be imposed several times. A registry court may also instigate special enforcement proceedings for this purpose. If, despite a fine or enforcement proceedings, a commercial company or a partnership entered in the commercial register fails to perform the necessary registration duties, the registry office may ex officio declare that the company (or partnership) is wound up for serious reasons, or it may appoint a liquidator.

4.2 Foreign Enterprises

The definition of a foreign enterprise was presented above. As far as foreign enterprises conducting business activities in Poland are concerned, the principle of national treatment is given key importance. This principle is repeated in the legislation of all Member States of the European Union. In Poland, it is expressed in Article 13 of the AFEA, which stipulates that foreign parties from any European Union Member States or from member states of the European Free Trade Association (EFTA)–parties of the European Economic Area Treaty–as well as foreign parties from states that are not the signatories of the European Economic Area Treaty but who may take advantage of the freedom of business activity under agreements entered into between these states and the European Union, may undertake and perform economic activity on the same terms as Polish citizens (the first segment of the principle). Citizens of states other than those listed above, but who enjoy a special status in the Republic of Poland (e.g. they hold a settlement permit, a residence permit as a long-term European Community resident, a temporary residence permit granted due to certain circumstances, refugee status, or who enjoy temporary protection in Poland, hold a residence permit for humanitarian reasons or a residence permit for a tolerated stay, a permit to reside for a defined period and are married to a Polish citizen residing in Poland, or who enjoy temporary protection in the Republic of Poland or hold a valid "Karta Polaka" ("Polish Charter")), may undertake and perform economic activity in the Republic of Poland on the same terms as Polish citizens (the second segment of the principle). On the other hand, foreign entities other than those listed in two previous segments are entitled to undertake and perform business activities exclusively in the form of a limited partnership, a limited joint stock partnership, a limited liability company, or a joint stock company. They are also entitled as to join such companies and to subscribe for or purchase their shares, unless stipulated otherwise by international agreements (the third segment of the principle).

The principle of national treatment allows foreign entities to undertake and conduct business activities in Poland on the same terms as Polish citizens in their own country. However, it applies only to foreigners from the European area or to individuals enjoying special status. The third segment of the principle applies to all other entities.

Within the limits set out by the national treatment principle, foreign enterprises may undertake and conduct business activity in any legal forms admitted by the law. In addition to companies, partnerships, foundations, associations and other forms, foreign enterprises may also conduct business activities as branches or representative offices.

A branch is a form of business activity that is separate and independent in terms of organisation, performed by an enterprise outside its registered office or outside the principal location of performing activity. Under the reciprocity principle, unless stipulated otherwise by signed international treaties, foreign enterprises may create branches with their addresses in the Republic of Poland. A branch of a foreign enterprise can only carry out the same activities as performed by the foreign enterprise's business. A branch must be registered in the Commercial Register of the National Court Register (KRS).

Notwithstanding the obligations under the provisions on the KRS, at the stage of creating a branch, the foreign enterprise is obliged to:

1) give the first name and surname and address in the Republic of Poland of an individual authorised in the branch to represent the foreign enterprise (the final authorised representative);

2) attach the specimen signature of the final authorised representative, certified as true copy by a notary;

3) file copies of the documents based on which it conducts business (the articles of association, the memorandum of incorporation) to the register of branches, together with a certified translation in the Polish language; if a foreign enterprise establishes more than one branch in the Republic of Poland, these documents can be filed in the files of one of the branches;

4) if it conducts business on the basis of an entry into the register - it is obliged to submit a copy of the register to the registry files together with its certified translation into Polish language; if a foreign enterprise establishes more than one branch in the Republic of Poland, these documents can be filed in the files of one of the branches.

After registering a branch, the foreign enterprise is obliged to:

1) use the original name of the foreign enterprise to mark the branch, together with the name of its legal form translated into Polish, adding the words "oddział w Polsce" ("branch in Poland");

2) introduce a separate accounting in Polish for the branch, in line with the accounting regulations;

3) notify the minister responsible for economic matters about all changes to the actual and legal status, in the event of commencing liquidation or of losing the right to conduct business, within 14 days from the date of their occurrence.

The branch is subject to constant supervision by the minister in charge of the economy (the Minister of Development). As part of this supervision, the minister will issue a decision prohibiting an enterprise from performing any business activities in the event of:

1) the branch grossly infringing Polish law or failing to perform its notification obligations, as referred to in referred to above;

2) the liquidation of the foreign enterprise that created the branch, or this enterprise losing its right or ability to perform business activity;

3) the foreign enterprise's activity creating a risk to the security and defence of the state, or the safety of classified information with a confidentiality clause or higher, or any other important public interest.

The Minister of Development notifies the authorised representative of the branch by informing him about the obligation to instigate liquidation proceedings in the branch within a given time limit of at least thirty days.

Foreign enterprises may also create representative offices with their registered addresses in the Republic of Poland. The scope of a representative office's operations can only include advertising and promoting of the foreign enterprise. A representative office may also be established by foreign entities incorporated under an legal act of a relevant authority in the state of their registered office, in order to promote the economy of this state, where the scope of activities of the representative office is limited solely to promoting and advertising the economy of this state.

Representative offices of foreign enterprises are entered into a special register of representative offices of foreign enterprises, maintained by the Minister of Development. Only representative offices established by a foreign bank or a credit institution do not have to be entered in this register. When registering a representative office, a foreign enterprise submits the same information and documents as those indicated above when registering a branch. If the application contains formal defects, the Minister of Development calls the applicant to supplement the application within at least seven days. The time limit established for supplementing the application may be extended at the justified request of the applicant submitted before the expiry of the time limit. Failing to remove formal defects within the given time limit means that the application for registration is not reviewed. In the event of a positive decision following the application, the Minister of Development issues a certificate on registering the representative office. On the other hand, a refusal to register is given in the form of an administrative decision and is issued if:

1) establishing the representative office would create a risk for the security and defence of the state, the safety of classified information with a confidentiality clause or higher, or for any other important public interest;

2) the application refers to activity exceeding the scope of a representative office's activity.

When operating the representative office, a foreign enterprise has the same obligations as in the case of a branch (appointing an authorised representative, marking the representative office appropriately, conducting separate accounting books for the representative office, and notifying all relevant changes in the activity of the foreign enterprise). Supervision over representative offices and the grounds for issuing decisions on prohibiting their activity is regulated exactly in the same way as for branches.

5. Restrictions on Conducting Business Activity

Restrictions on conducting business activity constitute an important exception to the principle or economic freedom. Article 22 of the Polish Constitution stipulates that limiting the freedom of business activity is permitted only due to an important public interest and it may take place only in the form of a statute. Based on this, any forms of restricting business activity in Poland must have a statutory basis and must be justified with an important public interest.

The four basic forms of restrictions in Poland are: a concession, permit, regulated business activity and a licence. Other forms of restrictions–referred to as soft ones, are consent, protest, approval and notification.

A concession is a form of restricting business activity reserved for the state. In the majority of states there are areas of business activity reserved only to the state. These most often include the sectors of economy that are of key importance for the state's security–energy, defence, natural resources management and media. These areas set out the limits of the state monopoly, referred to as a legal monopoly. A concession involves waiving the monopoly in favour of enterprises selected by the authorities in charge of certain types of business (most frequently by ministers and local government bodies). Taking into account the above, it is natural that a concession is granted only to entities who can guarantee that this type of business will be performed properly. Concession proceedings leading to issuing a concession aim to verify the credibility of the enterprises trying to obtain it. Concession proceedings are administrative proceedings that are often performed through tender proceedings (depending on detailed regulations). This is usually the case when the number of enterprises who meet the requirements for granting a concession and giving a guarantee of proper performance of activity covered by the concession is higher than the number of concessions on offer.

The full catalogue of types of business activities subject to receiving a concession is included in Article 46 of the AFEA. These include:

1) prospecting and exploring hydrocarbon reserves and mineral deposits covered with mining property rights, prospecting or exploring an underground complex, storing carbon dioxide, excavating minerals from deposits, storing substances underground outside containers, and storing waste and carbon dioxide underground;

2) manufacturing and marketing explosives, weapons, ammunition and products and army or police technologies;

3) producing, processing, storing or reloading, transmitting, distributing and marketing fuels and energy;

4) transmitting carbon dioxide for the purpose of storing it underground;

5) protecting people and assets;

6) broadcasting radio and television programmes, excluding programmes broadcast exclusively through communication and information systems not broadcast by celestial, satellite or cable networks;

7) air transport services;

8) operating a casino.

As issuing a concession is a discretionary administrative decision (namely the concession granting body may refuse to grant a concession, even if the enterprise applying for it meets all the required conditions), an enterprise may apply for promise of a concession, namely a promise that a certain concession will be issued in the future. The promise stipulates that a concession will be granted subject to the applicant meeting the conditions of performing business activity that requires obtaining a concession. The promise is granted for a fixed term of at least six months. Obtaining the promise allows for some level of certainty that the concession will be issued within the time limit set out in the promise. This way, an enterprise is given time to prepare for the activity subject to the concession, to make certain investments, to enter into cooperation with contractors. When this is done, the enterprise again addresses the authority with a request to be granted the concession based on the obtained promise. The concession authority may only refuse to grant a concession within the term of the promise when:

1) the information included in the application for a promise has changed;

2) the applicant has failed to meet all conditions required for obtaining the concession;

3) due to the risk to the security and defence of the state or citizens.

A permit constitutes a revocation of a general prohibition to perform an activity. Unlike with a concession, which concerns activity reserved to the state, business activities that require a permit cannot be performed by any entity without such a permit, including public authorities, state (local government) entities or any other state (local government) organisational units. In other words, anyone intending to undertake this type of business activity must obtain a permit. A permit is an administrative decision, issued following administrative proceedings. It is a constrained decision, meaning that the administrative authority must issue the permit to an applicant that meets the conditions provided for by the law. As a rule, a permit entitles the holder to perform business activity throughout Poland and for an indefinite time. Exceptions to this rule may be introduced by detailed regulations. The Act on the Freedom of Economic Activity (AFEA) sets out a list of statutes containing regulations that require obtaining a permit (Article 75 of the AFEA). The obligation to obtain a permit to conduct business activity was also provided for under banking law, capital markets law, pharmaceutical law and aviation law.

Regulated activity is the business activity that requires meeting detailed conditions set out in applicable laws. The restrictions in regulated activity generally lie in the obligation to register in a special register. The AFEA does not set out a catalogue of types of restricted business activities, though they include, for instance, business activity in the field of producing tobacco products, postal activities, detective services, conducting a nursery or a children's club, the business of conducting veterinary services, organising tourist events and intermediating at customers' request in entering into tourist services agreements. The register is available to everyone. It is maintained by a separate public administration body for each type of activity, and in some cases, by a professional association. A party interested in undertaking regulated activity receives a registration certificate upon filing a registration application, if it is reviewed with a positive result. The authority maintaining the register should issue the certificate within seven days and, if it fails to do so within this time limit, and if the application was completed correctly, the enterprise may commence the activity after fourteen days from filing the registration application.

The requirement to obtaining a licence in Poland applies only to certain types of activities regulated by the Road and Railway Transport Law.

Soft forms of restricting business refer to the possibility of making single or cyclical legal activities or conducting activities with regard to a certain subject matter.

As a rule, holding a concession, permit, consent, licence or being entered in the register of regulated business activities entitles the holder to perform business activity throughout Poland for an indefinite time.

6. Supervision over an Enterprise

The Act on the Freedom of Economic Activity also regulates supervision over an enterprise. Once again, it is worth stressing that it is a regulation that applies unless stipulated otherwise in detailed regulations (lex specialis derogat legi generali). In practice, numerous regulations set out provisions slightly differently changing the supervision over an enterprise.

As a rule, each supervising body is obliged to give an enterprise advance notice of an inspection. For this purpose, the supervising body sends a relevant notification to the enterprise containing information on when the inspection is planned and what it concerns. The inspection must be instigated between seven and thirty days from the date of submitting the relevant notification. If the inspection does not start within thirty days from the date of serving the notification, another notification must be sent.

Inspections can be performed by one person or by an inspection team, who must present their authorisations to perform the inspection (showing professional ID as an employee of the control authority and delivering the authorisation to perform the inspection). The inspecting parties must act in an objective and impartial manner. If partiality is proven in the acts of a party belonging to the inspection team, the inspected enterprise can apply for this party to be excluded from the inspection proceedings.

Before commencing the first inspection activity, an inspector is obliged to notify the inspected enterprise or the party subject to control activities about their rights and obligations during the inspection. Inspection proceedings are performed in the presence of the inspected body, or a properly authorised individual. The enterprise is entitled to participate in every inspection activity. The inspection is performed at the registered office of the inspected party, at the place of performing business activity or–with the inspected party's consent or application–in any other location where documents are stored, during business hours or while the inspected party performs business activity. At the inspected party's consent, the inspection or certain inspection activities, may be performed also in the registered office of the supervising authority, if this can facilitate the performance of the inspection. The inspection cannot obstruct the work of the enterprise. This is the reasons why, as a rule, the enterprise must be notified about the intention to carry out an inspection so that it can prepare for it (prepare documents, premises etc.) However, the inspection activities should be performed in an efficient manner, without disturbing the operations of the inspected enterprise. If the enterprise indicates, in writing, that the performed activities significantly disturb the business operations of the enterprise, the inspecting authority must justify the need to undertake these activities in an inspection report.

An enterprise is obliged to maintain the inspections log, as well as inspection authorisations and reports, and to keep all such documentation in its registered office. The inspection log may be in the form of a set of documents, but it may also be maintained in an electronic form. It is used by the enterprise to document the number and duration of inspections performed on its business. It should be presented to the inspecting team at the beginning of an inspection.

As a rule, it is not allowed to undertake and perform more than one inspection on an enterprise's business at once. The Act on the Freedom of Economic Activity also introduced limits regarding the duration of an inspection. During one calendar year, the total duration of all inspections by the inspecting authority regarding an enterprise cannot exceed:

1) 12 business days for microenterprises;

2) 18 business days for small enterprises;

3) 24 business days for medium enterprises;

4) 48 business days for other enterprises.

Extending the duration of an inspection is possible only for reasons not attributable to the inspecting authority, and it requires a written justification. The justification is delivered to the enterprise and entered in the inspection log before commencing further inspection activities. If it is found that tax liabilities are not settled correctly, the inspecting authority may extend the time of the inspection up to twice the limits indicated above. If inspection results indicate a gross infringement of the law by the enterprise, a repeat inspection may be performed with regard to the same subject matter in a certain calendar year, and the duration of this inspection cannot exceed seven days. The duration of a repeat inspection is not added to the limits presented above.

An enterprise may file a written protest against the supervising authorities commencing and performing certain supervision activities (for example, breaching the principles of instigating the inspection without notifying the enterprise and failing to observe the time limits for instigating the inspection without an authorisation or under an authorisation with incorrect wording, the inspector failing to present his service card before commencing the inspection activities, infringing the regulations on excluding an employee, failing to notify the controlled party about its rights and obligations during the inspection, performing inspection activities against the requirement of the controlled party or an authorised individual being present during the inspection, breaching the prohibition on undertaking and performing several inspections simultaneously, or breaching the time limit for the duration of an inspection). Only the enterprise whose rights as an inspected entity were breached by the improper behaviour of the inspecting authority is entitled to submit a protest. The protest is submitted to the authority that undertakes and performs the inspection within three days from the date of the authority instigating the inspection, and in the event of exceeding the time limit for the inspection–within three business days from the date of exceeding the limit. The enterprise must justify the protest, by referring to the activities or situations that are against the law, and indicating which norms were breached. In the event of submitting a protest, the inspection activities are suspended, along with the duration of the inspection itself.While the protest is being reviewed, the inspecting authority may secure the evidence gathered so far related to the subject matter and the scope of inspection. Documents, information, samples of goods and other carriers of information are secured if they constitute or may constitute evidence during the inspection. Within three business days from the date of obtaining the protest, the inspection authority reviews the protest and issues a decision on ceasing the inspection activities, which constitutes an acceptance of the protest as justified, or issues a decision on continuing the inspection activities, thereby considering the protest unjustified. The decision on continuing inspection activities can be appealed against by the enterprise within three days from receiving the decision. The appeal is filed with an authority superior to the inspecting authority (the appeal authority). The appeal is resolved by issuing a decision within seven days from the date of its submission. The appeal authority issues a decision at the end of the appeal proceedings in which it may sustain the decision being appealed against, or may issue an order to cease the inspection activities.

Rafał Blicharz

II. COMPANY LAW IN POLAND

1. Introduction

Commercial Companies are regulated in Polish Law by the provisions of the Commercial Companies Code of 15 September 2000①. According to the definition included in Article 3 of the CCC, the documents of incorporation of a commercial company (articles of association for a limited liability company, or statutes of a joint stock company) set out that the shareholders undertake to reach their common purpose of making the contributions and, if instructed to do so by the articles of association or by the statutes, by cooperating in another stipulated manner. Therefore, it is typical for commercial companies that the shareholders undertake to cooperate while performing their common purpose, which is known as the loyalty obligation. Commercial companies are enterprises and must be registered in the commercial register at the National Court Register. Under Polish commercial law, there are two groups of enterprises in general–partnerships and capital companies.

Partnerships can be in the form of a registered partnership, a professional partnership, a limited partnership or a limited joint stock partnership. Partnerships are established in order to manage an enterprise, namely in order to conduct business through a legal entity under its own name separate from its partners. The main characteristics of partnerships include: personal liability of the partners for the partnership's obligations, direct engagement of partners in the company's activities, a

① Journal of Laws 2016.1578, hereinafter: the CCC.

permanent group of partners and the lack of legal personality. At least two partners are needed in order to form a partnership. A partnership is an organisational unit that does not have legal personality, but which does have legal capacity under the law. According to Article 8 of the CCC, a partnership may, in its own name, acquire rights, including the ownership of real property and other property rights, may assume obligations, and may sue or be sued. Therefore, it has legal capacity, the capacity to act in law, and the capacity to appear before the court.

Capital companies include limited liability companies and joint-stock companies. Companies are legal entities acting through their governing bodies. The shareholders of a company are not liable for the company's obligations. The companies themselves are liable for their obligations with all their assets, and the guarantee for a company's creditors comes from the obligation to maintain the share capital in the amount set out in the company's articles of association or statutes. The characteristic features of companies include variable personal composition of shareholders and the rule of being governed by the majority, meaning that a shareholder's position in a company depends on the number of shares held. Companies may have multiple shareholders or a sole shareholder.

In addition, two other legal forms must be indicated as used for performing business activity, namely the European company (Societas Europaea) and a European Economic Interest Grouping. These enterprises are incorporated on the basis of European Union Law, namely Council Regulation (EC) No 2157/2001 of 8 October 2001 on the Statute for a European company (SE)[①] and the Council Regulation No 2137/85 from 25 July 1985 on the European Economic Interest Grouping[②]. These entities may be incorporated in the territory of the EU and may transfer their registered office to another member state. If they are incorporated with their registered offices in Poland, they must

① OJ of the EU 2001.294.1.

② OJ of the EU 1985.199.1.

be entered in the commercial register in the National Court Register.

There is also a civil law partnership agreement (deed), regulated in the Polish law under Articles 860–875 of the Civil Code. As opposed to commercial companies, a civil law partnership is a legal entity independent from its partners and is not subject to being registered in the commercial register. A civil law partnership is an agreement for cooperation entered into between two independent enterprises who undertake to jointly implement a certain business purpose, based on the agreement, the purpose being one-off or permanent.

Due to the limits of this paper, only enterprises regulated under the Commercial Companies Code (CCC) will be discussed further.

2. Registered Partnership

The form of registered partnership is regulated in the provisions of Articles 22–85 of the CCC. Currently, there are two possible ways of incorporating a registered partnership–using the traditional method or registering it on–line. In order to create a partnership in the traditional manner, it is necessary to enter into a deed of partnership in writing, and to submit an application to register the partnership in the commercial register at the KRS. Establishing a registered partnership on–line takes place by completing the template agreement in the electronic system and entering the required data to the system, as well as by signing the agreement using a qualified electronic signature, or a signature confirmed by an ePUAP profile. Upon registering a registered partnership on line, all contributions must be made in cash. The registration of the partnership is constitutive by nature, meaning that the registered partnership is constituted upon entry to the KRS, though it is necessary to announce the incorporation of the partnership in the official judicial and economic journal, "Monitor Sądowy i Gospodarczy". Upon registering the partnership, contributions are brought in by its partners.

A partner in a registered partnership may be an individual, a legal entity or an organisational unit that has been granted legal capacity by the statutes. The deed of incorporation should contain at least the name and registered office of the company, its object, the contributions made by the partners and their values. The name of the registered partnership should contain the surname (name) of at least one of the partners, along with an additional indication of its legal form "sp ó łka jawna" (a registered partnership). It is allowed to use the abbreviation "sp. j.",

The assets of the partnership are separate from the personal assets of the partners, which are created by contributions made by the partners, as well as any other assets purchased by the partnership while it is business. The partners undertake to make their contributions while signing the deed of partnership, which can be cash contributions (in cash) or contributions in kind (excluding on–line registration). The object of a non–cash contribution (contribution in kind) may be the right of ownership of items (movable property, real property), rights under bonds, rights to non–material property, performing work or services. There are no limitations regarding the subject of a contribution in kind. In exchange for contributions brought into the partnership, the partners subscribe for shares. A partner's share in general is equal to the value of the contribution actually made by the partner (Article 50 of the CCC) and constitutes the basis for calculating the property rights to which the partner is entitled in the partnership, namely the right to interest on the capital share, the right to part of the assets in the event of withdrawing from the company, and the right to participate in the distribution of the residual value of the partnership. The share's value is variable, increasing if the partnership records a profit and decreasing if the partnership suffers a loss. In addition to these property rights of partners, they are also entitled to participate in the partnership's profit. Generally, partners in a registered partnership are entitled to participate equally in profits, notwithstanding the type and value of their contribution, unless stipulated otherwise in the deed of partnership. A partner may demand that the profit be divided and paid out at the end of each financial year (Article 52 of the CCC). The deed of partnership may change this principle and introduce a different manner of paying the profit, e.g. quarterly, monthly, advance payments, etc.

A typical feature of a registered partnership is that the partners enjoy direct management over the enterprise. Two fields can be observed with regard to this matter. First of all, the partners are entitled to conduct the partnership's business by making decisions and performing activities regarding internal relations. The second area is the right to represent the partnership by making statements of intent on behalf of the partnership towards third parties (external relations).

Each partner is generally entitled and obliged to conduct the partnership's business, unless the deed of partnership stipulates otherwise. It is also possible to entrust the management of the partnership's business to third parties other than its partners. With regard to issues that do not exceed the scope of normal activities, each partner may make a decision independently. With regard to all issues exceeding the scope of normal activities, a unanimous resolution of all the partners is required, including any partners who are excluded from conducting the partnership's business. A resolution of the partnership may set out other principles of conducting business in a registered partnership.

Each partner may independently represent the partnership in all activities in the court or outside the court. It is not permitted to limit the scope of representation effective towards third parties. The deed of partnership may introduce joint representation, for instance in the form of two partners acting jointly, or a partner acting with a commercial representative (prokurent). The partner may be deprived of the right to represent the partnership in the deed, or due to some important reasons, under a valid decision of the court. The first names and surnames of partners entitled to represent the partnership and the method of representation are to be registered in the KRS.

Non–property rights of partners include also the right to information. Each partner is entitled to be informed about the status of assets, about the business and interest of the partnership, to review its books and documents. This is an unconditional right that cannot be limited in the deed of the partnership (Article 38 of the CCC).

Partners in a registered partnership are bound by an anti–competition clause. They cannot deal with any competitive business or participate in any competitive enterprise as a partner in a civil law company or a registered partnership, or as a limited partner or a general partner, or as a member of any governing body in a company. A partner should also refrain from any activity contrary to the interest of the partnership.

It is typical for a partnership that the partners are personally liable for the partnership's liabilities. First of all, the partnership, as a separate legal entity, independent from its partnership, is liable for the liabilities of a registered partnership towards its creditors. In addition, each partner in a registered partnership is liable for the partnership's liability without any limitations, personally, with all his assets, jointly and severally with other partners and with the partnership. The partners' liability is of subsidiary type, which means that a creditor of the partnership may enforce the execution of the partner's assets upon the execution of the partnership's assets being ineffective (Article 31 of the CCC). However, it is possible to sue the partnership and its partners at the same time.

In partnerships, it is possible to introduce changes regarding the personal composition of partners. A new partner may join the partnership upon amending the deed of partnership, which requires the consent of all partners, and must be registered in the KRS. The new partner also becomes liable for the partnership's liabilities arising before the date of becoming its partner. A partner's shares in the partnership can only be disposed of (i.e. rights and obligations being transferred) is permitted only if stipulated in the deed of the partnership and, unless stipulated otherwise in the deed of the partnership, all the other partners are required to grant their written consent for the disposal of shares in the partnership. The liabilities of a partner leaving the partnership, related to his participation in the partnership and the liabilities of the partnership are borne jointly and severally by the partner leaving and the partner joining. The partner is entitled to terminate the deed of the partnership entered into for an indefinite time, and can do so six months prior to the end of the financial year. The partner leaving the partnership continues to be liable for any liabilities that arose while he was a partner in the partnership.

The premises for winding up a partnership are set out in Article 58 of the CCC and include: the reasons provided for in the deed of partnership, a unanimous resolution of all partners, a declaration of bankruptcy of the partnership, the death of a partner or a declaration of the bankruptcy of a partner, or his creditor, and a final court decision. Generally, when reasons for winding up the partnership exist, a liquidation procedure should take place, unless the partners have agreed on other method of closing the partnership's business (Article 67 paragraph 1 of the CCC), e.g. the sale of the partnership, one of the partners taking over the total assets and paying off all the other partners. The liquidation procedure is performed by liquidators who should finish up any ongoing business, liquidate the partnership's assets, repay its liabilities and recover any receivables. Despite the reasons for liquidating the company, it is possible to continue its operations, with the consent of all the partners, except for a situation when the court declares the bankruptcy of the partnership or dissolves the partnership.

3. Professional Partnership

A professional partnership is regulated in the provisions of Articles 86–101 of the CCC. A professional partnership is a partnership established by its partners for the purpose of practising a freelance profession as a partnership conducting an enterprise under its own business name. It is typical for a professional partnership to have a limited number of partners, because professional partnerships can comprise only individuals who perform freelance professions. Additionally, in a professional partnership, the responsibility for the partnership's liabilities is regulated in a special manner, because partners are responsible for the partnership's liabilities arising from the actions of other partners. The model of managing the partnership is also a special feature of this type of partnership. All issues not regulated in the provisions regarding a professional partnership are regulated by the provisions on registered partnership.

Partners in a professional partnership may include professionals who are: advocates, pharmacists, architects, certified auditors, insurance brokers, tax advisers, investment consultants, construction engineers, accountants, medical doctors, dentists, veterinarians, stock brokers, notaries, nurses, midwives, attorneys–at–law, patent attorneys, property appraisal experts and sworn translators. Apart from the list of professions listed in Article 88 of the CCC, a partnership can be established by other individuals only if it is provided for in a separate act, for instance in Article 18 of the Act on the Profession of Psychologists and on the Professional Self–Government of Psychologists of 8 June 2001①. The partnership may be established in order to perform more than one freelance profession, unless stipulated otherwise in a separate act.

In order to create a professional partnership, it is first necessary to enter into a deed of partnership, which must be in writing in order to be valid, and to register in the commercial register in the KRS. The name of the professional partnership should include the surname of at least one partner, an additional designation: "and partner" or "partners" or "sp ó łka partnerska" (professional partnership). The name should also include the specification of the freelance profession performed in the partnership. It is allowed to use the abbreviation "sp. p." . When registering the partnership, documents confirming the right to perform a freelance profession in the partnership must be presented. It is not possible to register a professional partnership on–line.

① Journal of Laws of 2001 No 73 item 763.

Pursuant to Article 95 paragraph 1 of the CCC, a partner is not liable for the partnership's obligations arising in connection with practising a freelance profession within the partnership resulting from the actions or omissions of anyone employed by the partnership under an employment contract, where those persons reported to another partner when performing services related to the objects of the partnership. Therefore, the professional partnership and the partner who actually performed the services are liable for the obligations arising in connection with the performance of a freelance profession. One or more partners in the partnership may also extend the scope of their liability in the manner that they will agree to bear liability for obligations resulting from the performance of freelance professions by other partners (Article 95 Paragraph 2 of the CCC). The consent of this partner for extending the scope of liability must be expressed in the deed of partnership, and it must be recorded in the commercial register in the KRS. On the other hand, each partner is liable for other obligations of a professional partnership not resulting from performing the freelance profession, without limitations, with all his assets, jointly and severally with other partners and the partnership.

Two models of management can be implemented in a professional partnership: direct management by partners, or through the management board of the partnership appointed under a resolution of the partners. If the partners are entrusted directly to manage the partnership's matters and represent it, the provisions regarding a registered partnership apply. On the other hand, in the event of appointing a management board, the provisions regarding a limited liability company apply. The possibility of entrusting the management and representation of the partnership to a management board must be set out in the deed of partnership. In this case, both partners and individual from outside the partnership may sit on the management board.

In the event that a partner loses the licence to perform a freelance profession, they should leave the partnership no later than at the end of the financial year when the licence was revoked or discontinued. If the partner fails to submit a declaration on withdrawal, it is assumed that they left the partnership on the last day of the financial year in which the licence was lost. In the event that only one partner is left in the partnership, or if only one partner holds a licence to perform a freelance profession, the partnership is wound up by the end of the year in which any of these events occurred.

4. Limited Partnership

Limited partnerships are regulated by the provisions of Article 102–124 of the CCC. All issues not regulated by the provisions regarding limited partnerships are subject to the provisions regarding a registered partnership. Partners in a limited partnership typically have various statuses, with at least one partner in a limited partnership being liable for all the partnership's obligations toward creditors, without any limitations (a general partner), while the liability of at least one other partner is limited (a limited partner). Partners also differ between themselves with regard to the scope of management. A general partner is an active investor directly engaged in the partnership's business, and who is entitled to conduct the partnership's business and to represent it. On the other hand, a limited partner is a passive investor whose role regarding these issues in the partnership is limited. The role of a general partner is analogical to the partner in a registered partnership.

In order to create a limited partnership, it is necessary to enter into a notarial deed of partnership and to register in the commercial register in the KRS. It is also possible to register a partnership using the template deed available on–line. The name of a partnership should contain the name of one or more general partners and the description of its legal form: "sp ó łka komandytowa" (limited partnership). It is permitted to use the abbreviation "sp.k." If the general partner is a legal entity, the name of the limited partnership should include the whole business name of the legal entity, with an additional description "sp ó łka komandytowa". Including the surname of a limited partner in a limited partnership's business name means that the limited partner becomes fully liable for the partnership's obligations towards third parties.

General partners are entitled and obliged to conduct the partnership's business. Provisions on the scope of this regarding registered partnerships apply in this case. Limited partners are only entitled to express their consent for the performance of activities exceeding the scope of ordinary business, if not stipulated otherwise in the deed of partnership. Each general partner may independently represent the partnership in all activities in the court or outside of court. However a general partner can be deprived of the right to represent the partnership through an agreement, or following a valid and binding decision of the court. A limited partner may represent the company only as its commercial representative (prokurent) (Article 118 CCC). Due to the fact that the management of the partnership is performed by one or more general partners, they must observe a prohibition on competition.

Liability for the limited partnership's obligations is borne by the whole partnership with its total assets, as well as by its other partners. General partners bear unlimited liability with their personal assets for the obligations of the limited partnership, jointly and severally with the partnership and with other partners, as well as subordinate liability, meaning that the execution must be first of all performed on the partnership's assets. On the other hand, the liability of a limited partner for the obligations of a limited partnership is limited up to the declared amount. The declared amount of liability is an amount in numbers that denominated the top limit of personal liability of a limited partner for the obligations of the limited partnership towards its creditors. The declared amount of liability is set out individually for each limited partner in the deed of partnership, and is disclosed in the KRS. If the limited partner makes a contribution to the partnership, it causes the level of liability to decrease within the limits of the contributed amount. If the value of the contribution made by the limited partner to the partnership equals the value of the declared amount of liability, then the limited partner is released from any liability. If the value of contribution is lower than the declared amount of liability, then the limited partner is liable for the difference between the value of the contribution and the declared amount of liability.

5. Limited Joint-Stock Partnership

A limited joint-stock partnership is a mixed type of partnership, combining features of a partnership and those of a company. It is regulated in Articles 125-150 of the CCC, though the regulations regarding a registered partnership apply with regard to the general partners, while the provisions regarding a joint stock company apply with regard to shareholders.

A limited joint-stock partnership is a partnership conducting an enterprise under its own business name, where at least one partner is liable for its obligations toward creditors without any limitations (a general partner) while at least one partner is a shareholder. The personal features of a limited joint-stock partnership include the personal and unlimited liability of general partners for the partnership's obligations, and entrusting the partnership's business and representation to the general partners. The financial features, on the other hand, include: the lack of liability of shareholders for the partnership's obligations, issuing shares and share capital, the fact there is the meeting of shareholders, and the possibility of appointing a supervisory board. The share capital amounts to at least PLN 50,000 and it is created from shareholders' contributions for subscribing for shares. General partners may make contributions both to the share capital and to other funds. If general partners make contributions to the share capital, they subscribe for shares and simultaneously become shareholders.

In order to establish a partnership, general partners have to sign the statutes in the form of a notarial deed, making contributions to the share capital and registering in the KRS. If contributions in kind are to be made for the share capital, then they additionally have to be appraised in the report of the partnership's founders, which is then submitted for review to certified auditors. Making contributions to the partnership's share capital is governed by the provisions regarding a joint-stock company.

The name of the partnership should contain the name of one or more general partners and the description of its legal form: "sp ó łka komandytowo-akcyjna" (limited joint-stock partnership). It is permitted to use the abbreviation "S.K.A." If the general partner is a legal entity, the name of the partnership should include the whole business name of the legal entity, with an additional description "sp ó łka komandytowo-akcyjna" . Including the surname of a shareholder in the partnership's business name leads to that shareholder being fully liable for the partnership's obligations towards third parties.

Liability for the obligations of a limited joint-stock partnership is advantageous both for the partnership's creditors and for its shareholders. The partnership is liable for its obligations with all its assets, and it is obliged to maintain the share capital at a constant level, at the minimum amount set out in the statutes. A limited joint-stock partnership is governed in this regard by the provisions on a joint-stock company. In addition, the general partners are liable with all their assets for the partnership's obligations, jointly and severally with the partnership and with other partners as well as in a subordinate order, meaning that the execution must be first of all performed on the partnership's assets. Due to the obligation to maintain the share capital, the situation of a general partner is the more favourable in this type of partnership compared to others. On the other hand, shareholders are not liable for the partnership's obligations. Purchasing or subscribing for shares by a general partner, and subsequently obtaining the status of a shareholder, does not cause any changes in his liability for the partnership's obligations.

Every general partner is entitled and obliged to conduct the business of a limited joint-stock partnership, unless stipulated otherwise in the statutes. General partners have the right to presumed competences, which means that they undertake all decisions not reserved under the act or the statutes as the competences of the meeting of shareholders or the supervisory board. Each general partner has the right to represent the partnership independently, and conducting the partnership's business and representing the partnership by general partners are governed respectively by the provisions regarding a registered partnership. A shareholder is not entitled to conduct the partnership's business and may only represent it as a commercial representative.

Shareholders participate in the process of conducting the partnership's business through the meeting of shareholders, which adopts resolutions with regard to the issues described in the act or in the statutes. Each shareholder is entitled to participate at the meeting of shareholders. Resolutions of the meeting of shareholders are generally adopted by an absolute majority of votes, unless stipulated otherwise by law or in the statutes. The voting rights of shareholders correspond to the number of shares they hold. Each share purchased or subscribed for by a shareholder confers the right to one vote, unless the statutes state otherwise. The statutes may provide for issuing preference shares, giving the holder no more than two votes per share. All other issues are governed by the regulations regarding joint-stock companies.

The powers of the meeting of shareholders may be autonomous or non-autonomous. The autonomous powers of the meeting of shareholders include, for instance, reviewing and approving the report on the partnership's activity and the financial statements, acknowledging the fulfilment of duties by the general partners and the members of the supervisory board, appointing a certified auditor, appointing a commercial representative for filing a suit for compensation against a general partner. All the general partners must give their consent to a resolution of the meeting of shareholders concerning the issues indicated in Article 146 paragraph 2 of the CCC, and in particular with regard to: the distribution of profits concerning the amounts due to shareholders, the sale and lease of the partnership or an organised part, and establishing the right of usufruct on the partnership, the sale of real property owned by the partnership, introducing amendments to the statutes, and winding up the partnership. On the other hand, the consent of a majority of the general partners is required for the validity of resolutions regarding the distribution of profit for the financial year in the part falling to general partners, as well as covering losses for the previous financial year (Article 146 Paragraph 3 of the CCC).

A supervisory board in a limited joint–stock partnership must be appointed if there are more than 25 shareholders. Otherwise, a supervisory board may be appointed if permitted in the statutes. Members of the supervisory board are appointed and dismissed by the meeting of shareholders. General partners cannot be members of the supervisory board, and a general partner who has subscribed for shares cannot vote when adopting resolutions on appointing the members of the supervisory board. The powers of the supervisory board include the permanent supervision over the partnership's business in all aspects of its activity, evaluating financial statements and reports on the partnership's activity, reviewing motions regarding the distribution of profits and coverage of losses, examining the partnership's documents and the right to demand explanation from general partners, and revising the status of the partnership's assets. The supervisory board is also entitled to delegate its members to temporarily perform the activities of general partners in the event that none of the general partners entitled to conduct the partnership's business and to represent it is able to perform their duties. All other issues regarding the supervisory board are governed by the regulations applicable to a joint–stock company.

6. Limited Liability Company

6.1. Incorporation of a limited liability company

A limited liability company (LLC) may be incorporated by one or more entities for any legally admissible purpose. Shareholders may be individuals, legal entities or other organisational units with legal capacity, but one sole–shareholder limited liability company cannot be the sole founder of another limited liability company. There are two possible ways of incorporating an LLC. The traditional method involves entering into articles of association in the form of a notarial deed, appointing the company's governing bodies, making the total contribution to cover the share capital, in the form of cash or in–kind contributions, and then reporting the company to be registered in the KRS. The second method involves entering into the articles of association by completing the template on line, and then appointing governing bodies, introducing all the information necessary to form the company on–line, and giving an electronic signature. Under the second method, only cash contributions are possible, and they must be made upon registering the company in the KRS. The registry court is obliged to review an application to register a company within 24 hours.

The company's articles of association should set out the business name, registered office, object of business, number, type and value of shares and the amount of the share capital. The name of the company may be any name, but it should indicate its legal form, namely "sp ó łka z ograniczoną działalnością" (limited liability company). The minimum amount of the share capital is currently PLN 5,000 while the minimum value of a share is PLN 50. At the moment of signing the articles of association, the shareholders subscribe for the shares and the LLC 'in organisation' is created. Under the traditional method of incorporation, an application to register a company in the commercial register should be submitted within six months from signing the articles of association. A company 'in organisation' may act in its own name to acquire rights, including the ownership of real property and other property rights, may assume obligations, and may sue or be sued. Therefore, it has legal capacity as an organisational unit according to the Act. A limited liability company in organisation uses its business name, but should include the additional description "w organizacji" (under organisation). A company in organisation that is being incorporated in the traditional manner may already commence its business. The company is represented during its activities by its management board or a commercial representative (prokurent) appointed in a unanimous resolution of the shareholders. The company and any parties acting on its behalf are liable jointly and severally for the obligations contracted for the company towards third parties. In addition, the shareholders are liable towards third parties up to the value of their contributions. The registration of the company is of constitutive character, which means that a limited liability company is constituted at the moment it is entered into the commercial register at the KRS.

The share capital of a limited liability company incorporated in the traditional manner must be paid up in full before the company is registered, and it may be covered by contributions in cash or in kind. A contribution in kind must be in a form that can be evaluated and recording in the balance sheet of the company, and must be transferable. Therefore, performing work and services in favour of the company or a non–transferable right cannot serve as a contribution towards share capital. The share capital constitutes the total nominal value of all shares, and the shares cannot be subscribed for at below their nominal value.

6.2. Rights and Obligations of Shareholders

The shareholders have the right to dispose of their shares, the right to a dividend, a pre–emptive right to take up new shares, and the right to participate in the liquidation estate.

The right to dispose of the share includes selling the share, establishing a pledge on the share or establishing usufruct, or bringing in the share as a contribution to another company. The transferability of shares is a general principle, but selling shares, establishing pledges or usufruct on them must be done in writing, with signatures certified by a notary. The sale of a share is effective on the company when it is notified of the sale. All shareholders should be registered in the company's share register, and an updated list of shareholders should be submitted to the commercial register after any change in the composition of shareholders, but this is only declarative and transfers of shares are effective even before they are registered. By making the appropriate provisions in the company's articles of association, it is possible to limit the scope of disposing of shares, e.g. by requiring the management board's consent for the disposal of shares, or by setting out a pre–emptive right (priority right) with respect to the acquisition of shares by the existing shareholders.

The right to a dividend means that the shareholders are entitled to a share in the profit resulting from the annual financial statements and designated for distribution in a resolution of the meeting of shareholders. The resolution on dividing the profit is adopted during the ordinary meeting of shareholders with an absolute majority of votes. The resolution should set out the date of payment of the dividend, and if the shareholders fail to indicate the date of payment, the management board of the company sets the date. The profit assigned to the shareholders is divided in proportion to the number of shares held, unless stipulated otherwise in the articles of association. The articles of association can introduce preference shares with regard to the dividend. The holder of a preference share may receive a dividend exceeding the dividend for non–preference shares by up to 50% (Article 196 of the CCC).

The pre–emptive right is the right to subscribe for new shares in the increased share capital of the company in proportion to the shares already held, which enables the existing structure of the capital in the company to be maintained. This right may be excluded in the articles of association or in a resolution on increasing the share capital in order to enable external investors to participate in the company.

The right to participate in the liquidation estate is the right to the company's assets remaining upon satisfying or securing all creditors during the liquidation process. The assets are divided between shareholders in proportion to their shares. The division of assets may take place at least six months after the date of announcing the liquidation and summoning creditors.

Apart from property rights, shareholders also enjoy corporate rights including: the right to participate at meetings of shareholders and the right to vote, the right to appeal against resolutions, the right to exert individual control, the rights of minority, the right to demand that a shareholder be excluded, the right to demand that the company be wound up by the court, and the right to sue for compensation in favour of the company.

The right to participate at meetings of shareholders is an absolute right, and the shareholder cannot be deprived of that right. If there are any deemed irregularities while convening and holding meetings of shareholders this is the basis for appealing against resolutions adopted during these meetings. This right may be executed in person or through a proxy (Article 243 CCC).

The voting rights of a shareholder depend on the number or on the value of shares held. Where shareholders all hold multiple shares, then in general one vote is assigned per share. The articles of association can introduce preference shares giving up to three votes per share. If each shareholder holds only one share, then one vote is assigned for each PLN 10 in the share capital, unless stipulated otherwise in the articles of association, though in this case it is not possible to have preference shares with regard to voting rights. In some cases the shareholder is deprived of voting rights, which applies to resolutions on the shareholder's liability towards the company, a release from an obligation, a dispute with the company as well as acknowledging the performance of duties.

The right to appeal against the resolutions of the meeting of shareholders includes two statements of claim. A statement of claim to declare the invalidity of a resolution should be submitted if it is deemed that a resolution is contrary to the law (Article 252 of the CCC). A statement of claim is filed in the situation where the resolution of shareholders is deemed to be contrary to the articles of association or with good practices, and also where it infringes the interests of the company or is disadvantageous for a shareholder (Article 249 of the CCC). A shareholder who voted against the resolution and demanded that the vote against be recorded in the minutes has the right to file a statement of claim. If the complaining shareholder was not present at the meeting, then a claim may be filed only in the event that the meeting of shareholders was convened in a defective manner, or in the event of adopting a resolution regarding the issue not included in the agenda of the meeting of shareholders. In addition, a shareholder who is groundlessly not allowed to participate in the meeting of shareholders, who is ignored during a written vote, or a shareholder who did not agree to a written vote, is entitled to this right.

The right to individual control is always given to shareholders when there are no supervision bodies in the company. In the event that a company has a supervisory body, the shareholders are still entitled to the right to control, unless it is limited or excluded in the articles of association. The right includes: the right to review the books and documents of the company, preparing balance sheets for their own use and the right to demand explanations from the management board. If there is a risk of the shareholder using the obtained information in a manner contrary to the company's interest and causing significant damage to the company, then the management board may refuse to allow the shareholder to exercise this right. In this event, the shareholder is entitled to appeal in the form of the right to demand that the case be resolved in the form of a resolution of shareholders, and in the event of a refusal, the shareholder has the right to file a motion with the registry court to oblige the management board to disclose the information and allow the books and documents to be reviewed.

The minority rights may be performed by a shareholder individually or collectively, and their performance is related to representing a certain part of the share capital. At the demand of a shareholder or shareholders representing at least one–tenth of the share capital, and after having called upon the management board to make a statement, the registry court may appoint an entity authorised to audit financial statements in order to evaluate the company's accounts and operations (Article 223 of the CCC). A shareholder or shareholders representing at least one–tenth of the share capital may request that an extraordinary meeting of shareholders be convened, and that certain matters be placed on the agenda for this meeting of shareholders. On the other hand, a shareholder or shareholders representing at least one–twentieth of the share capital may demand that certain matters be included on the agenda of the next meeting of shareholders (Article 236 of the CCC). If the shareholders' demands are not taken into account, the registry court may, upon calling on the management board to make a statement, authorise the shareholder or shareholders who made the demand to convene an extraordinary meeting of shareholders.

The right to exclude a shareholder from the company is performed according to the provisions of Articles 266–269 of the CCC. If there are significant reasons concerning a minority shareholder, the court may declare that shareholder as excluded from the company at the demand of all other shareholders.

Each shareholder also has the right to demand the court to issue an order on winding up the company, in the event that it has become impossible to achieve the purpose of the company, or in the event of other important reasons caused by the relations of the company (Article 271 of the CCC).

The right to file a statement of claim for compensation in favour of the company may be exercised by the shareholder in the event that the company does not file a statement of claim to repair the damage caused to the company within one year from the date of disclosing the action causing the damage (Article 295 of the CCC).

The obligations of shareholders include the obligation to make a contribution, to make additional payments, the obligation to make recurring contributions in kind (Article 176 of the CCC), and the obligation to return any undue payments (Article 198 of the CCC). The obligation to make additional payments by shareholders can be provided for in the articles of association and it serves to cover the losses of the company from financing investments. Additional payments should be imposed in proportion to the shares they cannot exceed the limits set out in the articles of association. The dates and amounts of making contributions are set out in a relevant resolution of shareholders. Additional payments may be returned to shareholders, and the meeting of shareholders is competent to make decisions in this matter (Articles 177–179 of the CCC).

6.3. Corporate Bodies

The rules of operations of the management board of an LLC are set out in Articles 201–211 of the CCC. The management board may comprise one or more members. The articles of association may set out the number of members of the management board. Members of the management board may include the shareholders of the company and other parties, but only an individual with full legal capacity can be a member of the management board. Unless stated otherwise in the articles of association, the management board is appointed by shareholders with an absolute majority of votes. Appointment to the management board creates an organisational relationship between the member of the management board and the company. In addition, an employment contract, a contract for mandate, a management contract can be entered into between the company and the member of the management board. The first names and surnames of the members of the management board are disclosed in the KRS, and their recording in the register has a declarative nature.

Members of the management board are appointed for certain terms, counted individually for each member of the management board unless stipulated otherwise in the articles of association. The articles of association may set out the term of the members of the management board, and if not stipulated otherwise in the articles of association, the term expires on the date of holding the meeting of shareholders approving the financial statements for the first full financial year of performing the function. The mandate also expires in the event of the death, resignation or dismissal of the member. The meeting of shareholders has the right to dismiss a member of the management board.

The management board manages the company's business and represents the company in all transactions in court and outside of court. The presumption of the management board's competences means that the management board decides on all issues not reserved for other bodies in the act or in the articles of association. Concerning matters of day–to–day management not exceeding the scope of regular operations of the company, each member of the management board may make decisions without requiring a prior resolution of the management board. In the case of activities exceeding the scope of ordinary business, a joint resolution of the management board is required. The articles of association may regulate these issues in another manner, in particular they may introduce a division of competences between management board members. If the management board comprises more than one person, the method of representation is set out in the articles of association of the company. If the articles of association of the company contain no provisions in this matter, two members of the management board, or one member of the management board together with a commercial representative (prokurent), must act jointly while making any representations on behalf of the company (Article 205 of the CCC). If the consent of another body is required in order for the company to perform a legal transaction under the law, then a transaction performed without this consent is invalid. Member of the management board do not have the right to represent the company in agreements and disputes between that member of the management board and the company. In such cases, the company is represented by the supervisory board or by an authorised representative appointed in a resolution of the meeting of shareholders (Article 210 of the CCC).

In the case of any conflicts of interest between the company and a member of the management board, their spouse, relatives and second degree affinity relatives, and anyone with whom the member of the management board has a personal relationship, the member of the management board should disclose the conflict of interest and refrain from participating in resolving these matters. In such a situation, the shareholder may demand that this conflict of interest be recorded in the minutes (Article 209 of the CCC). Members of the management board must observe a prohibition on competition. Without the company's consent, no member of the management board can be involved in any competitive business or participate in any competitive enterprise as a partner in a civil law company, a registered partnership, a limited partner or a general partner, or as a member of any governing body in a competitive legal entity, and cannot hold 10% or more of shares in a competitive company or be entitled to appoint any members of a competitive company's management board (Article 211 of the CCC).

Two supervisory bodies can operate in an LLC – a supervisory board and an audit committee. Supervisory bodies are collegial ones comprising at least three members appointed and dismissed under a resolution of the shareholders. The supervisory bodies have a term of one year, unless stipulated otherwise in the articles of association. The supervisory body cannot include any members of the management board, a commercial representative (prokurent), a liquidator, or a manager of the branch or plant or the company's chief accountant, legal advisor or advocate. This prohibition also covers other parties reporting directly to the members of the management board or the liquidator, as well as the members of the management board or liquidators of a subsidiary (Article 214 of the CCC).

The supervisory board exercises permanent supervision over the Company's business operations in all fields of its activities. In order to perform its obligations, the supervisory board may examine all the company's documents, demand reports and explanations from the management board and employees, and review the status of the company's assets. Each member of the supervisory board may individually perform the right to supervise or exercise, unless the articles of association stipulate otherwise. The supervisory board also issues an opinion on the management board report on the company's activities, financial statements and motions of the management board regarding the distribution of profits and covering losses. The articles of association may also give the supervisory board the right to suspend members of the management board in their activities, due to important reasons, as well as the right to consent to the management board members performing certain activities.

The audit committee is a periodic body with its competences generally related to those of the meeting of shareholders, because the audit committee issues its opinion on the management board report on the company's activities, financial statements and motions of the management board regarding the distribution of profits and covering losses. In a company without a supervisory board, the responsibilities of the audit committee can be extended, see Article 221 of the CCC.

The meeting of shareholders adopts resolutions regarding the most important issues for the company. Within six months from the end of each financial year, an annual meeting of shareholders must be held, during which the management board report on the company's operations is approved, as well as the financial statements for the previous year. The meeting of shareholders adopts a resolution regarding the distribution of profits or coverage of losses. The annual meeting of shareholders also acknowledges that the members of the management board performed their duties. At any other time during the term, extraordinary meetings of shareholders can be held. The meeting of shareholders adopts resolutions regarding matters such as amendments to the articles of association, the sale or lease of the enterprise, the purchase and sale of real property, resolutions on additional payments from shareholders, provisions regarding claims for repairing damages made to the company, expressing the consent for entering into a loan agreement with a member of the management board, commercial representative (prokurent), liquidator or a member of a supervisory body.

The meeting of shareholders is generally convened by the management board. The meeting of shareholders is convened by sending registered letters by post or by courier, sent at least two weeks before the date of the meeting of shareholders. The notification may also be sent to a shareholder by email, as long as the shareholder has previously agreed for this, in writing, and has provided the address for notification. The invitation should include the date, time and venue of the meeting of shareholders, and the detailed agenda of the meeting. The meeting of shareholders is valid notwithstanding the amount of capital represented there, unless the articles of association or the law stipulate otherwise. Resolutions are generally adopted with an absolute majority of votes, unless the articles of association or the law stipulate otherwise.

In an LLC, it is also possible to adopt resolutions without formally convening a meeting, as long as the total share capital is represented and none of those present objected against holding the meeting or against including particular issues on the agenda. In addition, resolutions may be adopted in writing, without holding the general meeting, as long as all the shareholders have given their written consent for the provision to be adopted, or for a written ballot.

7. Joint-Stock Company

7.1. Incorporation of a joint-stock company

In order to establish a joint-stock company, it is necessary to sign the statutes and for shareholders to subscribe for shares, for the governing bodies of the company to be appointed, for contributions to be made, and for everything to be registered in the KRS. The basic activity is for the founders of the company to sign the statutes, in the form of a notarial deed. The statutes set out the rules of the company's operations, in particular its business name and registered office, the object of the business, the amount of share capital, the number, type and value of shares. The name of the company may be freely chosen, but it should indicate the legal form, namely "sp ó łka akcyjna" (joint-stock company or JSC). The minimum amount of the share capital for a joint-stock company is currently PLN 100,000. In order to incorporate a joint–stock company, it is necessary to appoint the first governing bodies of the company, namely the management board and the supervisory board. Governing bodies may be appointed at the stage of preparing the statutes or later, though a document confirming the selection of the first governing bodies of the company must be attached to the application for registration in the KRS. Statements on subscribing for shares include consents for incorporating a joint–stock company, the wording of the statutes and the shares subscribed for. These documents should also contain a list of the parties subscribing for shares, the number and type of shares subscribed for by each of these parties. At the moment of subscribing for all shares in the company, a joint–stock company 'in organisation' is created and may acquire rights on its own behalf and contract obligations, and may sue and be sued (Article 11 of the CCC). During its operations, a joint–stock company in organisation operates under its own name, with the description "in organisation" . Until the management board is appointed, it is represented by all the founders acting jointly, or by an authorised representative appointed under a unanimous resolution of the founders. The company itself is responsible for the liabilities of the company in organisation, jointly with the individuals acting on behalf of the company, and also its shareholders, who are liable up to the amount of contributions made by them.

Contributions to a joint–stock company can be made in cash and in kind. Shareholders subscribing for shares in exchange for contributions in cash should pay in at least one quarter of the nominal value of the shares before the company is registered. Contributions in kind should be made in full to the joint–stock company within a year of registering the company. In the case of making contributions in kind (or contributions in cash and contributions in kind), the share capital should be covered before registering the company up to at least one quarter of its minimum nominal value (PLN 25 000). In the case of making contributions in kind, as well as purchasing assets for the company before its registration and paying remuneration for services performed while incorporating the company, the report of the founders must be drafted, and then must be reviewed by certified auditors with regard to its credibility and fairness. Contributions in kind should be suitable, namely they should be transferable, possible to enter in the balance sheet, and they should be useful for the company, because subscribing for shares in exchange for contributions in kind should be justified in the founders' report. Shares subscribed for in exchange for a contribution in kind should remain registered shares until the date of approving the financial statements for the financial year during which the shares were paid up by the next meeting of shareholders, and during this period they cannot be sold or the subject of a pledge (Article 336 of the CCC).

A joint stock company is created upon being registered in the KRS. The application to register a joint-stock company in the commercial register must be signed by all the members of the management board and submitted within six months from signing the statutes. At the moment of registering the joint-stock company in the register it receives legal personality.

7.2 Shares and their types, and the rights of shareholders

A share is a security incorporating all of a shareholder's rights. Shares in a company may be non-material (in public companies) or traditional (in private companies). A public joint-stock company is a company in which at least one non-material share exists, namely a company with its shares listed on regulated stock market (e.g. on the Warsaw Stock Exchange - Giełda Papier ó w Wartościowych S.A. in Warsaw). On the other hand, other companies are referred to as private (non-public) companies.

Non-material shares exist in the form of an electronic record on the securities account of an owner of shares and in the system of the National Depository for Securities S.A. (the "NDS"). A non-material share is transferred when it is registered in the buyer's securities account.

In non-public companies, shares may take the form of registered shares or bearer shares. The content of shares certificates is set out in Article 328 of the CCC. In the case of a registered share, information on the shareholder (first name and surname or business name) is disclosed on the share document, while details of the shareholders are recorded in the register of shares. The sale of a registered share takes place in the form of a written declaration or on the share document itself, or in a separate document. It requires the transfer of ownership of the shares. Registered shares may be issued before they are fully paid up. On the other hand, bearer shares entitle each and every owner of the share to exercise the rights incorporated in the share, as the content of the document does not contain any details on the shareholder. The sale of bearer shares takes place by the transfer of ownership of the share certificate and the existence of a valid legal basis. Bearer shares cannot be issued before being paid up in full, and they are replaced by temporary registered certificates.

The right to participate at the meeting of shareholders is unconditional and may be executed by a shareholder in person or through a proxy. With regard to non-public companies, shareholders holding registered shares may participate at meetings of shareholders if they were recorded in the share register at least one week before holding the meeting. Bearer shares entitle the holder to participate at the meeting of shareholders if they were filed in the company at least one week before holding the meeting. The right to participate in the meeting of shareholders of a public company is only given only to entities who are shareholders at least 16 days before the date of the general meeting (Articles 406–406^3 of the CCC).

The voting right of a shareholder depends on the number of shares held. Each share gives the holder the right to exercise one vote, though the statutes of a non-public company may introduce preferred shares with regard to voting rights (two votes per share). The shareholder is deprived of voting rights on issues of the shareholder's liability towards the company, a release from an obligation, a dispute with the company as well as acknowledging the performance of duties.

During the general meeting, a shareholder may demand that the management board disclose any information regarding the issues included on the agenda of the meeting. In the event of a refusal by the management board, the shareholder is entitled to file an application in the registry court to oblige the management board to disclose information.

The right to appeal against resolutions is given to shareholders in the same way as in an LLC.

Minority rights in a joint stock company related to the meeting of shareholders include the right to demand that a general meeting be convened (Article 400 of the CCC), the right to demand that points be added to the agenda of the meeting (Article 401 Paragraph 1 of the CCC) and the right to submit counter-drafts of resolutions in a public company (Article 401 Paragraph 4 of the CCC), and can be implemented at the request of shareholders representing one twentieth of the share capital. In addition, shareholders in a public company are entitled to demand that an auditor be appointed for special purposes, namely the right to demand that the auditor analyses, at the company's expense, a certain issue related to incorporating the company or reviewing its issues, based on the provisions of Article 84 of the Act on Public Offerings, Conditions Governing the Introduction of Financial Instruments to Organised Trading, and Public Companies of 29 July 2005①.

A special right in a joint-stock company is the right to obligatory purchase and repurchase shares in public companies (known as a squeeze out). The right of obligatory purchase is given to a shareholder or shareholders (up to five) who jointly hold at least 95% of the company share capital (Article 418 of the CCC). In the same way and in the same situation, minority shareholders may demand the obligatory repurchase of their shares (Article 418^1). In the case of public companies, a similar right is set out in Articles 82 and 83 of the APO, though in this case the limit of share capital amounts to 90%.

As in the case of a limited liability company, shareholders are also entitled to file a

① Journal of Laws 2016 item 1639, hereinafter: the APO.

suit for compensation in favour of the company.

A shareholder is entitled to a share in the annual profit designated for distribution under a resolution of the meeting of shareholders (the right to a dividend). The dividend is paid in proportion to the number of shares. The company's statutes may introduce preference shares with regard to the dividend. The holder of a share with preference in respect of participation in the dividend may receive a dividend exceeding the dividend for non–preference shares by up to 50%. A special type of preference share in terms of the dividend are mute shares, which are without any voting rights but have no limitations regarding the scope of preference dividend.

As in the case of a limited liability company, shareholders are also entitled to subscribe for shares (Article 433 of the CCC) and to participate in the liquidation estate (Article 474 of the CCC).

7.3. Governing Bodies in a Joint–Stock Company

Members of the management board in a joint stock company are appointed and dismissed by the supervisory board (Article 368 Paragraph 4 of the CCC), unless stipulated otherwise in the statutes. The management board comprises one or more members, and the number of members of the management board should be set out in the statutes. The term of a member of the management board cannot exceed five years, though members can be reappointed for subsequent terms. The mandate of the member of the management board expires at the end of the term, or as a result of his resignation, death or dismissal. The term expires on the date of holding the meeting of shareholders, approving the financial statements for the last full financial year of performing the function. The supervisory board and the general meeting are able to dismiss members of the management board, or may suspend them. The members of the management board are registered in the KRS.

The responsibilities of the management board are presumed, i.e. the management board is the only competent body in any issues not reserved for other bodies of the company by law or in the statutes. Neither the general meeting nor the supervisory board can issue orders binding on the management board, with regard to managing the company's business. When the management board comprises more than one individual, managing the company's business is regulated by Article 371 of the CCC, namely the principle of the members of the management board acting jointly. Resolutions of the management board may be adopted if all the members have been properly notified about the management board meeting. Two members of the management board, or one member of the management board together with a commercial representative (prokurent), must act jointly while making any representations on behalf of the company, unless stipulated otherwise in the statutes (Article 373 of the CCC). If the consent of another body is required for the performance of a legal transaction by the company by law, a transaction performed without this consent is invalid. In agreements and in disputes between members of the management board and the company, the company is represented by the supervisory board or by an authorised representative appointed under a resolution of the general meeting.

The members of the management board must observe the prohibition of competition (Article 380 of the CCC) and are obliged to refrain from participating in resolving matters where there is a conflict of interest (Article 377 of the CCC).

The supervisory board is an obligatory body in joint stock companies. In private companies there must be at least three members, while in public companies there are five members, appointed and dismissed by the general meeting. Members of the supervisory board cannot act in several positions jointly, as with the LLC.

A special method of appointing the supervisory board of a JSC is appointing it in groups. This is the entitlement of minority shareholders representing one-fifth of the share capital, who have the right to submit a motion with a demand to convene a general meeting in order to elect the supervisory board in groups. During the general meeting, groups of shareholders are created by dividing the amount of represented capital by the number of the supervisory board. When a group is created and at least one member of the supervisory board is appointed, the mandates of the existing members of the supervisory board expire. This way, minority shareholders can introduce their representative to the supervisory board.

The supervisory board exercises permanent supervision over the Company's business operations in all areas of its activities. The powers of the supervisory board include evaluating the management board reports on the company's operations and the financial statements for the financial year, with regard to the compliance of these reports with the company's books and documents, as well as with the actual status, as well as inspecting motions of the management board regarding the distribution of profit and coverage of losses. In order to perform its obligations, the supervisory board may examine all the documents of the company, and demand reports and explanations from the management board and employees, as well as review the status of the company's assets. The powers of the supervisory board also include delegating members of the supervisory board, for a period of up to three months, to temporarily perform the activities of members of the management board who were dismissed, resigned or cannot perform their duties due to some other reasons.

The supervisory board acts jointly, as a rule. Following a resolution of the general meeting, certain members of the supervisory board may be entrusted to perform certain supervisory activities. In the case of appointing members of the supervisory board in groups, the group of shareholders may authorise a representative appointed by them to perform supervisory activities individually.

Pursuant to Article 128 of the Act on Certified Auditors and their Self-Government, Entities Authorised to Audit Financial Statements and Public Supervision from 11 May 2017[①], it is necessary to appoint the audit committee. Members of the

① Journal of Laws of 2017 item 1089, hereinafter: the ACA.

audit committee are appointed by the supervisory board from among its members (Article 128 Paragraph 1 of the ACA). Pursuant to Article 129 Paragraph 1 of the ACA, the audit committee comprises at least three members, while at least one of the members of the committee should meet the condition of being independent and hold qualifications in the field of accounting or financial auditing. The powers of the audit committee include monitoring the process of financial reporting, the effectiveness of internal control systems, the internal audit and risk management, the performance of financial auditing operations, the certified auditor and the entity authorised to audit financial statements acting independently.

The general meeting adopts resolutions regarding matters such as amendments in the statutes, the sale or lease of the enterprise, the purchase and sale of real property, claims for repairing damage to the company, the obligatory repurchase of the shares, a significant change in the object of business, issuing bonds, entering into a loan agreement, a surety agreement or other similar agreement with a member of the management board, a commercial representative (prokurent), a liquidator or a member of the supervisory board. The general meeting also issues reviews and adopts the management board report on the company's activities, the financial statements and adopts resolutions regarding the distribution of profits and coverage of losses, as well as acknowledging the performance of duties by the members of governing bodies. See Articles 393 – 395 of the CCC.

General meetings are convened at the initiative of the management board, the supervisory board or shareholders representing half of the share capital. Shareholders who represent five per cent of the share capital can demand that a general meeting be convened, and if the management board fails to observe their demand, the shareholders are entitled to file a motion to the registry court. The general meeting is convened by announcing it in the official judicial and economic journal, "Monitor Sądowy i Gospodarczy", at least three weeks before holding the meeting. If all the shares in the company are registered, it is possible to convene a general meeting by registered letters, letters sent by courier, at least two weeks before holding the meeting, and if a shareholder has expressed consent and indicated the address for sending the notice, then notices may be sent in electronic form. The general meeting in a public company is convened by announcing it on the company's website and in the manner specified for submitting current information, in line with the provisions of the Act on Public Offerings, and it must be made at least 26 days before the date of the general meeting. The statutes may allow for participation at the general meeting using electronic means of distance communication, in particular a live transmission of the general meeting, bilateral live communication during which the shareholders may express their opinions during the meeting, while at a venue other than the venue of the general meeting, and for the performance of the voting rights before the general meeting (voting by correspondence).

The general meeting is valid regardless of the number of shares represented, unless stipulated otherwise by law or in the statutes. As a rule, resolutions are adopted with an absolute majority of votes. As with the LLC, members of the company's governing bodies and shareholders are entitled to appeal against the resolutions of the general meeting.

Piotr Pinior

III. CONFLICT OF LAWS PROBLEMS IN CONTRACTS ENTERED INTO BETWEEN BUSINESS FROM POLAND AND CHINA

1. Introduction. The relevance of the applicable law

Before any rights and obligations of parties arising from a contract are determined, it is first necessary to indicate the law that will govern a given contract. Only then can the full picture of the relationship binding the parties and the principles of liability for a potential breach of the contract be assessed. More to the point, the law also determines the rules governing the enforcement of the contract, its validity, termination and, for instance, the incorporation of general terms and conditions to the contract between the parties.

In international business transactions, the parties usually set out the selected applicable law in the contract itself. Nevertheless, it does not solve all the problems. First of all, it is necessary to assess the admissibility and validity of the choice of law given the specific type of relationship. Secondly, if the parties do not choose the law, or if the choice proves to be ineffective for any reason, it is necessary to indicate the applicable law based on objective conflict of laws principles. Thirdly, the parties might not be allowed to choose the applicable law with respect to certain specific issues (for instance, for the purpose of assessing the capacity of the parties).

If a Polish court is to rule on a dispute between the parties, it will apply the provisions of private international law in force in Poland. However, the case becomes more complicated if the competent court is an arbitration tribunal seated in Poland.

2. Conflict of laws principles in force in Poland

In recent years, the conflict of laws principles concerning contractual obligations have undergone rapid changes in Poland, among other things, as a result of Poland's accession to the European Union in 2004. Pursuant to the intertemporal rules, the law applicable to contracts is determined based on the conflict of laws principles in force at the moment of executing a contract. Therefore, it is possible that, in order to determine the law governing the contract, the court will have to rely on provisions concerning conflicts of laws that are no longer in force[①]. In this respect, for contracts concluded before 22 January 2008, the provisions of the Polish Act on Private International Law of 1965 would have to be applied[②] (Articles 25–29). On the other hand, conflict of laws principles set out in the 1980 Rome Convention should be applied to contracts entered into between 22 January 2008 and 16December 2009[③]. Finally, 17 December 2009 is the day when Rome I[④] started to apply to contracts. Hence, contracts entered into after that day will be governed by the conflict of laws principles stipulated in this Regulation (as in other European Union Member States). It should be emphasised that a Polish court is obliged to apply Regulation Rome I irrespective of whether the relationship at hand is of an intra–union nature (for instance between entities from Poland and from Germany) or transactions implemented between entities from outside of the EU (for instance between an entity from Poland and an entity from China). This is known as the principle of universal application of Rome I (Article 2).

---

① Here, however, only the Regulation Rome I will be discussed.

② Private International Law of 12.11.1965–(Journal of Laws No. 46, item 290, as amended). A translation of this act into English can be found at: http://pil.mateuszpilich.edh.pl/pil.pdf [translated by M. Pilich].

③ Rome Convention of 1980 on the Law Applicable to Contractual Obligations (Journal of Laws of 2008, No 10, item 57).

④ Regulation of the European Parliament and of the Council (EC) No 593/2008 of 17.6.2008 on the law applicable to contractual relations (Rome I) (OJL of UE L No 177, p. 6).

With respect to certain issues, the current Polish Act on Private International Law of 2011[1] might have to be considered.

3. Rome I

Concerning contractual obligations, the homogenous conflict of laws rules indicating the law governing contracts apply throughout the entire European Union (save for Denmark). These can be found in the Rome I Regulation, which has been in force since 2009. The Regulation applies to contractual relations in civil and commercial matters, i.e. in the sphere of private law, to the exclusion of obligations from certain specific private law sections (such as obligations arising out of family relationships, bills of exchange, etc.). Rome I supersedes the Rome Convention of 1980, and to a large extent provides for similar conflict of laws solutions. The Regulation is considered to be to a major legislative success of the EU legislator. It creates common conflict of laws provisions for all EU member states, which makes the conflict of laws decision making more predictable and strengthens the development of the common market.

---

① Private International Law of 4.2.2011–(Journal of Laws No 80, item 432). The translation of the act was published in: "Yearbook of Private International Law" 2011, vol. 13, pp. 641–656 (translated by M. Zachari–asiewicz) and "Problemy Prawa Prywatnego Międzynarodowego" 2011, vol. 8 (translated by M. Zachariasiewicz). The general characteristics of the Polish act were the subject of publications outside of Poland. See for instance T. Pajor: *Introduction To The New Polish Act On Private International Law Of 4 February 2011*. "Yearbook of Private International Law" 2011, vol. 13, p. 381 et seq.; M. Pazdan: *Das neue polnische Gesetz ü ber das internationale Privatrecht*. „ Praxis des internationalen Privat– und Verfahrensrechts " 2012, part 1, p. 77 et seq. See also older publications, for instance: T. Pajor: Polish Private International Law at the End of the 20th Century: Progress or Regress?. In: *Private International Law at the End of the 20th Century: Progress or Regress? XV International Con–gress of Comparative Law*. Ed. S.C. Symeonides. The Hague – London – Boston 1999; J. Rajski: The New Polish Private International Law, 1965. "The International and Comparative Law Quarterly" 1966, vol. 15, No 2, p. 457 et seq.; D. Lasok: *The Polish System of Private International Law*. "The American Journal of Comparative Law" 1966 – 1967, vol. 15, No 1/2, p. 330 et seq.

4. Choice of law

The respect for the autonomy of the parties is one of the fundamental principles of contemporary private international law①. The contractual choice of law is commonly allowed throughout the world (though sometimes with certain limitations). In the context of Rome I, this principle is reflected primarily by the freedom of choice of applicable law provided for in Article 3(1) of Rome I, where by the parties can select the law applicable to the contract②. This choice gives the parties a reasonable certainty as to the applicable law and allows them to adjust the content of the contract to the specific legal system. The parties do not face the risk that an unexpected contract law will be applied.

The parties may choose the law in an express or implied manner. For the express choice of law, it is enough for the parties to agree that "a given contract is subject to a given law" (or that "the laws of X will apply to the contract"), etc. Alternatively, the choice may also be implied. Nevertheless, an implied choice of law must be clearly demonstrated by the terms of the contract or the circumstances of the case. For instance, the circumstances that indicate that the implied choice has been made include contracting under specific standard forms strictly associated with the legal system of a specific country (for instance, Lloyd insurance forms③).

The law may also be chosen in the general terms and conditions of contracts. This choice is, however, conditional upon the effective inclusion of such general terms and conditions to the contract.

In the context of Article 3 of Rome I, the parties may also choose a law that is in

---

① G. Żmij: *Party Autonomy and the New Polish Act on Private International Law*. In: *Private Autonomy in Germany and Poland and in the Common European Sales Law*. Ed. T. Drygala, B. Heiderhoff, M. Staake, G. Żmij. Sellier 2012, p. 96.

② See Article 41 sentence 1 of the Chinese Act on Law Applicable to Civil Law Relations with Third Parties of 28 October 2010, Official Journal of the Permanent Committee of the National Peoples' Congress of the Chinese Peoples Republic, 2010, No 7, p. 640.

③ See Amin Rasheed Shipping Corpn. v. Kuwait Insurance Inc. [1984], AC 50.

no way associated with their relationship, i.e. a third country's law that is not the law of the country of origin of either party. For instance, in a contract between businesses from Poland and China, the parties could choose Swiss law as the applicable law. Despite propositions made by academics and a draft prepared by the EU Commission, the European legislator has not decided to allow the parties to the contract to choose non-normative, international sets of legal rules, such as the Principles of European Contract Law (PECL) or the UNIDROIT Principles of International Commercial Contracts (UNIDROIT Principles). Hence, the law chosen under Article 3 of the Regulation must be the law of a specific country. This issue is treated in a slightly different manner when it comes to international arbitration, where the scope of freedom of the parties as regards the determination of the applicable law is broader than in a common court of law.

Furthermore, "the parties can select the law applicable to the whole or to part only of the contract." This may be particularly useful in complicated mixed contracts in business transactions (e.g. turn-key contracts that include training and other services). Specific parts of a given contract may be governed by different laws.

It is worth noting that the choice of law may (and in practice often does) accompany an arbitration clause or choice of court clause. Nevertheless, a clear distinction should be made between these two issues. The choice of an arbitration court with its seat in Poland or a Polish common court of law as competent to settle a dispute is not automatically tantamount to selecting Polish law as the substantive law applying to the contract. The choice of Polish court may, at most, constitute one of the circumstances taken into consideration whilst determining whether an implied choice of law has occurred (though it is not conclusive).

5. Applicable law if no choice is made

If the applicable law is not selected, the conflict of laws principles based on objective connecting factors stipulated in the Regulation must be applied. Pursuant to Article 4(1) and (2) of Rome I, a contract is governed by the law of the country where the party required to effect the characteristic performance of the contract has his habitual residence or registered office. Contrary to the Rome Convention, with respect to the most popular types of the contracts, the Regulation clearly points out which party is required to carry out the characteristic performance, and the law of which party should therefore be applied [Article 4(1)(a) - (h)] . As an example, a contract for the sale of goods is governed by the law of the country where the seller has his habitual residence [Article 4(1)(b)] . In the remaining cases (i.e. that are not listed in letters a–h), the contract is also governed by the law of the country where the party required to carry out the characteristic performance of the contract has his habitual residence [Article 4(2)] , but the court needs to make an independent assessment as to which party carries out the characteristic performance in a given type of the contract. If the choice of law cannot be determined this way (if, for instance, the characteristic performance cannot be determined) the contract will be governed by the law of the country with which it is most closely connected [Article 4(4)] [①].

The application of the law indicated by the characteristic performance may be overridden in certain circumstances stipulated in the corrective rule introduced by Article 4(3). Pursuant to this provision, where it is clear from all the circumstances of the case that the contract is manifestly more closely connected with another country, the law of that other country applies.

It is worth noting that, in the context of Rome I, contracts of carriage (Article 5), insurance contracts (Article 7), contracts with consumers (Article 6) as well as individual employment contracts (Article 8) are all governed by separate provisions.

---

① see Article 41 sentence 2 of the Chinese Act of 28 October 2010 whereby: "In the event of a failure to choose a law, one shall apply the law of the habitual residence of the party whose performance most closely reflects the contractual nature, or other law with which the contract is most closely connected."

6. The scope of applicable law

According to Article 12 of the Rome I Regulation, the law applicable to a contract by virtue of the Regulation governs in particular: the interpretation; performance of obligations arising from the contract; the consequences of a total or partial breach of obligations, including the assessment of damages; the various ways of extinguishing obligations, and prescription and limitation of actions; the consequences of the invalidity of the contract.

In addition to the law that, in principle, applies to the contract, a specific ancillary role is also played by the law of the country where the contract is performed [Article 12(2)]. For example, to assess whether the seller has properly performed its contractual obligations it might prove to be necessary to take into consideration statutory holidays in the country where the merchandise is delivered by the seller.

It is worth noting that the assignment of claims and the contractual and legal subrogation are dealt with separately under Rome I. Nevertheless, the very assignability of a claim is determined by the law governing the assigned claim [Article 14(2)].

Rome I does not address the issue of the capacity of the party to act. In this respect, in Poland a court needs to rely on the Act on Private International Law of 2011. The capacity of individuals is governed by the law of their nationality. On the other hand, the capacity of legal entities is conditional upon the laws of the country where they have their seat. Neither the existing case law of Polish courts nor the jurisprudence has settled how the term "seat" should be understood: as the real place where the management of the legal person is carried out or as its registered office. The law of the state in which the legal entity has its seat also decides on other corporate issues, such as who is authorized to represent a given legal entity, and on what grounds. In Poland, the right to represent commercial companies arises from the Commercial Companies Code, and the entries made in the commercial register maintained by the National Court

Register (KRS)①.

A possible interference in the sphere of contractual obligations comes from what are known as 'overriding mandatory provisions'. These are provisions "the respect for which is regarded as crucial by a country for safeguarding its public interests, such as its political, social or economic organisation, to such an extent that they are applicable to any situation falling within their scope, irrespective of the law otherwise applicable to the contract under this Regulation." (Article 9 of the Regulation). This may apply, for instance, to competition law, currency provisions, banking law, pharmaceutical law or the protection of the environment. These provisions apply irrespective of the law otherwise applicable to the contract. As an example: if a specific contract constitutes a price cartel or other type of anti-competitive agreement that would be contrary to the rules of EU competition law or Polish anti-trust laws, these rules would apply even if the contract was governed by a law of the non-EU state (for instance Chinese law).

7. Determining law applicable to contracts in arbitration

Nowadays, arbitration has become the dominant form of settling international business disputes. Commercial arbitration has a long tradition in Poland too. The basic legal framework for arbitration law is provided for in the provisions of part V of the Civil Procedure Code②. The Polish Arbitration Law, which was subject to major amendments in 2005, is based largely on the UNCITRAL-Model Law of 1985 (UNCITRAL Model Law *on International Commercial Arbitration*)③. In Poland, there are two main arbitration courts settling international disputes: the Arbitration Court at

① See more specific information in part IV of the book.

② Journal of Laws of 1964 No 43 item 296, as amended.

③ As regards Polish arbitration law, see in particular: Polish Arbitration Law. Ed. B. Gessel-Kalinowska vel Kalisz. Lewiatan Court of Arbitration 2014, pp. 648.

the Polish Chamber of Commerce (KIG)① and the Arbitration Court at the Lewiatan Confederation②.

If the parties have decided to submit their disputes to arbitration (either institutional or ad hoc), the problem of determining the law applicable to the contract may be more difficult to solve than in before the common court of law. Of course, most frequently the parties would have selected the law governing the contract themselves. Such a contractual choice is always respected by the arbitrators, unless there are extraordinary circumstances for which the choice needs to be deemed ineffective. However, in the event that no choice has been made, or that the choice is for some reason ineffective, the arbitration tribunal will need to determine the applicable law in another way. Different methods were developed in international arbitration in that regard③. The issue has led to much controversy in the doctrine of arbitration law, though nowadays it seems that the so–called 'direct approach' dominates, where by the applicable law is determined without reference to a specific set of conflict of laws principles. In Europe, it is also discussed whether the arbitrators should apply the provisions of Rome I (when the seat of arbitration is in one of the EU Member States).

The arbitration rules of the two mentioned Polish arbitration courts contain provisions as regards the determination of the applicable law. First, they honour the parties' choice of law. If no choice has been made, they provide for objective conflict of laws rules that serve to determine the law applicable to contract. Pursuant to § 38 sec. 2 of the Rules of the Lewiatan Arbitration Court, the tribunal applies the substantive law that it determines to be appropriate. In turn, pursuant to § 6 sec. 1 of the Rules of the Arbitration Court at the Polish Chamber of Commerce, the court applies the law most

---

① www.sakig.pl.

② www.sadarbitrazowy.org.pl.

③ To elaborate on this issue see for instance: L. Silberman, Linda. F. Ferrari: *Getting to the law applicable to the merits in international arbitration and the consequences of getting it wrong. In: Conflict of Laws in International Arbitration.* Eds. F. Ferrari, S. Kröll. Sellier 2010, p. 257 et seq.

closely connected with the legal relationship being considered. Therefore, neither of the indicated rules in fact indicates a need to follow Rome I or another set of conflict of laws principles.

Maciej Zachariasiewicz

IV. BASIC RULES AND REASONS FOR ENTERING INTO CONTRACTS (INVOLVING BUSINESSES)

1. Preliminary issues

Given the overall aim of this publication, the part of the study covering the principles of entering into contracts under Polish law sets out the rules resulting from the general part of the Civil Code (CC)[①], with particular emphasis on regulations concerning professionals (businesses). When discussing professional relations under Polish law, they must be presented with reference to regulations regarding all participants of trading (general trade and commerce). Private law institutions in Polish law that are applicable to individuals conducting business activity (entrepreneurs) have been incorporated into the general institutions of Civil law. In addition, the provisions of the Civil Code are rightly applied to cases covered by the Commercial Companies Code (CCC) (see Article 2 of the CCC). Therefore, there are no grounds for a clear division of a separate field of law referring to businesses (commercial law), as opposed to civil law (private law) in the Polish law system. Any attempt to present the issues connected with entering into contracts that was limited only to provisions regarding businesses (excluding more general regulations) would be incomplete. This would not provide a whole picture of the institutions that must be taken into account when entering into a contract under Polish law.

With this in mind, the general provisions (Book I of the CC) on entering into contracts will be presented here. These are applicable to all civil law entities, taking into account in particular the norms referring to businesses. Given that this paper is rather

① Journal of Laws 1964, No 16, item 93 as amended.

for information and popularisation purposes, certain doubts arising in the doctrine and in case–law when interpreting some provisions will not be presented here. In addition, as the publication is directed mainly to an audience from Chinese legal (and language) area, references to Polish language sources are limited to the basics[①].

The presentation of general contract issues (i.e. a brief overview) is intended to paint a picture of the typical features of entering into legal relationships under a contract, for a reader who may have no connections with the Polish legal area. The idea is to include the most important elements that must be taken into account when entering into a contract.

First of all, the presentation is to include the grounds for the validity of contracts –in other words, the circumstances that make entering into an agreement effective. This primarily concerns the legal situation of the parties entering into the contract, with regard to: their ability to enter into it (the ability to perform legal acts), making a contract free from defects, making a contract in an appropriate form, and shaping the content of the contract accordingly.

Secondly, in the event of entering into a contract through a representative [i.e. a statutory representative, an authorised representative, or a commercial representative (prokurent)] , it is also important to maintain the premises of the effective action of the representative. If the conditions for the validity of a contract, or the prerequisites for an effective action by the representative are not met, the parties concerned face the risk of civil law sanctions that would prevent legal situation from being shaped in accordance with their wishes.

Thirdly, this idea is also intended to answer the question of how an agreement can

---

① As the partner universities may have readers who study or used to study law and Polish simultaneously, if they would like to deepen their knowledge of the matters included in this chapter, they should see, for instance: *System Prawa Prywatnego* (Private Law System). Civil Law–General Part, vol. 1. Ed. M. Safjan. Warsaw 2012; *System Prawa Prywatnego* (Private Law System). Civil Law–General Part, vol. 2. Ed. Z. Radwański. Warsaw 2008; In English literature, see e.g.: Polish Business Law. Ed. Z. Brodecki. Wolters Law International 2003, p. 199–225; *Handbook on Polish Law*. Eds. W. Dajczak, A. Szwarc, P. Wili ń ski. Warszawa–Bielsko–Biała 2011; P. Machnikowski, J. Balcarczyk, M. Drela: *Contract Law in Poland*. 3rd ed. Kluwer Law International 2017.

be concluded under Polish law, and whether there are any obligations on the parties involved in starting negotiations (in particular the obligation to enter into a contract). The part regarding the methods of entering into a contract will also be preceded by considerations at the pre-contractual stage, taking into account agreements often concluded at this stage in practice (a preliminary agreement, confidentiality clause, etc.).

In addition, and equally important–through this publication, readers from outside the Polish legal area will gain an idea of what a Polish lawyer means when using terms from the scope of contract law [e.g. agreement, negotiations, offer, error, authorised representative, commercial representative (prokurent)] , as they will be presented in this paper.

1.1 Axiological Background of Differences between B2B and B2C turnover

The concept of turnover refers to various legal events, in particular legal transactions and relations between various civil law entities with regard to the exchange of goods and services. Taking into account the nature of the entities involved, three types of turnover should be distinguished.

First of all, general trading, taking place without any connection with the economic activity[①] of its participants (it does not matter in this case whether such activity is conducted).

Secondly, business to business (B2B) trading, taking place in connection with business activity. Its participants (businesses) enter into contracts that are described as bilaterally, subjectively qualified. Some contracts are, by (statutory) definition, commercial contracts, e.g. agency contracts (Articles 758–7649 of the CC) and forwarding contracts (Articles 794–804 of the CC), where both parties are acting as businesses. In other contracts, only one party acts as a business, performing the characteristic performance of the contract, for example a commission contract

① Business activity is regulated under the Act on Freedom of Business Activity of 2 July 2004 (uniform text of 2016, items 1829, 1948, 1997, 2255; Journal of Laws of 2017 item 460, 819).

(Articles 765–773 of the CC), an insurance contract (Articles 805–852 of the CC), or a warehousing contract (Articles 853–8599 of the CC) for example. The other parties to these contracts may or may not be professionals.

Thirdly, there is consumer trading, namely a one–side professional trade (business to customer–B2C). Its feature is that one entity is conducting business activities, and the other is a consumer/customer. The term consumer has been defined in normative terms in Article 22[1] of the CC and in other laws①.

This division, therefore, concerns the type of entities participating in it. The difference in regulation for each type of trading is based on the value in the form of protecting the weaker party to the legal relationship. This is particularly reflected in consumer law regulations, which protect the consumer as a non–professional, i.e. the weaker party in principle (economically, and consequently also in negotiations). The standards of Polish law regarding consumer protection have been affected by European Union law②. Due to the scope of this paper, consumer regulations are not the subject of discussion here. However, in some exceptional cases under EU law, businesses also enjoy protection. This applies particularly to commercial agents. The protection standard set out in Directive 86/653/EEC③ was subsequently adopted by all EU member states as a result of implementing the provisions of this directive into domestic laws, including Polish law④.

It must be stressed that B2B and general trading is dominated by dispositive regulations (*iuris dispositivi*), whereas trading in which the weaker party to a legal

① See more in M. Jagielska: *Zehn Jahre EU–Osterweiterung–eine privatrechtliche Bilanz. Polen–"reimplementing" EU Private Law.* "GPR Zeitschrift für das Privatrecht der Europäischen Union" 2014, No 6, pp. 2–11.

② More on this issue: M. Jagielska, K. Lis, E. Łętowska, P. Mikłaszewicz, A. Wiewiórowska–Domagalska:*Implementing Consumer Law in Poland.* "European Review of Private Law" 2007, No 6, pp. 873–889.

③ This directive is available in various language versions at: http://eur–lex.europa.eu/legal–content/PL/TXT/?uri=CELEX%3A31986L0653.

④ See more, E. Rott–Pietrzyk: *Commercial Agency Contracts and Freedom of Contract. In: Private Autonomy in Germany and Poland and in the Common European Sales Law.* Eds. T. Drygala, B. Heiderhoff, M. Staake, G. Żmij. Sellier 2012, pp. 15–34.

relationship must be protected (namely, trading involving consumers and, exceptionally, between businesses) is regulated with imperative provisions, i.e. mandatory provisions (*iuris cogentis*) and semi-mandatory provisions (*iuris semidispositivi*).

Describing the types of legal provisions and classifying them as conditionally binding, dispositive (*ius dispositivum*), mandatory (*ius cogens*), or semi-mandatory is essential in order to evaluate the limits of the contracting parties' freedom while entering into contracts (namely shaping the content and purpose of the contract–Article 353[1] of the CC). In the case of mandatory provisions, the parties cannot enter into a contract provisions deviating from the content of these provisions (for example, businesses cannot agree that the limitation period for claims related to their business activities is anything other than three years (see Article 118 *in fine* of the Civil Code).

On the other hand, the essence of semi-mandatory provisions is that the parties can agree on issues other than as the provisions stipulate. However, as opposed to dispositive regulations, the parties' entitlement here refers exclusively to formulating the rights of the protected party (e.g. the consumer or commercial agent) in the contract, in a manner that is more advantageous than stipulated by the provisions of law. In other words, it is not possible to include provisions that are less favourable to an agent or consumer in a contract than those provided for in the provisions. Therefore, parties cannot, for example, deprive a consumer or an agent of their statutory rights (such as the agent's right to a commission), or amend statutory provisions in a manner less favourable for the consumer or agent (e.g. to agree that the agent will receive commission later than at the time specified by the law).

On the other hand, in the case of relatively binding provisions, the parties may shape the content and purpose of the contract freely, provided that contractual provisions are not contrary to certain criteria, i.e. an act, the nature of the legal relationship and the general clause on the principles of social coexistence (Article 353[1] of the CC). In this regard, contractual provisions can differ from the provisions of law.

The most freedom in shaping the content and purpose of contracts can be found in professional and common trading (under the freedom of contracts principle). The principle of balance in contractual relationships is strongly underlined, as it should be reflected in the mutual rights and obligations of the parties. On the other hand, in all cases where the legislator protects the weaker party to a legal relationship, this freedom is limited. However, in any event, when formulating the content of a contract, the parties thereto should be aware of contract law regulations in order to avoid exposing themselves to the sanction of a breach of mandatory rules.

1.2 Domestic and International Trading – General Comments on Sources of Law

1.2.1 Sources of domestic law regulating the entry into a contract

With regard to statutory law, while analysing private law institutions, in particular the principles regarding contracts, first of all, the provisions of the Constitution of the Republic of Poland should be taken into account[①]. Within the scope covered by this paper, primary importance is given to the principle included in Article 22 of the Polish Constitution, stipulating that "limiting the freedom of business activity is permitted only under a statute, and only due to important public interest."

The principles relating directly to entering into contracts are regulated in Book I of the Civil Code. In many cases, it is also necessary to take into account other provisions of the CC, in particular: general provisions on obligations (Articles 353 et seq. of the CC), provisions of the detailed part on obligations, regulating particular types of contracts (Articles 535 et seq. of the CC), as well as provisions of other statutes (for example, in relation to a tender, the provisions of the Public Procurement Act[②]); the latter type are not the subject of this study. The provisions of Book I of the CC regulate, among other issues, the ability to enter into a contract, defects in statements of intent,

① Journal of Laws of 1997 item 483, as amended.

② Journal of Laws of 2015 item 2164, as amended according to Journal of Laws of 2017, item 1579.

the form of a legal transaction, methods of entering into a contract, its interpretation, and representation.

In addition, customs and general clauses play a significant role here. Some provisions refer directly to customs (Article 56) and values covered by general clauses, such as the rules of social co-existence (Articles 5, 56, 58, 65, and Article 353[1] of the CC) or good practices (Article 72 § 2 of the CC). Good practices allow for taking into account the specifics of legal relationships in a certain sector, or between the parties, in the event of permanent relations. On the other hand, general clauses allow for taking into account the specifics of a certain case (a situational approach), and therefore for adopting the right and reasonable solutions in unconventional situations.

When considering the problem of entering into a contract, as in any other case, it must be borne in mind that the picture of the law in force is complete only after taking into account the jurisprudence within the scope of interpretation methodology and the application of the law adopted by courts. In addition, the opinions produced by representatives of the doctrine are also considered to be quite important. These elements cannot be presented here in full due to certain assumptions and the aim of this paper.

1.2.2 Sources of International Law (a note)

1.2.2.1 European Contracts Law

A. European Contracts Law of Binding Nature (Substantive Law)①

The European contracts law is, by its nature, fragmented. It concerns only those issues that, due to the values of importance for the European Union and within its area of competence, have the status of binding law, whether in the form of directives (which must be implemented by every Member State in their domestic laws) or regulations (which are directly applicable in the domestic law of each EU Member State). As regards contract law, EU legislation concentrates mainly on legal relationships involving consumers. These are not discussed in this paper. As far as professional relations are

① The issues of international private law are discussed in part III (the chapter by M. Zachariasiewicz).

concerned, Directive 86/653/EEC relating to commercial agents is an example of a document that affects the shape of contract laws in Member States. It shaped agency contracts in the EU Member States after its provisions were implemented in national legislation. In addition to these, regulations regarding information society are of significant importance, particularly with regard to distance communication between businesses.

B. Model law

Work on contract law in Europe has been going on for the last three decades, and has been carried out by various expert groups. Currently, the most significance is given to the Draft Common Frame of Reference (DCFR)from 2008 (Interim Edition)[①] and from 2009 (Full Edition)[②], constituting the next step in the process of unifying European contract law. This document also constitutes another phase in the development of the European model law[③]. It also presents the axiology of European law–represented in underlying principles, above which overriding principles must be placed.The former include: freedom of contracts, contract security, justice and efficiency, while the latter overriding principles have more of a political character (covering such values as: the protection of human rights, supporting solidarity and social responsibility, maintaining

① *Principles, Definitions and Model Rules of European Private Law. Draft Common Frame of Reference (DCFR).* Interim Outline Edition, prepared by the Study Group on European Civil Code and the Research Group on EC Private Law (Acquis Group). Eds. Ch. vonBar, E. Clive, H. Schulte–Nölke. Munich 2008.

② *Principles, Definitions and Model Rules of European Private Law.* Eds. Ch. vonBar, E. Clive, H. Schulte–Nölke. Munich 2009.

③ It is not quite possible to produce a comprehensive list of literature covering the development of European model law; see e.g.: Ch. von Bar: *The Launch of the Draft Common Frame of Reference.* "Iuridica International" 2008, No XIV, p. 4 et seq., http://www.juridicainternational.eu/index.php?id=12725&highlight=Acquis,Principles; H. Beale: The Nature and Purposes of the Common Frame of Reference. "Juridica International" 2008, No I, p. 10 et seq., http://www.juridicainternational.eu/index/2008/vol–xiv/the–nature–and–purposes–of–the–common–frame–of–reference/; H. G. M. Eidenmueller, F. Faust, H. Ch. Grigoleit, N. Jansen, G. Wagner, R. Zimmermann: *The Common Frame of Reference for European Private Law–Policy Choices and Codification Problems.* "Oxford Journal of Legal Studies" 2008, vol. 28, issue 4, p. 659 et seq.; H. Schulte–Nölke, F. Zoll, Ch. Bush: *From the Draft Common Frame of Reference to the Current EU Contract Law Debate*, http://www.europarl.europa.eu/webnp/webdav/site/myjahiasite/users/emartinezdealosmoner/public/Schulte%20Nolke%20EN.pdf; R.Zimmermann, N. Jansen: *'A European Civil Code in All But Name': Discussing the Nature and Purposes of the Draft Common Frame of Reference.* CLJ 2010, vol. 69, issue 1, p. 98 et seq.

cultural and language diversity etc.).

The DCFR can fulfil three functions. As a model law act, it can be used by the parties as part of a substantive law indication, if the parties decide to apply it to the assessment of a contract entered into between them in place of domestic law solutions, which is quite possible during cases before arbitration tribunals. If a case is resolved by a common court, the selection and solutions of the DCFR are limited by the domestic law regulations relevant for the assessment of a certain contract. In particular, these regulations may be attractive for contracting parties from different states who do not wish to be subject to the domestic law binding each of the parties (for example, if one party's place of normal residence is in Poland, and the other party's is in China).

In addition, domestic legislators (e.g. from Poland) can use this statute as a reference point when introducing amendments to domestic law. It is also worth noting that the DCFR can be used while interpreting domestic law regulations that originate from European law. This interpretation should take into account the objectives and assumptions of the statute implemented into domestic regulations (e.g. as with Directive No 86/653 while analysing the provisions of the CC regarding agency agreement). In addition, the regulations of the DCFR, together with their official commentary, can be provide to a reader from outside the EU with the best solutions concept regarding solutions applied in contract law by many EU Member States[①].

For professional relationships resulting from cross-border contracts, the TRANS-LEX Principles[②] can also be of relative importance, as they are assumed to reflect practices and universal solutions particularly of contract law in international trade.

1.2.2.2 International Conventions on Contracts

International conventions also are of great importance for contract law, either

① See http://ec.europa.eu/justice/contract/files/european-private-law_en.pdf.

② See https://www.trans-lex.org/principles/of-transnational-law-(lex-mercatoria). These principles can be used in trade in a manner similar to the DCFR.

directly or following their interpretations (e.g. with regard to the non-discrimination principle)[①]. For professional relationships under contracts, the main importance is given to the Vienna Convention on the International Sale of Goods from 1980 (the CISG)[②]. This applies to contracts for the sale of goods between parties whose registered offices are located in different states, in two cases. The first case is if these states are both signatories of the convention. Both Poland and China are parties to the CISG, and therefore the convention applies to contracts for the sale of goods entered into between entities from Poland and China. The second case where the convention applies is when the norms of international private law indicate the law of a state being the party to the convention as the applicable law (Article 1 paragraph 1). This convention covers uniform regulations on international sales that should be commonly applied[③]. It regulates the rules of entering into contracts, interpreting contracts and liability for infringing contracts. Within the scope regulated by the convention, the provisions of the convention prevail over the provisions of domestic origin (e.g. the provisions of the Polish CC), which may only be applied as supplementary provisions. Despite the fact that applying the convention can be perceived as some sort of compromise between the parties, they quite often decide to exclude the convention or some of its provisions (opt out)[④].

International Conventions–for instance those edited by UNIDROIT[⑤]–also apply to other contracts, including leasing and factoring. However, Poland and China are not parties to these conventions.

① See, for instance, the list of conventions of the Council of Europe ratified by Poland: http://www.coe.int/en/web/conventions/search-on-states/-/conventions/treaty/country/POL.

② Journal of Laws of 1997 No 45 item 286.

③ The uniform application of the convention is supposed to be ensured by the official website of CISG publishing judgements made under CISG and the opinions of the doctrine: http://www.cisg.law.pace.edu/cisg/text/caseschedule.html.

④ M. Pohl: *Exclusions of the United Nations Convention on Contracts for the International Sale of Goods under Article 6 CISG. In: Dissertations on Private Law. An Anniversary Book dedicated to Professor Wojciech Popiołek*. Warsaw 2017, pp. 998–1015.

⑤ http://www.unidroit.org/about-unidroit/overview.

1.3 What is the understanding of a contract under Polish law

A contract is a legal transaction (and more precisely speaking, a factual situation) comprising at least two statements of intent. The representations of the parties are aimed at entering into (making a contract), amending (a contract amending the existing contract) or terminating a legal transaction (a termination contract). This definition is not sufficient with regard to consensual contracts, namely those that can only be made by the parties making statements of intent (consensus). In the case of certain contracts, an additional element is necessary for them to be made, e.g. the delivery of items or making an entry in a land and mortgage register.

It must be added that, by law, entering into an agreement results not only in legal effects expressed in the representations made by its parties, but also in effects not included in these representations but resulting from three criteria set out in Article 56 of the CC, namely: the act, the principle of social–coexistence and agreed good practice/customs. In other words a contract (the statements of intent made by its parties) does not include its full and complete content with regard to the rights and obligations of its parties. It is necessary to supplement the contract with the criteria set out in Article 56 of the CC. To this end, a court resolving a dispute arising in the context of a certain contract should determine which provisions apply to it (the criterion of the statute, e.g. Articles 720–724 of the CC in the case of a loan), and what customs are applicable to the given relationship, and then to answer the question whether the content of the contract should also provide a clear description of values through a general reference to the rules of social coexistence. Only once it has been supplemented with these criteria can a contract fully reflect the rights and obligations of its parties.

1.4 Freedom to create contracts (the freedom of contracts principle)

The principle of the autonomy of will gives each subject of the law the right to freely shape its civil law relationships through legal transactions, in particular contracts (the freedom of contract principle). The scope of the freedom to decide on transactions becomes limited by the provisions of law, with their effect dictated by public interest or moral issues (Articles 58 and 353^1 of the CC). This principle is related to the freedom of every entity, and their right to decide about their lives. It is also reflected in the Polish Constitution (Article 22). The axiology of this principle also includes the protection of human dignity (a wide scope of protection for the personality of every human to an equal extent).

The freedom to perform legal transactions has various practical scopes, depending on the division of civil law. It widest scope is performed under obligations. The principle of freedom of contract is connected here with the establishment of not only nominate contracts (e.g. sale, exchange, a specific task contract or a contract of mandate), i.e. statutory types of contracts, but also contracts that have not been regulated by the legislator as statutory types, i.e. innominate contracts (e.g. distribution, factoring, franchise, know–how contracts).

A broad understanding of this principle establishes the scope of the parties' freedom of contracts on various levels, namely the parties may decide:

1) Whether to enter into a contract (limitations on freedom refers here to entities obliged to deliver certain goods or services, e.g. heat energy, gas, power etc.; and the scope of obligatory insurance);

2) With whom to enter into a contract (limitations here refer to the need to select specialised entities performing certain types of service, e.g. banks or banking activities);

3) What the wording of a contract should be–the freedom of contracts principle–Article 353^1 of the CC;

4) In what form the contract should be made (see Article 60 of the CC);

5) How to enter into the contract;

6) Whether the contract be freely terminated (by a terminating contract or a unilateral legal transaction, namely: notice of termination or withdrawal)

The freedom of contracts principle regarding the content of a contract was expressed in Article 353[1] of the CC. According to this principle, the content and objective of a legal relationship cannot be contrary to:

– the statute (namely, with mandatory regulations);

– the principles of social co–existence;

– agreed customs.

Exceeding these limitations results in the most severe sanction in civil law, namely in absolute invalidity (Article 58 of the CC). The legal transaction is then invalid from the moment of entering into this transaction, and the parties are obliged to return any performances already made. This sanction cancels the legal basis for performing any obligations by both parties. Each party to the transaction can refer to this, and court should take it into account ex officio as necessary.

1.5 Contracts in professional trading–the essence

The essence of these contracts is their qualitative selection, meaning that both parties to the contract are businesses. The provisions on entering into contracts often contain solutions assuming cooperation between the parties and trust resulting from this cooperation or agreed customs. On the other hand, the provisions in the general part of obligations, stipulating the performance and effects of the non–performance of contracts, as well as provisions normalising certain types of contracts referring to trade excluding consumers, also place a lot of attention on contractual balance. A breach of contractual balance may lead to civil law sanctions (absolute invalidity) or to a court's interference in the content of the legal relationship under the contract, particularly in the event of exploitation (Article 388 of the CC). In addition, if this balance is distorted due to extraordinary circumstances occurring after entering into the contract, the court is also entitled to intervene in the content of the obligation. In particular, this can happen in the event of an extraordinary change of circumstances (Article 357[1] of the

CC), or an unusual change in the purchasing power of money (Article 358^1 paragraph 3 of the CC). The law in such situations aims at implementing the fundamental principle in the contractual relationship, namely the contractual balance principle (this could be done, for example, by changing the amount of the performance, or even by terminating the contract, as in the first mentioned case).

In some contracts, particular meaning is given to the loyalty and trust of contracting parties (as noted clearly in Article 760 of the CC, in the case of an agency contract). With regard to businesses, it is also the case that the expectations regarding the performance of obligations with due diligence are higher (Article 355 paragraph 2 of the CC).

In Book I of the Civil Code, differences in trading with the participation of businesses are expressed in numerous normalising provisions, for instance: the information duties of an business at the pre–contractual stage (Article 66^1 paragraph 2 of the CC), or in connection with revoking an offer (Article 66^2 of the CC), or accepting an offer but with reservations (Article 68^1 of the CC), or the meaning of remaining silent when an offer is submitted (Article 68^2 of the CC).

2. Effective creation of contracts in the Polish law

2.1 General Comments

Before entering into a contract, i.e. at the pre–contractual stage, the parties may submit various types of declarations. Not all these declarations will necessarily be sources of obligations. In order to safeguard their interests at the pre–contractual stage, the parties may enter into various agreements aimed at: establishing the procedure for entering into the contract; agreeing on the scope of information that will be provided; and undertaking confidentiality obligations with regard to information received before entering into the contract. The parties can also enter into a preliminary contract that establishes an obligation to enter into the final contract. Significant meaning in this respect is given in particular to: confidentiality agreements and preliminary contracts.

2.2 Agreements before entering into the final contract

2.2.1 Confidentiality Clause

At the negotiations stage, the parties can enter into a confidentiality agreement whereby one party providing information to the other party can establish and reserve the confidentiality of that information (Article 72^1 of the CC). The purpose of these actions is to protect information constituting the parties' secrets that may be disclosed during the negotiations. An agreement or reservation made by one of the parties obliges the contracting party to refrain from disclosing and transferring any confidential information to any third parties, and to refrain from using it for its own purposes (unless the parties have agreed otherwise). In the event of an infringement of the confidentiality obligation, the entitled party may claim from the other party that the loss be remedied (Article 471 of the CC) or that any profits generated by the other party through the use of the confidential information be returned. These are alternative claims. The entitled party may, at its discretion, request either that the loss be remedied, or that the profits generated by the other party be returned.

2.2.2 Preliminary contract

A preliminary contract is useful if it is not possible to enter into the final contract due to various actual or legal reasons. In this case, the parties can ensure in the preliminary contract that the final contract will be entered into. The content of this contract establishes the obligation on one or both parties to enter into a described final agreement in the future.

The preliminary contract should set out the significant provisions of the final contract (Article 389 paragraph 1 of the CC), for instance, the object of the sale and the price (or the method of calculating the price) should be set out in a preliminary sale contract. In practice, the parties most often agree on the time limit for entering into the final contract, though this is not strictly necessary for the validity of a preliminary contract. Unless the time limit is agreed in the contract, there are detailed statutory principles that apply to establishing it by the parties (Article 389 paragraph 2 of the CC). In all cases, if the time limit for entering into the final contract is not set out within a year from entering into the preliminary contract, none of the parties can demand that this contract be entered into. A preliminary contract is a measure preventing either party from avoiding a promise made to enter into the final agreement.

If one party attempts to avoid entering into a final contract, then, depending on the circumstances, the entitled party can use one of two effects resulting from the preliminary contract (a weaker effect and a stronger effect). First of all, the party can demand that any loss incurred due to the expectation of entering into the final contract be remedied (the weaker effect)[①]. The parties may set out various scopes of compensation in the preliminary contract (Article 390 paragraph 1 of the CC). Secondly, it may try to enforce the other party entering into the final contract (stronger effect). Exercising the second entitlement is possible only when the preliminary contract meets the conditions on which the validity of the final contract depends (particularly regarding its form). Therefore, if the final contract should be made in a particular form (for example, the sale of real estate should be in the form of a notarial deed), then not observing that form when entering into the preliminary contract (e.g. making it in normal written form) does not invalidate the preliminary contract, but will cause it to have a limited effect. The entitled party can only demand any loss be remedied, but it cannot demand in court that the final contract be concluded. If the court demands that the final contract be made, the judgement replaces the declaration of intent of the party that is evading the contract. This is a constitutional type of ruling, meaning that the effect of entering into a contract occurs at the moment when the judgement becomes valid. In

① It refers to the same scope of compensation as in the case of disloyal behaviour during negotiations (Article 72 paragraph 2 of the CC), referred to elsewhere.

practice, it is assumed that the judgement does not replace the declaration of intent of the obliged party, but that it confirms the entry into contract and replaces the contract.

Claims under a preliminary contract are subject to a limitation of a year from the date when the final contract was to be concluded. If a court dismisses the demand to enter into a final contract, then claims under the preliminary contract are subject to a limitation of one year from the date when the judgement became valid.

2.3 Contract validity conditions

2.3.1 Introduction Comments

Each contract is subject to evaluation in terms of the grounds of its validity. Therefore, it is clear that the parties entering into a contract should meet the conditions provided for in the law. In the event of a dispute arising from a contract, before making an actual evaluation of the dispute, the court will first of all review whether the contract is valid, taking into account all the conditions of validity. Therefore, the court will assess whether the parties had the required ability to conclude a certain contract, whether they satisfied the formal requirements, whether the contract is free from defects and, finally, whether its content complies with normatively defined criteria: the statute, the nature of the legal relationship resulting from the contract, and the equity clause (the principle of social coexistence).

It is worth adding here that, as a rule, an interpretation of a statement of intent (described above) is also important when evaluating whether statements of intent creating the contract were in fact made at all (Article 65 of the CC). In other words, they serve not only for the purpose of interpreting a contract in order to find out about the meaning of contractual provisions, but also answer the question whether the contract was in fact effectively entered into in the first place.

2.3.2 Capacity to execute legal transactions

In addition to legal capacity, the capacity to perform a legal transaction should refer to all civil law entities, i.e. individuals, legal entities and organisational units without legal personality, but only the legal capacity, i.e. incomplete legal entities, especially partnerships: general partnership, professional partnership, limited partnership and limited joint–stock partnership). Provisions regarding legal entities apply respectively to certain units (within the scope not regulated in the CCC).

The capacity to perform legal transactions is the ability of the civil law entity to acquire rights and contract obligations by executing its own legal transactions (for instance, to become the owner by entering into a sale contract). Legal capacity is enjoyed by every individual (they can be owners), but not everybody has the capacity to perform legal transactions, i.e. not everybody can become an owner as a result of their actions (for instance, an individual who is totally mentally or physically incapacitated). Despite this term being the same with regard to all subjects of law, the capacity to perform legal transactions should be reviewed separately with regard to individuals and to legal entities. Legal entities have legal capacity and the capacity to perform legal transactions generally from the moment of their incorporation to the moment of their liquidation. They operate through their governing bodies (Articles 38, 39 of the CC).

On the other hand, in the case of individuals, the scope of their capacity to perform legal transactions, or lack thereof, depends on two basic circumstances: their age and incapacitation[①]. The age and incapacitation affect the capacity to perform legal transactions by creating three scopes of this capacity that are the basis for establishing whether a legal transaction made by an individual is valid. Basically and generally (because it applies to every individual without exception) the scope of the capacity to perform legal transactions is set out by age. Full or partial incapacitation is adjudicated in particular situations described in the statute (Articles 13 and 16 of the CC).

The scope of the capacity to perform legal transactions is affected by the age and

---

① In addition, the capacity to perform legal transactions is affected by the appointment of a temporary adviser during proceedings pending in the case of incapacitation (limited capacity to perform legal transactions) and the earlier marriage of a woman who is 16 years old, after obtaining the court's consent (full capacity to perform legal acts).

incapacitation in the following manner:

1) an individual, from birth to 13 years of age is in the same legal situation in terms of the capacity to perform legal transactions as an individual who is totally incapacitated (without the ability to perform legal transactions). These individuals cannot generally perform legal transactions independently. Legal transactions are performed on their behalf by statutory representatives (parents or a guardian). A contract entered into by such individuals is deemed to be invalid (Article 58 paragraph 1 of the CC);

2) an individual between 13 and 18 years of age is in the same legal situation as an individual who is partially incapacitated (limited ability to perform legal transactions);

3) from 18 years of age, an individual (who is not incapacitated) has the full capacity to execute legal transactions. The can perform all legal transactions within the scope provided for by law.

The largest differences in terms of their legal situation exist in the group of individuals who have limited capacity to perform legal transactions (the second group). In this group, the following legal transactions must be listed:

– those that can be performed individually by an individual;

– those that can be performed only with the confirmation of a statutory guardian (a parent or legal guardian); in this case, therefore, the individuals do not create their legal situation independently; and

– those that cannot be performed at all (legal transactions of personal type); this does not refer, however, to obligatory contracts (and hence, it is not subject to analysis).

As a rule, these individuals perform legal transactions individually, but the consent of a statutory representative (a parent or guardian) is necessary for the transaction to be valid. The contracting party may set out deadline for the representative of the individual to confirm the contract (after the expiry of this deadline, or upon a decline to confirm, the contracting party is released from the contract). However, a unilateral legal transaction performed without consent is absolutely invalid. Entering into an agreement without confirmation (the consent can be made before, during or upon performing the transaction) makes this transaction an incomplete legal transaction. It is subject to the sanction of suspended ineffectiveness (and this transaction is in fact suspended). The effects take place only upon confirmation by a statutory representative, or upon the individual upon reaching the age of majority. A legal transaction is then valid from the moment of its conclusion. On the other hand, in the event of a refusal to confirm, or upon the lapse of the time limit for confirmation, the legal transaction becomes invalid from the moment of its conclusion.

An exception is made when an individual with limited capacity to perform legal transactions is treated in a manner as if they have full capacity. This is the case, in particular, when the individual does not dispose of anything and does not contract an obligation, i.e. when the individual only acquires a right (e.g. a donation not encumbered in any way) or enters into an employment contract. An assumption can be made that these exceptions are of no importance in relations between businesses. In these relations, the parties are usually adults, so this condition is usually observed. It may happen that a totally or partially incapacitated individual appears as the party. In such situations, attention must be paid to their due representation (in the event of total incapacity), or the consent of a statutory representative for entering into the contract or performing a unilateral legal transaction (e.g. terminating a contract).

2.3.3 Form

2.3.3.1 The freedom of form

The freedom of form on legal transactions was set out in the Civil Code (Article 60 of the CC) unless the act provides otherwise. Requirements regarding form are set out in the statute or in the contract (pactum de forma). The freedom of form is therefore limited by statutory or contractual norms (according to the principle: "no form without the norm"). Statutory requirements regarding the form aim to protect the author of the statement of intent, i.e. convincing them to consider their legal situation (e.g. the requirement for the form of a notarial deed for a donor, Article 890 of the CC). Parties may also be interested in performing various legal transactions in the form of their choice. This reservation may eliminate certain doubts and disputes regarding the content of a contract.

In the situations when it is necessary to observe formal requirements, there is a principle of general protection by the sanction of absolute invalidity if the form is not observed. With formal requirements, the parties obtain evidence that a legal transaction was made and it facilitates pursuing claims in the event of a future dispute. This formalism can be avoided to certain extents in societies where the legal culture is highly developed and words and actions are not questioned.

2.3.3.2 Types of forms

The Civil Code provides for various particular types of form, applied at the drafting stage, in other words, requirements regarding the form:

1) standard written form (Article 78 of the CC), for instance a general power of attorney (Article 99 paragraph 2 of the CC);

2) date certification - a document with a certified date (Article 81of the CC), for instance a pledge on a right (Article 329 of the CC);

3) certification of signature (a letter with the official certification of a signature), e.g. the sale of a business, Article 75^1 of the CC;

4) a notarial deed, e.g. the sale of real estate (both the preliminary agreement and the final agreement transferring the ownership (Article 158 of the CC);

5) electronic form (Article 78 paragraph 2, Article $78^1$of the CC), which is equivalent to standard written form; though a party cannot be obliged to use an electronic form;

6) document form (Article 77^2, Article 77^3 of the CC), as a less formalised statement of intent, made in the form of a document, in a manner allowing the individual making the statement to be identified.

2.3.3.3 Effects of failing to keep the form

A failure to maintain formal requirements involves certain statutory sanctions. Taking into account the types of sanctions, the division is made with regard to the form of legal transactions. Three types of special forms are recognised:

1) The form in order to be valid (ad solemnitatem);

2) The form for evidentiary purposes (ad probationem);

3) The form for causing certain legal effects (ad eventum).

Re. 1. The first of these types of forms includes the most advanced consequences of the lack of maintaining the form of a legal transaction. This results in the unconditional invalidity of a contract (or other legal transaction). The ad solemnitatem obligation to maintain the form can result from a statute or from an arrangement between the parties.

According to Article 73 paragraph 2 sentence 1 of the CC, if the statute reserves another particular form for a legal transaction (other than a standard letter, an electronic form or a document), a legal transaction performed without observing the form is invalid. Therefore, the discussed forms are: a notarial deed (e.g. Article 158, Articles 234–237, Article 1052), a document with a certified date, and a document with a certified signature.

On the other hand, as far as a standard letter, the electronic and document form are concerned, under Article 73 paragraph 1 of the CC, if they are reserved by the statute, then a transaction without observing the prescribed form is only invalid if set out in the law. For example, written form with the reservation of invalidity is reserved for: a general power of attorney (Article 99 paragraph 2 of the CC), commercial representation (prokura) (Article 109 § 2^1 of the CC), or the non–competition clause for an agent (Article 764^6 of the CC).

The parties can also set out the sanction of invalidity in the contract. The same principle is adopted here as in the case when the law sets out the formal requirements. This means that if the parties reserved that a legal transaction must be performed in a certain form other than standard written form, electronic and document form, then it is only effective when this form is observed (Article 76 sentence 1 of the CC). So the parties do not have to explicitly establish the effect of failing to observe the form (it is enough to agree, for instance, that the form of a notarial deed is required). On the other hand, the effect of invalidity should be clearly reserved in the event of failing to observe standard written form, electronic or document form. If in this case the parties fail to agree explicitly that "the written form (electronic or evidence form) is required in order to be valid" , then it is assumed that this form is reserved only for evidence purposes (ad probationem), and the agreement itself is valid (as described below).

Re. 2. The effects of reserving the form in a statute or a contract for evidence purposes refer to: standard written, electronic or evidence form, whereby observing this form does not result in invalidity, but limits the possibility of using certain evidence specified in the statute (Article 74 of the CC). Evidence problems refer not only to the fact of performing a legal transaction (entering into a contract). Evidence from witnesses or from hearing the parties is not possible in this case. However, evidence can be submitted as long as both parties agree to this, at the demand of a consumer, or if the fact that the transaction took place is substantiated by a letter/document. If the fact of entering into a contract is not contentious, then the limitations regarding the use of evidence do not concern proving the content of an agreement (e.g. when the parties do not dispute the fact that a sale contract was entered into as such, but rather the content of the contract provisions). The content of a contract can be proven with all the evidence provided for by law.

The form for evidence purposes results from the statute (for instance, a delivery contract, a contract for construction works, a partnership contract, or when revoking a donation), or from an arrangement between the parties (Article 76 of the CC).

It should be stressed that the form for evidence purposes does not apply to relationships between businesses (Article 74 paragraph 3 of the CC). The obligation to observe this form does not apply to businesses. So they do not have to worry about any evidence limitations where the fact of entering into a certain contract is disputable.

Re. 3. The form for causing certain legal effects (ad eventum) means that a statute makes certain effects by a legal transaction dependent on observing a particular form (Article 73 paragraph 2, sentence 2; 74 paragraph 1 sentence 2 of the CC). Despite failing to observe the special form, a legal transaction is valid, but it will not cause all the effects, or it will cause effects different to those intended by the parties. For instance, this applies to a real estate lease contract for a period longer than a year, which should be made in writing. If the parties fail to observe the written form, then this contract, regardless of their intentions, is considered to have been made for an indefinite time (Article 660 of the CC).

2.3.3.4 The form of consecutive legal transactions

The form of consecutive legal transactions refers to contracts already concluded. These transactions include: an amendment contract (amending or supplementing the content of a contract already binding on the parties), a termination contract, the termination of an agreement, or withdrawal from a contract.

The Civil Code provides for four principles with regard to the form of these transactions (Article 77). First of all, supplementing and amending a contract must be done in the same form as agreed by the parties or provided for in the statute for entering into the contract. The parties may reserve a higher form for amending a contract (e.g. to conclude it in the form of a notarial deed, instead of a simple written form).

The second principle refers to the form of a legal transaction aimed at terminating a contract, namely its termination by mutual consent, withdrawal or termination by one of the parties. If an agreement was entered into in writing, electronic form or in the form of a document, then its termination by mutual consent, withdrawal or termination should take place in the same form (unless stipulated otherwise in the law or the contract).

According to the third principle, if a contract was made in any other special form, then its termination by mutual consent of the parties should take place in the same form (e.g. a contract in the form of a notarial deed can be terminated by mutual consent only in the form of a notarial deed). The fourth principle refers to one party ending a contract entered into in another special form (e.g. a notarial deed, a letter with an official certification of the signature) through withdrawal or termination. Here, the withdrawal from a contract or its termination should be confirmed in writing.

2.3.3.5 Written confirmation of a contract

Written confirmation of a contract (Article 77^1 of the CC) can be required when a contract is entered into without a written form. As already mentioned, a written form, electronic and document form reserved for evidence purposes does not apply between businesses. Therefore, a confirmation letter (or other document, such as an email) performs similar evidence functions between businesses as the ad probationem form in common and consumer trading.

If businesses failed to observe the standard written form while entering into a contract, a written confirmation of the contract by one party leads to both parties being bound by the contract with its content set out in the confirmation letter (Article 77^1 paragraph 1 of the CC). An analogical principle was provided for businesses if they failed to meet the requirement of document form (Article 77^1 paragraph 2 of the CC). However, the effect of termination will take place only if a letter (or document) is sent by one party to the other party immediately upon entering into the contract, if the letter (or document) does not contain any major amendments to the content, and if the other party does not immediately protest against the confirmation letter (or document), in writing.

Therefore, in cases of a detailed reconstruction of the contract's content and insignificant amendments, the parties are bound by the contract with its content included in the confirmation letter. The purpose of this institution is to facilitate and enforce the certainty of B2B trading.

2.3.4 Defects

2.3.4.1 General Comments

The defectiveness of legal transactions is generally connected with defects in decision-making and in informing about these decisions. These defects can be caused primarily by the failure to synchronise intentions and beliefs with actions (i.e. expressions of intent) towards another party or third parties. Secondly, where intentions and beliefs are not in line with how they are expressed, this may influence the way the contracting party or third parties actually affect the subject of the law (e.g. by way of a threat or deception). If there is an error in a statement of intent in contracts, the parties' equality is affected, in the sense that the parties are not equally aware of the transaction. It is therefore necessary to correct the legal situation of the parties to the contract.

The provisions on defects in statements of intent therefore has a corrective effect. This function is expressed by assigning a specific civil law sanction to a certain defect. Defectiveness in a legal transaction (a contract or a unilateral statement of intent) may result in its absolute invalidity (in cases of a lack of legal awareness of the fact that a decision or intent is expressed, and in the event of dissimulation) or in its relative invalidity. In the latter case, it is possible to avoid a defective statement of intent (made under the influence of an error or threat). Therefore, the Civil Code defines the requirements of prerequisites for the occurrence of a certain defect, and after it has been determined, the sanctions have a corrective effect, in accordance with the rules laid down by law.

We can say that defects in statements of intent are irregularities occurring in two cases. Firstly, it concerns irregularities occurring when a decision is taken to conclude a contract or another legal transaction (i.e. in the event of a threat or lack of legal awareness or lack of freedom in making a legal transaction). Secondly, there are irregularities in the how the intent is expressed to the outside world (when there is an inconsistency between the intent and how it is expressed), which is due to the defect of dissimulation. At the same time, an error may occur in both of these circumstances, depending on the context.

The following defects in statements of intent are described in the Polish legal system:

– the lack of legal awareness or lack of freedom while making decisions, and while making a statement of intent (Article 82 of the CC);

– dissimulation (Article 83 of the CC);

– a mistake or deceit, as a qualified type of error (Articles 84–86 of the CC);

– threat (Article 87 of the CC).

The institution of exploitation (Article 388 of the CC), is also given a corrective meaning, but it cannot be systematically perceived as a defect in the statement of intent.

2.3.4.2 Lack of legal awareness or lack of freedom while making decisions and while making a statement of intent

The defect under Article 82 of the CC is corrected with the most advanced effects. It includes two circumstances: a state where there is no legal awareness or freedom to make decisions. Each of these circumstances separately has the same meaning. They both cause dysfunctions in decision–making and expressing intent to the extent that no legal effects result from them under the legal system. The protection of an entity operating under this status is performed by the sanction of absolute invalidity, assigned to this defect.

The first circumstance, i.e. the lack of legal awareness occurs when the individual making a decision is unaware of its legal consequences. The lack of legal awareness is characterised by a lack of orientation, or ignorance with regard to the significance of one's actions. This is particularly the case in the event of a mental illness, mental disability as well as other reasons, even a temporary disorder (in remission) of mental functions. At the same time, it occurs regardless of whether the condition preventing the statement of intent from being made with legal awareness is permanent or temporary.

It is only significant whether this condition occurred at the moment of performing the legal transaction at issue. If serious disturbances occur, it should be also tested whether or not the transaction was performed during an interval when the individual was lucid (lucida intervalla). Proving this circumstance makes a legal transaction valid (e.g. in the case of a mentally ill person who is not totally incapacitated; in the case of total incapacitation, the sanction of absolute invalidity results from Article 14 paragraph 1 of the CC, and flashes of lucidity are of no importance here).

On the other hand, the lack of freedom occurs when a decision is taken to exclude the freedom of decision–making. This is more concerning circumstances of a psychological nature in the individual who makes the statement of intent, and not the existing general circumstances. Therefore, it is about the conditions whereby a chance to make a free choice is completely prevented. However, the lack of freedom should not be connected to a difficult economic situation causing the party to enter into a disadvantageous contract. These circumstances may involve a case of exploitation (Article 388 of the CC). The lack of freedom involves situations when the ability to make a free choice is totally excluded. This is the case with certain diseases, or drug addiction, for example, limiting an individual to the extent that completely determines their behaviour, as well as the condition of extreme exhaustion of the individual's system caused by severe illness.

It must be added that lack of legal awareness or freedom can occur "due to any reasons whatsoever." Some reasons not listed in the law include, for example: post–traumatic mental disorders, psychosis, depressive and maniacal conditions, old age atrophy, alcoholism, drug addiction, long–term obstructive illness, e.g.: cancer, hypnotic trance, drug abuse, contact with toxic substances. This defect is also connected with the most severe sanction, namely with absolute invalidity.

2.3.4.3 Dissimulation

Due to the formulation of grounds of dissimulation, this defect does not apply to unilateral legal transactions (for instance, a termination or withdrawal from an agreement). Still, at least two parties are required for dissimulation to take place. The circumstances set out in Article 83 of the CC include:

– a declaration made for the sake of false appearances to the other party;

– the other party (addressee) agrees to perform a transaction for the sake of false appearances.

The parties cover two circumstances within this defect. First of all, they agree that the legal transaction is not to have any legal effects, e.g. by the transfer of ownership of an item, for false pretences, from one individual to another, in order to prevent the execution of this item (standard dissimulation). Secondly, they agree that the declaration is to cause a legal result, but other than implied by the content of the legal transaction. For instance, the actual situation when parties intend to enter into a donation contract, but actually enter into a sale contract in order to avoid the consequences provided for in the law of succession (Article 1039 of the CC). In this case, a legal transaction is made in order to hide another legal transaction (qualified dissimulation). In this example, the false legal transaction that is simulated by the parties is absolutely invalid. On the other hand, a hidden legal transaction (dissimulated) is valid if the premises of its validity are met (which should be reviewed).

Due to the fact that legal transactions for false pretences cause a risk to the safety of trading, the statute protects third parties who perform further transactions based on these initial false transactions (Article 83 paragraph 2 of the CC). The parties to such further transactions takes place:

– when a third party acquires the right or is released from an obligation;

– through a legal transaction for remuneration performed on the basis of a legal transaction made under false pretences, and

– the third party acts in good faith.

Good faith is presumed here (Article 7 of the CC), namely the protected party acts in trust to the external (revealed) act and is not aware of a hidden act.

2.3.4.4 Mistake and fraud

First of all, it is worth noting what circumstances qualify defects that occur during making decisions and expressing intent as mistakes. Two basic circumstances must be indicated here.

Firstly, the features of a mistake (in a strict sense) are fully described by an incorrect perception of the actual status of the situation, or the lack of any perception of the actual situation (wrong understanding, e.g. when purchasing a copy of a painting, in the mistaken belief that it is the original).

Secondly, a mistake also occurs in the event of incorrectly understanding the contents of a submitted declaration (an error). The intent is right in this case, but the declaration made is defective. This is the situation when there is a discrepancy between the intention and its expression (for instance, the party making the declaration intends to give real estate for lease (Polish term: "najem"), while the contract contains a provision about giving it under tenancy (the Polish term "dzierżawa"), which are different legal concepts under Polish law and have different effects; or where the price is supposed to be EUR 1,000, but the amount of EUR 10,000 appears in the contract).

The difference in the mistakes presented in both these circumstances is deprived of any normative meaning. They are both treated the same with regard to legal effects.

Article 84 of the CC sets out the following circumstances describing the importance of a mistake:

– a mistake is legally significant if it applies to the contents of legal transaction;

– a mistake must be significant, namely it must justify the assumption, that if the party affected by the mistake had had a reasonable assessment of the situation (i.e. acted as a reasonable individual in given circumstances), it would not have made the declaration.

In a statement of intent directed to the other party (addressee), another circumstance must be fulfilled alternatively (Article 84 paragraph 1 sentence 2 of the CC), namely:

– the mistake was caused by the other party, even if unintentionally (for example, the sale contract concerns a car from 2005, but the actual car is from 2003);

– the other party knew about the mistake (for instance, knowing that the buyer wants to purchase 100% wool fabric, the party sells 80% wool fabric);

– the other party could easily have noticed the mistake (for instance, where the buyer is a professional, who is aware that what the seller thinks is a worthless painting, is actually very valuable).

On the other hand, deception involves deceitful actions of the other party, or a third party, causing the party to be deliberately misled. This circumstance mitigates the features of the legal significance of a mistake, because a mistake does not have to be significant and does not have to refer to the content of a legal transaction.

Acting on the basis of a mistake is similar as in the event of a threat, and is subject to the sanction of absolute invalidity (as described below).

2.3.4.5 Threat

Treat is related with mental coercion directed to the party making the declaration. The significant legal premises of a threat are limited to the following circumstances. First of all, one individual forces another individual to make a declaration of intent of a certain (enforced) content. This individual announces that it will apply measures causing negative results for the threatened party, or for third parties (for instance for relatives of the threatened party), should a certain declaration of intent not be made. This is about intentionally causing a feeling of being in danger personally, or having their property in danger (the feeling of fear or anxiety) as a result of some future event with negative consequences for the individual who is forced to make the declaration (or for their relatives). The following actions may serve as examples: the threat of kidnapping a child, if a shareholder in a company does not sell their share; a request to commence enforcement if the threatened person does not sell a certain item.

For the threat to be significant, first of all it must be illegal. This means both contrary to the law and to principles of social coexistence (e.g. a threat of assault if someone is not released from a debt; or a situation when a creditor threatens to call in a debt in order to enforce someone's resignation from the debtor company.

Secondly, the threat must be serious. When considering this circumstances, it should be examined whether the endangered person might have feared it (subjective factor), and whether, due to the nature of the threat and the possibility of carrying out the threat, anyone in their shoes could fear that the threat would materialise (the objective factor).

Both error and threat are subject to the sanction of conditional invalidity (meaning they can be challenged) (in Article 88 of the CC). This sanction is more flexible and does not go as far in terms of effects as absolute invalidity. Still, the party making a declaration under an error or threat can evade the effects of its declaration, undertaking an action provided for in the law. Evading a defective declaration of intent takes place by submitting a written statement. It must be directed to the other party within the final time limit of one year from the moment when the threats expired (or the error was discovered). The effective submission of a declaration of intent about evading a defective declaration of intent causes the retroactive invalidity of the legal transaction, namely from the date of its performance (ex tunc). In this case, the legal basis for performance is absent, and consequently the parties return to each other any performances made under the contract that became invalid. This means that no court proceedings are necessary in order to evade the effects of a statement of intent, in the event of an error or threat.

2.3.5 Content of a legal transaction

Finally, when looking at the group of circumstances that make the transaction valid, it is time to take into account the content of the legal transaction itself. The criteria for checking this are set out in Article 58 of the CC. In light of this regulation, each contract should be evaluated in terms of its compliance with the law (taking into account the legal type of regulations, as described above), and compliance with the principles of social coexistence. In addition, it should be checked whether the content of a legal transaction does not aim to circumvent the law (in fraudem legis). This regulation sets out the limits of the parties' freedom regarding the content of legal transactions. By introducing a sanction by the law, in the event of exceeding these limits, the freedom of intent is limited.

The circumstance of contractual provisions being contrary to the provisions of law was already discussed when describing types of provisions of private law. With reference to the comments already made, it is worth recalling here that a civil law sanction is caused by an infringement of mandatory provisions (as opposed to non-mandatory provisions, the results of which can be modified by the parties). An infringement of mandatory provisions results in absolute invalidity. With regard to semi-mandatory provisions, it is not admissible to make an agreement that is disadvantageous for a party protected by a certain provision. Contractual provisions infringing this principle are non-binding on the entity that is protected by this provision (for instance a consumer or an agent).

Being contrary to the principles of social co-existence (namely a general clause) also causes the absolute invalidity of contractual provisions. The function of these principles is to make the established law more flexible, so that justice and equity can be implemented in non-typical situations. These principles represent values such as: good practices, equity, good commercial practice, and the principle of good faith in an objective sense. The general clause may apply, for instance, in situations where the contract includes a provision that a witness testifies the truth, if he/she receives remuneration; when a contract makes one party extensively dependent on the other in the event of a breach of the parties' balance (in violation of the principles of contract fairness).

General clauses are norms not described precisely by the law. A judge applying the law should apply a norm containing a general clause according to the circumstances, evaluating the actual status taking into account the general rules and the values adopted in a certain legal culture. The adjudicating party formulates its own thesis in this regard and justifies it. There are no template principles or a set of principles of social coexistence.

Absolute invalidity is also caused by circumventing the law. This term means a legal transaction that does not necessarily break the letter of the law, but which does break the spirit of the law. In other words, parties use a measure that is admissible, but in order to achieve a prohibited purpose.

2.4 Sanctions for defective legal transactions–a summary

The Polish legal system introduces various sanctions with regard to legal transactions subject to various types of failures to observe the law. These failures, and the sanctions related to them, should be reviewed with regard to all the circumstances for the validity of a legal transaction.

These sanctions range from the most severe, namely absolute invalidity, through conditional invalidity (meaning they can be challenged) to suspended invalidity. The catalogue of sanctions must also include the sanction of conditional ineffectiveness, occurring in particular in situations when, as a result of various events, it impossible to perform in favour of the entitled party (in particular Article 59 and Article 527 et seq. of the CC). The latter sanction is not covered by this paper.

Absolute invalidity occurs in an event of:

– an incapacity to execute legal transactions;

– a failure to meet a special form required by law or a contract between parties, in line with principles described earlier;

– defects in statements of intent (lack of legal awareness or limited freedom, and dissimulation);

– being illegal and contrary to the principles of social co–existence.

Conditional invalidity occurs when statements of intent are made under an error or threat.

Suspended invalidity should be connected with situations when a third party, and not the party performing a legal transaction, must give consent for it. This occurs in the event when an individual performing a legal transaction has a limited capacity to perform it, and in the event when actions are performed by an alleged authorised representative, namely, by a person who acts without any authorisation, or exceeds the scope of granted authorisation (as described below).

With regard to absolute invalidity, it must also be added that invalidity may apply to the whole contract or only certain provisions. With regard to the partialinvalidity of a legal transaction, there is the assumed principle whereby, if one or more provisions are invalid, the legal transaction remains valid within its remaining scope (Article 58 paragraph 3 of the CC). There are three exceptions to this principle, resulting in the complete invalidity of a contract. First of all, the invalidity of some contractual provisions will cause the invalidity of the whole legal transaction (a contract) if its remaining part does not constitute the minimum content required by law for a contract of this type (e.g. a sale contract, lease contract or a contract for construction work). Secondly, the invalidity of one provision results in the invalidity of the whole legal transaction if the relation between them is such that the identity or substance of the legal transaction is infringed (the invalidity of a provision specifying the mutual performance in a mutual contract). Thirdly, if it is apparent from the circumstances that, without the annulled provisions the act would not have been carried out (this is done taking into account the real intention of the parties; in the event that the parties' intent cannot be established, the objective measure of "a reasonable person" is used).

In practice, severability clauses are generally reserved in contracts, which stipulate that the invalidity of certain contractual provisions does not affect the validity of the remaining contractual provisions. These clauses can be considered sufficient proof of the parties' intent, excluding the need for further research into whether the legal transaction could be performed without invalid provisions. If a contract provides for additional, replacement provisions in the event of the invalidity of certain provisions, these provisions should be considered effective (as long as they meet the criteria of Article 58 of the CC).

Exceptions to the principle set out in Article 58 of the CC should also include a provision reserving a condition relating to the making the effects of legal transactions dependent on a future, uncertain event (Article 94 of the CC). These are special provisions concerning the partial invalidity of a legal transaction. Because if the condition is a suspending one, the whole legal transaction is invalid. On the other hand, in the event of a dissolving condition, it is assumed that the condition is not reserved.

3. Contract Interpretation

In the Polish legal system, each declaration of intent should be interpreted in line with two general interpretation directives adopted in Article 65 of the CC.[1] According to this regulation, both the actual intent of the entity making the declaration of intent (the actual, mutual intention of parties) and the trust of other parties caused by this declaration (or the addressee of the declaration of intent or of the other party of the contract) have to be taken into account. The interpretation directive adopted in Article 65 § 1 of the CC concerns every declaration of intent (Article 65 § 1 of the CC), namely unilateral declarations (for instance the termination of a contract) as well as

---

① See more about interpretation methods: E. Rott-Pietrzyk: *Interpretation of Juridical Acts in Polish Private Law (Are We still Missing in the Whole Point of the Only Right Interpretation Method in Private Law?)*. In: *Free Movement of Goods and Persons Across The Polish-Czech-Slovak Borders. Legal Differences and Similarities*. Ed. B. Mikołajczyk. Katowice 2012, p. 19 et seq.

contracts. Under this directive, when making an interpretation, it is necessary to take into account the circumstances of making the declaration or of concluding a contract, as well as the principles of equity (expressed through the principle of social co–existence) and established customs. Another interpretation directive refers directly to contracts (Article 65 paragraph 2 of the CC). This grants priority to the unanimous intention of the parties and the purpose of a contract before the literal contents of a contract. Therefore, if the intentions of parties and the purpose of a contract indicate a meaning other than expressed by the contractual provisions, then the entity applying the law will assume the meaning in line with the first of these criteria.

While interpreting contracts, the main importance is therefore given to the actual intent (a subjective criterion), as well as the trust of one of the parties in the other. When it comes to objective criteria, the principle of a reasonable individual has significant importance[①]. When interpreting contracts in the occurrence of a conflict between parties, it may be difficult to establish the "joint intention of parties." This is because each party is likely to explain differently what its intention was at the moment of concluding the contract. Therefore, when specifying the expectations of the other party, and its justified trust regarding the validity of the contracting party's declarations, a satisfactory result can be obtained when applying the reasonable individual standard.

A significant assumption of objective interpretation is what expectations anybody in the position of the party in the same circumstances would have. Applying objective criteria with regard to contracts seems justified. This is because they are more flexible and can be used to protect the interests of each party, which are quite often contrary (in a conflict situation). Their context is significant here, namely the circumstances accompanying the contract.

In order to establish the actual meaning of a declaration of intent, or of a contract, the

---

① See more about this criterion in E. Rott–Pietrzyk: *General Standards of Contracts under the Common European Sales Law (CESL).* "Zeitschrift für Europäisches Privatrecht" 2014, No 2, p. 385 et seq.

question must be answered as to how it would be understood by a reasonable individual in the party's position. On the basis of Article 65 paragraph 1 of the CC, it should be explained what kind of understanding of the provisions of an agreement deserves protection. The other party can only effectively refer to their way of understanding the meaning of a contracting party's statement (or contractual provisions), and only if "each participant of turnover being in a similar situation, and in particular who has the same level of knowledge about the statement and the circumstances of its submission, would understand such a statement (or the contractual provisions) in the same way" . In a conflict arising from the parties to the contract giving a declaration of intent a different significance, the protection of the addressee's trust and reasonable expectations prevail over the addressee's "intent" or, in other words, its intentions, or its understanding by the party making the declaration (Article 65 paragraph 1 of the CC).

This solution is based on the assumption that the party making a declaration of intent or suggesting the wording of contractual provisions should face higher requirements. This is because it is this party who is deciding on the method, form and content of a declaration of intent. This requirement refers, in particular, to a written form. According to the principle of the detailed interpretation rule (in dubio contra proferentem), the party making a declaration who exercises the freedom to formulate the content of a contract should bear the risk of an unclear reaction. This principle applies only when the use of general rules of interpretation (namely following intentions, or applying the standard of a reasonable individual) fail to bring satisfactory effects.

4. Methods of entering into a contract taking into account the specifics of B2B trading

4.1 Free choice of a method of concluding a contract

Four methods of concluding a contract are provided for in civil law, namely an offer, negotiations, auction and tender procedure. The parties are, in general, free to choose a certain method. An obligation to enter into an agreement according to a method and procedures set out in a statute may result from detailed regulations published outside the Civil Code, for instance in the Public Procurement Law[①]. Detailed regulations remain outside the framework of this paper.

In economic relationships, contracts are usually entered into following offers or negotiations. Choosing one of these methods depends on various circumstances: e.g. the level of complication of a contract, whether or not the parties are in permanent relationships, the level of trust between contracting parties, standardising contracts in a certain sector (namely, using template contracts, regulations (by–laws) – Article 385 of the CC).

4.2 An offer

Concluding a contract under an offering procedure takes place by submitting an offer and having it accepted by the other party. This method is usually used for less complicated contracts that do not require negotiations or individual discussions on the wording of certain contractual provisions. This method also is connected with contracts concluded in sectors where standard contracts apply. A template contract, or its draft, often together with an attachment in the form of various templates and regulations (see Article 385 of the CC) is then sent to the other party. By accepting this offer, the receiving party causes the contract be concluded.

An offer is understood as a performance submitted to the other party including the intention to conclude a contract and setting out the significant provisions of this contract (Article 66 paragraph 1 of the CC). At the same time, it should be stressed that, in order for an offer be legally valid, some requirements must be fulfilled. Firstly, the suggestion

① The Public Procurement Act of 29 January 2004, Journal of Laws of 2004, No 19 item 177, i.e. Journal of Laws. of 2017 item 1579, 2018.

of entering into a contract must be definite. Secondly, the offer must be submitted seriously. Thirdly, it must contain the necessary elements of content of a certain contract (incomplete suggestions are not considered as offers), for instance the object of sale and sale price should be indicated in a sale contract (or criteria for establishing the price in the future). Fourth, an effect in the form of entering into a contract occurs through the simple acceptance of the offer by the other party.

It should be added that announcements, price lists and other information directed to a general audience or to certain people are not offers, but merely invitations to conclude contracts (Article 71 of the CC). On the other hand, exhibiting items in a point of sale for public attention with a price meets the requirements of an offer (Article 543 of the CC), for instance, a distributor placing a car in a shopping centre with a price.

A submitted offer causes certain legal effects regulated by law. First, an offer is binding on the offering party, and secondly, by accepting the offer the addressee causes the conclusion of the contract.

It is important to set out the moment from which the offer is binding (see Article 61 paragraph 1 of the CC). The moment when an offer becomes binding depends on whether it was directed to an individually named addressee (a certain contracting party) in a manner that would enable it to become familiar with its content, or to a circle of addressees, not described in detail. In the first case, the offer is binding from the moment when the addressee could become familiar with the contents (e.g. when the parcel or letter containing the offer is deemed to have been delivered, i.e. the collection of the parcel or letter by a certain business (regardless of whether they subsequently read the content of the contract delivered that way). In the second case, the moment is always the date of the announcement (e.g. on a notice board, in the press or in some other binding form used for communicating with a wider circle of addressees). On the other hand, an electronic declaration of intent submitted to another person is effective at the moment when it is uploaded to the means of electronic communication in a way that it can be read (Article 61 paragraph 2 of the CC). It does not matter whether the party actually became familiar with it, but just that it had the possibility. It should also be added that a declaration of intent made to another party does not lose its power if, before reaching this party, the author of the declaration dies or loses the capacity to perform legal transactions (for instance, it became incapacitated in total).

In addition, it is important to establish the moment of the expiry of the relationship under an offer (Article 66 paragraph 2 of the CC). An offer ceases to be binding on the date set out in the offer. If the date is not there, the general provisions of law apply. According to the first principle, when an offer is submitted in the presence of the other party, or using means of direct communication (e.g. a teleconference, phone, etc.), it ceases to be binding if it was not adopted immediately, namely during the conversation. Under the second principle, if the offer was made in a different way, i.e. by an indirect means of communication (letter or email) - it ceases to be binding upon the lapse of the time limit during which the bidder should receive a reply from the other party in the normal course of action without an unjustified delay. The time needed to consider the offer, make a reply and submit it must be taken into account.

The Civil Code also introduces special regulations regarding the delayed acceptance of an offer (Article 67 of the CC). If, in this case, context stipulates that a response to an offer was sent in due time, then the contract is deemed concluded. However, the offering party may notify the other party that it considers the contract non-binding due to the lack of an answer.

When considering an offer, the principles of its invalidation must also be referred to. They differ depending on whether an offer is directed to an individual contracting party or to an undefined group of recipients. Unless the offering party has set out a date until which the offer is binding, an offer to a group can be revoked or amended at any time, unless parties have already accepted the offer.On the other hand an offer directed to an individual addressee can be withdrawn.

In B2B relationships, a special rule was adopted for revoking an offer (Article 66^2 of the CC). In commercial relations, an offer may be revoked before a contract is concluded (i.e. before the offer is accepted). This may take place when a declaration on revoking an offer was sent to the other party before the other party sent a statement on accepting this offer. This does not apply to offers marked as irrevocable, or if there is a time limit when the offer is binding.

As a rule (as set out in Article 69 of the CC), a statement accepting an offer should be submitted to the offering party, though there are exceptions to this principle if there is an established custom, or if stated otherwise in the content of an offer. An example of this is the situation when the offering party demands the immediate performance of a contract (for instance, sending ordered goods). In such cases, the contract becomes effective when the other party sets about performing it in an appropriate time.

When concluding a contract through an offer, the meaning of an addressee remaining silent should also be taken into account for the effectiveness of entering into the contract. As a rule, the party submitting an offer is not entitled to unilaterally set out a rule whereby silence from the addressee of the offer is understood as tacit acceptance of the offer and that the contract is concluded. On the other hand, the parties may agree that this is the case.

However, the different rules concerning B2B relations must be stressed here. In professional relations, silence means implied consent, provided that two circumstances provided for by the law occur (Article 68^2 of the CC). First of all, it applies when the businesses remain in permanent relations with each other, and secondly, where an offer to enter into a contract is related with conducted business activities. In such cases, the lack of an immediate response is considered as the acceptance of an offer. In other words, if the other party remains silent upon receiving an offer, it is understood as its consent for concluding the contract.

When a contract is made under an offer procedure, a mirror principle is also adopted. Accepting the offer is consent to the content of a suggested contract. However, if the addressee adopts an offer with reservations of amending and supplementing the content of the contract, then its declaration is considered as a new offer. Therefore, this is a reverse role situation, where the initial addressee becomes the offering party.

In professional relationships, a separate principle was introduced (Article 68^1 of the CC). This principle applies between businesses, when an answer to an offer was granted and was accepted, but with the reservation of amendments and supplements. At the same time, it is important that amendments and supplements do not change the offer significantly (for instance, they do not change the sold object from a passenger car into a van). The contract is then considered as concluded taking into account the reservations. However, a contract is not entered into, when:

– it was indicated in the content of an offer that it can be adopted only without any reservations;

– the offering party was against including reservations;

– a potential contracting party, in response to the offer, made its acceptance conditional upon the offering party's consent to including the reservations in the contract, and failed to receive this consent immediately.

In Polish law, principles on entering into contracts following an electronic offer were also adopted(Article 66^1 of the CC).It must be stressed that entering into a contract in an electronic form requires the consent of the addressee. This consent may be expressed in any manner, even implicitly, by submitting a computer address (email) on company paper.These principles apply to offers made in electronic form, but not addressed to individuals (for instance through the internet).First of all, the effectiveness of submitting an offer depends on the immediate confirmation of its receipt by a certain person; this is the only time an offer is binding. Secondly, an business submitting an electronic offer is obliged to notify about the circumstances set out in Article 66^1 paragraph 2 prior to concluding the contract (for instance about the rules of recording, securing and providing contents of the contract by the business to the other party). Failing to perform these obligations does not affect the validity of the offer, but it can lead to liability for damages incurred by the offering party.

This provision does not refer to entering into contracts using email or other methods of individual distance communication. In these cases, the general principles apply, which have already been discussed (Article 61 of the CC).

4.3 Negotiations

Negotiations are understood as mutual interactions between parties in order to draft a contract with its content satisfying their interests in more complicated transactions. In these contracts, numerous provisions must be looked at individually during negotiations. Conducting negotiations is governed by several rules (Article 72 of the CC). First of all, during negotiations, the parties are not generally bound by their statements of intent (unless a declaration by one of these parties can be qualified, for instance, as an offer). Secondly, they maintain their freedom to make a decision on whether or not to enter into a contract. Third, they should enter into and should conduct negotiations in the manner that complies with good practices, namely, fairly. In particular, this is understood in the way that parties should enter into and conduct negotiations with a view to entering into an agreement, rather than for convenience, while aiming at pursuing other objectives (for instance, in order to obtain information on the other party's investment plans, to delay entering into a contract with another contracting party, or to fraudulently obtain the other party's company secrets). The assessment of the contracting parties' actions is of significant meaning here. If this assessment is negative, a contracting party who is not loyal and dishonest in its actions can be charged with liability for damages.

Polish law also follows the principle whereby a contract is concluded following negotiations when the parties reach agreement with regard to all thecontractual provisions that were subject to negotiations. This principle applies unless the parties agree otherwise (for instance, they arrange that some provisions are to be agreed at a different time). The parties can agree that, for example, a contract is entered into upon establishing the basic elements necessary to conclude a certain contract.

As already mentioned, a negative assessment of the party's actions at the negotiations stage can be related to liability for damages (culpa in contrahendo). A party that is not loyal, within the meaning described above, is obliged to repair a loss incurred by the other party due to the fact that it counted on entering into the contract. In particular, the loss should cover costs incurred during negotiations (preparing expert opinions for the purposes of negotiating the contract, the cost of the venue for the negotiations, etc.) This compensation does not cover profits that could be gained by the party if the contract had been concluded and executed (for instance, profits from real estate lease contracts that were to be concluded by the party).

4.4 Auction and tender

Auctions and tenders have some common features (Article 70^1 of the CC). Both methods of entering into contracts depend on multilateral elimination procedures. They aim at selecting the most favourable offer from among multiple offers submitted, and concluding a contract with the entity making this offer.

Announcing an auction or a tender is initiated by the organiser, or other entity upon request. This initiative means an announcement directed to a limited or unlimited group of addressees. The content of the announcement should include an invitation to submit offers, describing the kind of contract that is to be concluded. The content should also set out consecutive steps in the procedure, aimed at entering into a contract. It should first of all describe the time and place, as well as the method of providing the terms of an auction or tender. The announcement, as well as conditions of an auction or tender, can be amended or revoked only when set out in the announcement itself, or in those conditions. From the moment of disclosing details, or from the moment of submitting an offer in line with announcing the auction or tender, the ordering party and the offering party, respectively, are obliged to act in line with provisions of the announcement, as well as with the terms of the auction or tender. A party failing to act in line with these rules is subject to liability for damages.

Some principles are set out for auctions and tenders separately. When it comes to an auction, the rule applies that an offer submitted during the auction ceases to be binding if other participants of this auction submit a more favourable offer, unless reserved otherwise in the auction conditions. Entering into a contract as a result of an auction takes place at the moment of knock down (namely upon closing the auction by stating that a certain bidder has offered the highest price, because nobody offered a higher price despite being called three times). If the value of the contract depends on meeting further requirements provided for in the statute, both the auction organiser and the participant whose offer was accepted can pursue the conclusion of the contract. If one party evades entering into the contract, a missing declaration of intent can be obtained on the basis of a court order (Article 64 of the CC in connection with Article 1047 of the CCP).

In the case of a tender, offers are reviewed without the offering parties being present, usually before a tender commission. The organising party selects the most favourable offer, or decides that none of them meets the requirements. In the latter case, the tender is closed without concluding a contract (Article 70^3 of the CC). If one offer is selected, all the other offers become invalid. The contract is concluded with the offering party whose offer was selected. This stage ends with an obligation to notify the offering parties, in writing, about the result, or about closing the tender without selecting an offer. A failure to perform this obligation leads to liability for damages.

A contract is entered into at the moment when the party submitting the offer receives a statement from the organiser that it has been selected, unless it is necessary to use a special form in order for the contract to be valid. An example of this would be using a notarial deed during the sale of a real estate. In the event of evading the conclusion of a contract in this case, the other party – as in the case of an auction – may demand a judgement replacing the declaration of intent (Article 64 of the CC in connection with Article 1047 of the CCP).

Tenders, and auctions, will usually use tender guarantees or bid bonds, which constitute a financial barrier and encourage only serious participants to become involved in a tender or an auction. In practice, this institution is usually used during tenders. It guarantees that the contract will be concluded, acting as a repressive measure. The subject of the tender guarantee can be: money, securities, bonds or bank guarantees.

If an intended contract is not finally concluded, then the special effects of the tender guarantee apply (Article 70^4 paragraph 2 of the CC). First of all, if the participant of the procedure evades entering into a contract despite the fact that its offer was selected, the organiser may keep the collected amount or seek satisfaction from the security under the tender guarantee. In other cases the paid guarantee must be returned immediately and the established security expires. In the reverse case, where the organiser evades the conclusion of the contract with the participant whose offer was selected, then the participant can demand payment of double the amount of the tender guarantee, or that the losses incurred in expectation of concluding the contract be repaired In both these cases, the reservation of the tender guarantee prevents the possibility of pursuing the conclusion of the contract before the court. The reservation of a tender guarantee, however, does constitute a convenient method of satisfaction, because it does not require establishing the amount of loss and the circumstances for which the evading party is liable.

A contract entered into following an auction or a tender can be invalidated in circumstances provided for by law (Article 70^5 of the CC).An authorised individual (basically the organiser or the participant of an auction or tender) can demand the invalidation of the process if a party to the contract, or another participant or a party acting in agreement with them, has an illegal impact on the result of the auction or tender, i.e. an impact contrary to the law or good practices. Examples here include: bribing members of a tender commission, the bidders colluding in order to buy for the lowest price, or paying other bidders not to participate in the tender so as not to outbid a certain amount suggested by the paying party. The authorisation to invalidate an auction or a tender expires within a month from the date when the entitled party found out about the existing reasons for cancelling the procedure, but no later than upon the expiry of one year from entering into a contract.

4.5 Entering into a contract using contractual templates

In contracting practice, particularly when businesses are involved, contracts are subject to standardising. This is observed in the tendency to use template contracts rather than individually formulated contracts, i.e. with standard general terms, contract forms and regulations. This is connected with a certain way of entering into contract by a contracting party, namely by adhesion (adhesion contracts). Using templates is possible due to the freedom of contracts principle, but paradoxically they also lead to this principle being limited in practice. This is quite clearly connected with the fact that templates imposed on a contracting party create a risk for their interests. In the legal order, therefore, solutions have been adopted to protect the weaker party, i.e. the entity whose legal situation may be adversely affected by the use of a template (e.g. by an unequal distribution of rights and obligations, risks associated with the performance of the contract, giving the stronger party the power to unilaterally amend or terminate the contract).

Contractual templates are clauses prepared before entering into a contract, agreed by one of the parties in a way that the other party did not have any influence on their content. For a template to be binding on the other party, it must therefore be served before concluding the contract. The statute introduces an exception from the obligation to use the template. Prior service is not necessary if using a template is customary between businesses in a certain sector and the other party could easily find out about the contents (for instance, by posting up the template in premises where contracts are entered into). On the other hand, when one party uses a contractual template in electronic form, it is obliged to provide this template to the contracting party before entering into the contract in the manner enabling the other party to store and display the template (Article 384 of the CC). The statute introduces an exception to the principle of serving the template before concluding a contract. If one of the parties submits a template during the course of a contractual relation of a continuous nature (for instance: an agency contract entered into for five years), the template is binding on the other party, unless it terminates the contract, with notice, at the earliest possible time thereafter (Article 384^1 of the CC).

In practice, it happens that the provisions of a template differ from the content of the actual contract. If there are discrepancies between the template and the wording of the contract, then priority is given to the contractual provisions (the parties are bound by the contract).

There are also two basic requirements regarding the method of formulating a template (Article 385 paragraph 1 of the CC). First, a template should be formulated explicitly. Secondly, it should be understandable for a typical addressee (for instance, it should be in the language of the addressee). A template that fails to meet these criteria is not binding on the other party.

Under Polish law, unclear provisions are interpreted in favour of the party that was not involved in drafting them (in dubio contra proferentem). This principle refers explicitly to consumers (Article 385 paragraph 2 sentence 2 of the CC). In professional trading, it applies to contracts in the insurance agency sector[①]. Still, it must be assumed that this principle can be applied respectively also within other B2B contracts.

---

① Article 15 of the Insurance and Reinsurance Act of 11 September 2015 (Journal of Laws. 2015, item 1844).

Another rule regarding templates used by businesses in professional contracts applies to the conflict of forms (Article 385^4 of the CC). According to this rule, a contract between businesses using various templates does not include any provisions in their templates that are in conflict with the other party's template provisions. In such a situation, the party who received an offer can immediately notify the offering party that it is not going to enter into a contract. If it fails to do so, the parties are bound by a contract and a template, excluding the contradictory provisions.

5. Entering into a contract by an authorised representative and by commercial representative (*prokurent*)

5.1 General Comments

Legal transactions are usually performed by the party to whom the results of these legal transactions apply. In trading, quite often there is a need for a legal transaction to be performed by a representative (direct representative). This is conditional upon various circumstances. Representation is quite often necessary in relations between businesses, because of their organisational arrangements and their scopes of business. The need to use a representative may also be connected with certain actual limitations for individuals, e.g. their absence or lack of qualifications. In order to satisfy these needs, Polish law regulations provide for performing legal transactions by a representative, acting as the replacement of a directly interested party.

It is assumed in Polish law that a legal transaction can be performed by a representative. As a result, a legal transaction performed by a representative within the limits of authorisation causes effects directly on the represented party (which is the essence of representation). The parties to a legal transaction performed by a representative on behalf of the represented party are the represented party and the third party (namely the principal's contracting party).

The authorisation of a representative may result from: the statute (e.g. in the case of parents of a minor child holding parental authority), a court decision (e.g. in the event of appointing a guardian for a totally incapacitated individual), or a principal's declaration of intent. The further comments below refer to representation through a party's intent (a unilateral legal transaction), namely an authorised representative, or a commercial representative (*prokurent*) (depending on who grants the authorisation).

For a representative to be able to act effectively on behalf of the principal, several circumstances are required. First of all, an authorised representative must be authorised to act on behalf of another person. Secondly, they must have the capacity to represent the party and act under the authorisation. Thirdly, certain transactions cannot be performed by a representative (for instance, a last will and testament cannot be made through a representative nor can a child be recognised).

5.2 Power of attorney

5.2.1 Acting through an authorised representative

An authorised representative acts under a power of attorney granted by the principal. Granting a power of attorney is usually through a unilateral legal transaction of the principal (or an authorised representative, if it is a further power of attorney–acting under the right of substitution). Granting the power of attorney makes the authorised representative entitled to perform legal transactions on behalf of the principal. The effects of these legal transactions performed by an authorised representative on behalf of the principal apply directly to the principal, who is the party to the legal transaction.

It should be stressed that granting a power of attorney is a legal transaction that only means giving the authorisation to act. The actual obligation to act as an authorised representative does not come from the fact of granting the power of attorney, but is set out in the basic contract for the relevant legal transaction (which can be a contract of mandate, an agency contract, forwarding or employment contract etc.). If no basic contract is entered into, the principal cannot, on the basis of a power of attorney alone, demand that the authorised representative repairs any loss incurred through his or her actions, e.g. failing to appear before a notary in order to enter into a real estate sale contract on behalf of the principal.

5.2.2 The form of authorisation and other conditions of validity

The principle of freedom with regard to the form of granting a power of attorney was adopted in Polish law. A power of attorney may be included in the basic contract, or it may result from a separate legal transaction performed validly (whether in writing or orally) or it may be implicit. A power of attorney is an institution independent from the contract that is the source of the obligation to act as an authorised representative. As already mentioned, this obligation results from the fact of granting the power of attorney.

The authorised representative may also be authorised in implicitly. This is the case when, according to interpretation directives, the principal's behaviour can be recognised as granting a power of attorney. The fact of granting a power of attorney can often be concluded from the content of a basic contract, for instance from an agency contract providing for the agent's obligation to enter into contracts of sale on behalf of the principal.

The Polish principle of freedom with regard to the form of granting a power of attorney contains some exceptions. The first refers to the situation when the validity of a legal transaction performed by an authorised representative depends on observing a specific form (e.g. the form of a notarial deed for the sale of real estate, or written form with signatures certified by a notary for the sale of a company). The power of attorney to perform this transaction should be granted in the same form (Article 99 § 1 of the CC). Referring to the examples given above, a power of attorney should be granted in the form of a notarial deed (if an authorised representative is to enter into a real estate sale agreement) and in writing with signatures certified by a notary (in the event of selling a business). However, in this last case, when the sale of a business includes real estate, the power of attorney should be granted in the form of a notarial deed.

Secondly, a general power of attorney should be granted in writing in order to be valid (Article 99 § 2 of the CC).

With reference to these premises of validity of a power of attorney, it should be added that an authorised representative must have at least limited capacity to perform legal transactions. However, in general principals grant powers of attorney to individuals who have the full capacity for executing legal transactions

5.2.3 False authorised representative

A false authorised representative (falsus procurator) is an individual who does not have any authorisation at all, or who exceeds the scope of authorisation granted. The actions of such an individual do not result in any binding obligation on the principal. The effects of their actions depend on whether they perform a unilateral legal transaction (for instance, terminating a contract or withdrawing from it) or whether they conclude a contract on behalf of another. In the first case, the legal transaction is invalid in general (Article 104 of the CC). While in the case of entering into a contract, it is subject to suspended invalidity (both sanctions were described earlier). In order to cause legal effects, the legal transaction must be confirmed by the principal (Article 103 of the CC). If there is no confirmation, or the time limit for confirmation expired (if given by the other party), then the contract is invalid from the moment of its conclusion.

If the principal fails to confirm the contract, the false authorised representative has two obligations. First of all, the obligation to return all items received in the performance of the contract (for instance, certain goods, the price for goods or remuneration). Secondly, this representative is obliged to repair any loss incurred by the contracting party due to entering into the contract without being aware of the lack of authorisation. In other words, the contracting party acts in good faith (namely, it does not know about acting without authorisation or exceeding the scope of authorisation).

However, if the false authorised representative acted within the limits of an initial, earlier authorisation (Article 105 of the CC) that expired, then the contract entered into is valid unless the other party knew or could easily have found out that the authorisation had expired.

The provisions of law provide for exceptions to the general principles included in the Civil Code (e.g. Article 8 of the Promissory Bonds Law and Article 760^3 of the CC, referring to a commercial agent).

5.2.4 Types of powers of attorney and specific situations

Three basic types of powers of attorney are named in the Civil Code (Article 98 of the CC):

– a general power of attorney (a wide authorisation to act within the ordinary course of a company's business);

– a special power of attorney (for instance an authorisation to purchase paintings of a certain artist on behalf of an art collector);

– a limited power of attorney, namely to perform an individual act (e.g. a one–off power of attorney to enter into a contract for the sale of the business).

In Polish law, it is admitted for an authorised representative to exceptionally grant further power of attorney (a substitute power of attorney). Therefore, in general substitution is not allowed. An authorised representative can, in fact, appoint other authorised representatives for a principal only in three cases. Firstly, when the main power of attorney provides for this option; secondly, when it is stipulated by a statute (for instance in the case of a substitute power of attorney granted by an attorney–at–law or by a legal counsel to another attorney–at–law, a legal counsel, trainee attorney–at–law or trainee legal counsel; and thirdly, when it results from the legal relationship on which the power of attorney is based (for instance from the order, an agency contract, a forwarding contract, or a company's articles of association).

Polish law also provides for a presumed power of attorney (Article 97). This regulation applies to an individual who acts in the business's office designated for servicing customers. In the event of any doubt, this person is presumed to be authorised to perform legal transactions that are usually performed with parties using services of this business.

Another regulated detailed institution is "legal transactions with oneself." This term includes two situations. First of all when the authorised representative makes or accepts a declaration of intent on behalf of the principal, and on the other hand he also operates in his own name. Secondly, when the authorised representative represents both parties to the same transaction. In other words, he makes a declaration of intent on behalf of both parties to the contract. As a rule, this action is prohibited. It is allowed only when it stipulated in the content of a power of attorney, as well as when the possibility of infringing the principal's interests is excluded (for instance, the sale price for an item described in the contract has been agreed).

5.2.5 The expiry of a power of attorney

The expiry of a power of attorney is connected with various events. As a rule, the power of attorney expires at the end of the term for which it was granted, or when the condition for which it was granted is fulfilled. The authorised representative is then obliged to return the power of attorney document to the principal. A power of attorney expires when:

– the transaction for which it was granted is performed,

– it is revoked by the principal (in some exceptions, a power of attorney can be irrevocable),

– the authorised representative resigns from the power of attorney,

– the principal or the authorised representative die (although the content of a power of attorney may stipulate otherwise)

– the expiry of a legal relationship, where the authorisation resulted from this relationships implicitly.

5.3. Commercial representation (*prokura*)

5.3.1 The substance of commercial representation

Commercial representation (*prokura*) is a special kind of a power of attorney granted by a company (and which must be entered in the company's commercial register). A commercial representative (*prokurent*) is an individual having the full capacity to execute legal transactions.

Commercial representation is a type of general power of attorney. However the scope of authorisation is strictly set out by a statute. Therefore, it is not subject to any modification and cannot be limited towards third parties. The scope of commercial representation is set out widely in the law and includes court and out of court transactions related to conducting a business (Article 109 of the CC). Some transactions, however, are excluded from the scope of commercial representation (Article 109^3 of the CC). In particular, for transactions such as: the sale of a business or the sale and encumbrance of real estate require a separate power of attorney (a power of attorney to perform a certain transaction).

Therefore, each contracting party knows (or at least should know) what the competences of a commercial representative are, as they are set out in the law. This solution helps ensure trust in B2B relationships.

With regard to commercial representation–unlike with authorised representation –substitution is not allowed. Commercial representation cannot be transferred and can only appoint an authorised representative for certain transactions or certain types of transactions (Article 109^6 of the CC). As opposed to the general provisions on powers of attorney, with regard to commercial representation no exceptional circumstances were provided in order to justify the revocation of a commercial representation. It can be revoked at any time (Article 109^7 paragraph 1 of the CC).

5.3.2 The form of commercial representation

A commercial representation should be granted in standard written form in order to be valid (Article 109^2 of the CC). It must be stressed that Article 99 paragraph 1 of the CC on derivative forms of powers of attorney does not apply. This means that a commercial representative does not have to have a special form of authorisation to enter into contracts in corresponding forms (as is required from an authorised representative).

5.3.3 Types of commercial representation

Two types of commercial representation are provided for in Polish law: a joint commercial representation (Article 109^4 of the CC) and a branch commercial representation (Article 109^5 of the CC).

The commercial representation can be granted to several individuals at once (a joint commercial representation) or separately. The joint type of commercial representation should be stipulated in the business's declaration and it should be provided for in the register. In addition, the method of performing a joint commercial representation should be provided for. The entities authorised to represent the principal do not have to act simultaneously; they can make their statements of intent successively. In joint a commercial representation, a solution was adopted whereby commercial representation may also include an authorisation to perform actions jointly with a member of a governing body or a partner of a commercial partnership. Even if a joint commercial representation was granted, it is possible to effectively deliver a declaration to a business (or to serve letters) only to one of the individuals who were granted the joint commercial representation.

A branch commercial representation, on the other hand, involves limiting the commercial representation to the scope of issues related to the operations of a branch of the business (entered in the register). This is an exception regarding the possibility of limiting commercial representation toward third parties.

5.3.4 Expiry of a commercial representation

A commercial representation expires as a result of a business being struck off the register, as well as in the event of it announcing bankruptcy, opening liquidation proceedings or transforming the business. In addition, the commercial representation expires in the event of the commercial representative's death.

On the other hand, the death of an entrepreneur, or the loss of capability to perform a legal transaction does not cause the expiry of the commercial representation. A commercial representative is obliged to act in such cases. A business notifies the relevant register not only about granting the commercial representation, but also about its expiry.

Ewa Rott–Pietrzyk

SŁOWO WSTĘPNE

Książka, którą oddajemy do rąk czytelników, jest wynikiem współpracy Wydziału Prawa Pekińskiego Uniwersytetu Yęzyków Obcych (Beijing Foreign Studies University, BFSU) oraz Wydziału Prawa i Administracji Uniwersytetu Śląskiego w Katowicach (WPiA UŚ). Współpraca z chińskim partnerem została zainicjowana przez prof. Ewę Rott–Pietrzyk oraz prof. Rafała Blicharza w 2015 r. Inicjatywa ta spotykała się z zainteresowaniem i życzliwym przyjęciem zarówno przez Dziekana Wydziału Prawa (School of Law) prof. Wan Meng'a, jak i przez przedstawicieli Wydziału Języków i Kultur Europejskich (School of European Languages and Cultures) BFSU, tj. Dziekana tego Wydziału prof. Zhao Gang'a oraz Kierownika Katedry Języka Polskiego dr Li Yinan.

Równocześnie ze współpracą z BFSU WPiA UŚ podejmuje wspólne przedsięwzięcia także z Wydziałem Prawa (School of Humanities and Law) Northeastern University(NEU). Bardzo efektywna na wielu płaszczyznach współpraca z NEU możliwa jest dzięki życzliwości Dziekana tego Wydziału prof. Sun Ping, a także prof. June Sui, która wielokrotnie gościła na WPiA UŚ.

Podjęcie współpracy z wymienionymi chińskimi uniwersytetami zaowocowało przede wszystkim uruchomieniem pierwszej w Polsce Szkoły Prawa i Kultury Chińskiej. Ponadto nasza współpraca z partnerskimi uniwersytetami opiera się na wzajemnych działaniach w zakresie wymiany kadry akademickiej i studentów między Beijing Foreign Studies University i Northeastern University w Shenyang, z jednej strony, a Uniwersytetem Śląskim z drugiej, a także opieki nad doktorantami w ramach wspólnych doktoratów (co–totuelle) oraz aktywności z zakresu relacji naukowych (w szczególności w postaci publikacji i konferencji), a także biznesowych (w szczególności w zakresie wsparcia dla przedsiębiorców z obu krajów, np. w ramach działalności eksperckiej na zlecenie zarówno podmiotów prawa prywatnego, jak i publicznego).

U podstaw współpracy dotyczącej działalności publikacyjnej leży założenie przygotowania w ramach cyklu opracowań kilku wspólnych trójjęzycznych opracowań (tj. w języku: polskim, chińskim i angielskim) dotyczących działalności przedsiębiorców z jednego kraju w drugim. Innymi słowy publikacje te mają dostarczyć podstawowych informacji dotyczących prowadzenia działalności, z jednej strony, przez chińskich przedsiębiorców w Polsce, a z drugiej - polskich przedsiębiorców w Chinach. Doing Business in Poland otwiera ten cykl. Jest to pierwsza książka z cyklu publikacji poświęconych problematyce prawa polskiego, dedykowana dla strony chińskiej w celu zaznajomienia podmiotów chińskich z realiami polskiego systemu prawnego w zakresie podstawowym w odniesieniu do: zawierania umów, prowadzenia działalności gospodarczej oraz problematyki prawa spółek. Następne wydania poświęcone będą kolejnym instytucjom, mogącym mieć znaczenie dla przedsiębiorców chińskich w Polsce.

Jako autorzy z radością przyjmiemy wszelkie sugestie od osób zainteresowanych cyklem opracowań, mających służyć przyświecającemu nam celowi, tj. popularyzowaniu wiedzy o polskim systemie prawnym w Chinach. Intencją naszą jest przybliżenie zarysu polskiego systemu prawnego w wybranych obszarach. Na obecnym etapie realizowania tejże inicjatywy nie chodzi nam jednak o szczegółową analizę prawa polskiego w zakresie zawierania umów, prowadzenia działalności w Polsce czy prawa spółek. Założeniem naszym jest podjęcie szczegółowej analizy odnoszącej się do poszczególnych instytucji dopiero w ramach dalszych publikacji, w przypadku zainteresowania Czytelników poszczególnymi instytucjami prawnymi. Na inicjatywę w tym zakresie bardzo liczymy. Innymi słowy jesteśmy gotowi do reagowania w zakresie poszerzania zakresu i pogłębienia rozważań dotyczących instytucji prawa polskiego, stosownie do potrzeb, wynikających z sygnałów płynących od osób zainteresowanych.

Z radością informujemy również, że podobna książka o tym samym tytule, której towarzyszą identyczne założenia co do treści, dotycząca chińskich regulacji prawnych, przygotowana została przez zespół wybitnych ekspertów z BFSU. Zostanie ona wydana w Polsce również jako opracowanie w trzech językach. Dzięki publikacji opracowań stanowiących swoiste „lustrzane odbicie" pod względem podjętej tematyki i założeń Czytelnicy z obu krajów będą mieli sposobność poznania w tym samym czasie chińskiej i polskiej kultury prawnej, ich zasad prawnych oraz zwyczajów, a także tekstów wybranych aktów prawnych.

Oddawana do rąk Czytelników książka stanowi zatem kolejny, i z pewnością nie ostatni, krok w rozwoju wzajemnych, wielopłaszczyznowych kontaktów w ramach współpracy polsko-chińskiej. Jako autorzy będziemy niezmiernie wdzięczni za otwarte jej przyjęcie, licząc jednocześnie na cenne uwagi Czytelników, dzięki aktywności których następne wydania będą mogły w bardziej doskonały, efektywny sposób uzupełniać wiedzę o systemie prawnym (w zakresie zarówno prawa prywatnego, jak i publicznego), stanowiącym podstawę działalności gospodarczej w Polsce i Chinach.

Pragniemy także przy tej okazji podziękować wielu osobom, dzięki którym nawiązanie i kontynuowanie akademickiej współpracy polsko-chińskiej między Beijing Foreign Studies University, Northeastern University oraz Uniwersytetem Śląskim, a w konsekwencji powstanie tej książki było możliwe. Dziękujemy za przychylność władzom tychże Uniwersytetów, w szczególności: prof. Peng Long'owi, prof. dr. hab. Wiesławowi Banysiowi oraz prof. dr. hab. prof. UŚ Mirosławowi Nakoniecznemu. Dziękujemy także Dziekanom współpracujących wydziałów (szkół) prawa, tj. prof. Wan Meng' owi, prof. Sun Ping oraz prof. zw. dr. hab. Czesławowi Martyszowi. Współpraca polsko-chińska z udziałem Uniwersytetu Śląskiego, w tym naszego Wydziału, nie byłaby możliwa bez wsparcia, przyjaźni i cennych wskazówek udzielonych przez Panią prof. dr hab. Jolantę Tambor-Dyrektora Szkoły Języka i Kultury Polskiej oraz Pana Prof. dr. hab. Romualda Cudaka-kierownika Katedry Międzynarodowych Studiów Polskich UŚ, mających szerokie, oparte na przyjaźni kontakty z partnerami chińskimi. Warto dodać, że w przypadku relacji ze stroną chińską przyjaźń i dobre stosunki stanowią gwarancję dobrej i efektywnej współpracy, niemniejszą niż dopracowane postanowienia umowne w europejskiej kulturze prawnej. Bardzo sobie cenimy przyjaźń i niezmiernie życzliwe relacje z chińskimi partnerami. Współpraca naukowa pozbawiona elementu bliskich, przyjacielskich relacji budujących ją stron nie jest zupełna i satysfakcjonująca. W relacjach ze stroną chińską element ten występuje, z czego jesteśmy dumni.

Podziękowania kierujemy także do wszystkich osób z administracji UŚ, wspierających nas w różny, zawsze skuteczny sposób, w szczególności: Pani Agacie Wójcik i Pani Małgorzacie Buchacz, których życzliwości wiele zawdzięczamy. Dziękujemy także przy tej okazji Pani Anecie Pająk–Kozub, która doskonale zajmuje się Szkołą Prawa i Kultury Chińskiej jako dyrektor administracyjny, kreując w ten sposób pozytywny wizerunek naszego Wydziału i Uniwersytetu u partnerów chińskich. To duża wartość.

Dziękujemy w końcu naszym nieocenionym tłumaczom, bez których o niniejszej publikacji nie mogło by być mowy, tj.: Nickowi Faulknerowi, który nas niezawodnie wspiera (nie tylko w zakresie tej publikacji) w tłumaczeniach i korektach angielskojęzycznych, oraz Zhang Mi(studiującej jednocześnie prawo i język polski na BFSU), których pomoc była nie do przecenienia, jeśli chodzi o trudne zadanie przekładu z języka polskiego na chiński.

Ewa Rott–Pietrzyk

Rafał Blicharz

Piotr Pinior

Maciej Zachariasiewicz

I. PODEJMOWANIE I PROWADZENIE DZIAŁALNOŚCI GOSPODARCZEJ W POLSCE

1. Pojęcie działalności gospodarczej

Fundamenty polskiej przedsiębiorczości, takie jak wolność działalności gospodarczej, równość, a także ochrona prawa własności, gwarantuje Konstytucja Rzeczypospolitej Polskiej[①]. Artykuł 20 Konstytucji RP, wprowadzający w Polsce zasadę społecznej gospodarki rynkowej, stanowi, że jest ona oparta na wolności działalności gospodarczej, własności prywatnej oraz solidarności, dialogu i współpracy partnerów społecznych i stanowi podstawę ustroju gospodarczego Rzeczypospolitej Polskiej. Podstawowym, kompleksowym, a jednocześnie bardziej od Konstytucji RP szczegółowym aktem prawnym regulującym podejmowanie i prowadzenie działalności gospodarczej w Polsce jest ustawa o swobodzie działalności gospodarczej[②]. Ma ona charakter generalny, co oznacza, że jeżeli inne akty prawne dotyczące działalności gospodarczej w RP nie stanowią inaczej, zastosowanie znajduje właśnie ustawa o swobodzie działalności gospodarczej (co wyraża łacińska paremia lex specialis derogat legi generali).

Działalność gospodarcza jako proces polega na takim powiązaniu i wykorzystaniu różnych czynników (np. wyposażenia, siły roboczej, technologii, sieci informacyjnych, produktów), aby osiągnąć założony cel, którym jest wytworzenie konkretnego wyrobu lub wykonanie konkretnej usługi. Punktem wyjścia zawsze są określone

① Konstytucja Rzeczypospolitej Polskiej z dnia 2 kwietnia 1997 r., Dz.U. 1997 nr 78 poz. 483 z późn. zm.

② Ustawa z dnia 2 lipca 2014 r. o swobodzie działalności gospodarczej, Dz.U. 2015 nr 584 z późn. zm., zwana dalej w skr ó cie usdg.

elementy wejściowe, z których korzysta prowadzący działalność podmiot, proces ich przetworzenia, który kończą produkty wyjściowe–finalny, zamierzony efekt prowadzonej działalności. Natomiast legalną definicję działalności gospodarczej zawiera wyżej wspomniana ustawa o swobodzie działalności gospodarczej, czasami określana jako „konstytucja publicznego prawa gospodarczego". Zgodnie z art. 2 usdg działalnością gospodarczą jest zarobkowa działalność wytwórcza, budowlana, handlowa i usługowa, poszukiwanie, rozpoznawanie i wydobywanie kopalin ze złóż, a także działalność zawodowa, wykonywana w sposób zorganizowany i ciągły[①]. Przytoczona definicja działalności gospodarczej składa się z kilku elementów konstrukcyjnych. Należą do nich: zarobkowy charakter, określony rodzaj aktywności gospodarczej (sfera działalności gospodarczej) oraz ciągłość i zorganizowanie.

Aby dana działalność mogła być uznana za działalność gospodarczą, przede wszystkim musi być wykonywana w celu zarobkowym. Oznacza to, że działalność każdego przedsiębiorcy musi być odpłatna, nastawiona na zysk, nawet jeśli go nie przynosi. Brak osiągania zysku może być wynikiem nieumiejętnego zarządzania lub celowym działaniem przedsiębiorcy, który, zwłaszcza (choć nie tylko) na etapie rozpoczynania działalności, ponosi większe koszty (reklamy, promocji, zakupu materiałów, wyposażenia, budowy infrastruktury), niż przynosi mu ona zyski. O tym, czy dana działalność może być zarobkowa, decydują czynniki obiektywne. Jeżeli jest ona wykonywana przez racjonalny podmiot, może przynosić zysk, uznawana jest za działalność zarobkową. Jeżeli natomiast obiektywnie nie może przynosić zysku (np. działalność non *profit*, działalność altruistyczna, zaspakajanie własnych potrzeb), nie może być uznana za działalność zarobkową i w konsekwencji nie będzie mogła również być traktowana jako działalność gospodarcza.

Wskazane w definicji rodzaje aktywności, tj. działalność wytwórcza, budowlana, handlowa oraz usługowa, poszukiwanie, rozpoznawanie i wydobywanie kopalin ze złóż

---

① Nieco inną definicję przyjmuje prawo podatkowe.

czy działalność zawodowa, mają charakter przykładowy. Ich katalog może być szerszy, jednak ten zawarty w ustawie jest na tyle obszerny, że trudno znaleźć inny rodzaj aktywności, nieobjęty definicją. Ustawa o swobodzie działalności gospodarczej nie definiuje poszczególnych rodzajów aktywności gospodarczej. W tym zakresie pomocne są inne akty prawne, przede wszystkim: rozporządzenie Rady Ministrów z dnia 24 grudnia 2007 r. w sprawie Polskiej Klasyfikacji Działalności (PKD)[①], rozporządzenie Rady Ministrów z dnia 4 września 2015 r. w sprawie Polskiej Klasyfikacji Wyrobów i Usług (PKWiU)[②] czy ustawa z dnia 7 lipca 1994 r. –Prawo budowlane[③].

Precyzyjne określenie granic pojęcia działalności wytwórczej jest niejednokrotnie trudne. Rozporządzenie PKD przez działalność wytwórczą rozumie fizyczne lub chemiczne przetwarzanie surowców, materiałów lub półproduktów w nowy wyrób (przetwórstwo przemysłowe). Surowce, materiały lub półprodukty podlegające przetworzeniu są wynikiem działalności rolnej, leśnej, rybołówstwa, górnictwa lub innej działalności wytwórczej. Istotne zmiany, przeróbki, renowacje i przebudowy, montaż wyrobów, z własnych lub zakupionych materiałów, również są związane z działalnością wytwórczą. Jednakże wytworzenie nowego produktu końcowego, gdy na wejściu procesu produkcyjnego wykorzystywane są odpady (np. produkcja konfetti z odpadów papierniczych), jest uważane za działalność wytwórczą (w przeciwieństwie do odzyskiwania surowców wtórnych). Natomiast surowce wtórne powstałe w wyniku przetworzenia odpadów powinny być traktowane jako wyroby pośrednie, a nie jako nowy produkt końcowy.

Działalność budowlaną można próbować zdefiniować w oparciu o prawo budowlane, zgodnie z którym przez roboty budowlane rozumie się budowę, prace polegające na przebudowie, montażu, remoncie lub rozbiórce obiektu budowlanego.

---

① Dz.U. 2007 nr 251 poz. 1885 z późn. zm.

② Dz.U. 2015 poz. 1676.

③ Ustawa z dnia 7 lipca 1996, Dz.U. 2016 poz. 290 z późn. zm.

Rozporządzenie w sprawie PKD za działalność handlową uznaje działalność polegającą na zakupie i następnie odsprzedaży określonych dóbr.

Bardzo szeroko przyjmowane jest rozumienie pojęcia działalności usługowej. Choć brak jest obecnie normatywnej definicji tego pojęcia, można przyjąć, że usługą jest każde świadczenie nieprowadzące do wytworzenia nowego dobra (produktu). Warto przy tym podkreślić, że prawo europejskie odróżnia działalność usługową od działalności gospodarczej. W ślad za nim polska ustawa o świadczeniu usług na terytorium Rzeczypospolitej Polskiej① usługą nazywa świadczenie wykonywane przez usługodawcę na własny rachunek, zwykle za wynagrodzeniem, w szczególności usługi budowlane, handlowe oraz usługi świadczone w ramach wykonywanego zawodu. Natomiast usługodawcą w rozumieniu tej ustawy jest:

1) osoba fizyczna, osoba prawna albo jednostka organizacyjna nieposiadająca osobowości prawnej, z innego państwa członkowskiego, nieprowadząca działalności gospodarczej, która czasowo oferuje lub świadczy usługę na terytorium Rzeczypospolitej Polskiej;

2) przedsiębiorca z innego państwa członkowskiego, który wykonuje działalność gospodarczą zgodnie z obowiązującymi w tym państwie przepisami, a na terytorium Rzeczypospolitej Polskiej czasowo oferuje lub świadczy usługę;

3) osoba fizyczna, osoba prawna albo jednostka organizacyjna nieposiadająca osobowości prawnej, która posiada siedzibę lub miejsce zamieszkania na terytorium Rzeczypospolitej Polskiej, nieprowadząca działalności gospodarczej, oferująca lub świadcząca usługę.

Za usługobiorcę rozumie się osobę fizyczną, osobę prawną albo jednostkę organizacyjną nieposiadającą osobowości prawnej z państwa członkowskiego, korzystającą lub zamierzającą skorzystać z usługi świadczonej przez usługodawcę.

Poszukiwanie, rozpoznawanie i wydobywanie kopalin ze złóż to kwalifikowany

① Ustawa z dnia 4 marca 2010 r., Dz.U. 2016 poz. 893.

rodzaj działalności gospodarczej. Podjęcie i prowadzenie jej w tym zakresie wymaga bowiem co do zasady uzyskania koncesji, czyli specjalnego aktu administracyjnego, na podstawie którego przedsiębiorca może prowadzić określony rodzaj działalności. Prawo geologiczne i górnicze definiuje „poszukiwanie" jako wykonywanie prac geologicznych w celu ustalenia i wstępnego udokumentowania złoża kopaliny, wód podziemnych albo kompleksu podziemnego składowania dwutlenku węgla, natomiast „rozpoznawanie" – jako wykonywanie prac geologicznych na obszarze wstępnie udokumentowanego złoża kopaliny, wód podziemnych albo kompleksu podziemnego składowania dwutlenku węgla.

Przez działalność zawodową rozumie się zarówno wykonywanie określonego zawodu, zwłaszcza tzw. wolnych zawodów (np. adwokata, lekarza, pielęgniarki, architekta), jak również wykonywanie działalności w sposób zawodowy, czyli profesjonalny. Wykonywanie określonego zawodu może być uznane za wykonywanie działalności gospodarczej tylko wówczas, gdy działalność taka prowadzona jest we własnym imieniu i na własny rachunek. Zatem wykonywanie określonego zawodu w ramach stosunku pracy nie jest wykonywaniem działalności gospodarczej.

Ponadto, aby dana aktywność mogła być uznana za działalność gospodarczą, powinna być wykonywana w sposób zorganizowany i ciągły. Zorganizowanie oznacza podjęcie zespołu czynności zmierzających zarówno do przygotowania, jak i wykonywania działalności. Podjęcie działalności gospodarczej wymaga dokonania wielu formalnych czynności, głównie rejestracyjnych, jak również logistycznych, organizacyjnych, niejednokrotnie także czysto faktycznych. Wymóg zorganizowania obejmuje także czynności w trakcie prowadzenia działalności gospodarczej. Każdy przedsiębiorca powinien być zorganizowany, tak aby móc należycie wykonywać prowadzoną przez siebie działalność gospodarczą (np. mechanik samochodowy nie musi posiadać wszystkich części do samochodu, ale przynajmniej te, które najczęściej podlegają wymianie lub naprawie, a ponadto powinien zapewnić sobie stałego dostawcę, który będzie niezwłocznie dostarczał mu niezbędne narzędzia i materiały). Zwykle przyjmuje się, że każdy podmiot jest zorganizowany, kwestią jest tylko stopień tego zorganizowania. Z uwagi na profesjonalny charakter prowadzenia działalności gospodarczej przedsiębiorca powinien być zorganizowany możliwie w najwyższym stopniu. Według takiego też kryterium oceniana jest jego odpowiedzialność za świadczone usługi.

Natomiast ciągłość oznacza, że przedsiębiorca nastawiony jest na stałe prowadzenie działalności gospodarczej przynajmniej przez określony czas. Dorywcze, incydentalne świadczenie usług nie może być uznane za działalność gospodarczą, nawet jeżeli pozostałe przesłanki definicji są spełnione. Ciągłość występuje zarówno wtedy, gdy przedsiębiorca prowadzi działalność non stop, permanentnie (np. przez 5 dni w tygodniu), jak i w przypadku, gdy prowadzi działalność okresową (np. sezonową–tylko zimą wypożycza sprzęt narciarski, tylko latem sprzedaje lody) lub gdy podejmuje się jednorazowego przedsięwzięcia gospodarczego, tj. z zamierzeniem prowadzenia działalności gospodarczej (np. wybudowanie jednego domu czy osiedla domów jednorodzinnych).

W niektórych przypadkach, nawet jeśli spełnione są wszystkie przesłanki uznania określonej aktywności za działalność gospodarczą, owa aktywność nią nie będzie. Sytuacja taka może mieć miejsce w następujących przypadkach:

1. działalności wytwórczej w rolnictwie w zakresie upraw rolnych oraz chowu i hodowli zwierząt, ogrodnictwa, warzywnictwa, leśnictwa i rybactwa śródlądowego;

2. wynajmowania przez rolników pokoi, sprzedaży posiłków domowych i świadczenia w gospodarstwach rolnych innych usług związanych z pobytem turystów;

3. wyrobu wina przez producentów będących rolnikami wyrabiającymi mniej niż 100 hektolitrów wina w ciągu roku gospodarczego;

4. działalności rolników w zakresie sprzedaży własnych, przetworzonych nieprzemysłowo produktów rolnych.

2. Pojęcie przedsiębiorcy

2.1 Podstawowe definicje przedsiębiorcy

W Polsce występuje około 20 różnych definicji przedsiębiorcy. Nie przesądzając roli tych zawartych w innych aktach prawnych, kluczowe, bo systemowe, znaczenie ma definicja zawarta w ustawie o swobodzie działalności gospodarczej oraz w Kodeksie cywilnym①, których normatywne znaczenia zasadniczo pokrywają się. Zgodnie z art. 4 usdg przedsiębiorcą jest osoba fizyczna, osoba prawna i jednostka organizacyjna niebędąca osobą prawną, której odrębna ustawa przyznaje zdolność prawną–wykonująca we własnym imieniu działalność gospodarczą. Za przedsiębiorców uznaje się także wspólników spółki cywilnej w zakresie wykonywanej przez nich działalności gospodarczej ②. Natomiast zgodnie z art. 43^1 kc przedsiębiorcą jest osoba fizyczna, osoba prawna i jednostka organizacyjna niemająca osobowości prawnej, lecz mająca zdolność prawną, prowadząca we własnym imieniu działalność gospodarczą lub zawodową. Zdecydowana większość występujących w Polsce definicji przedsiębiorcy składa się z dwóch elementów składowych: podmiotowego i przedmiotowego. Element podmiotowy określa krąg osób, które mogą być uznane za przedsiębiorcę, natomiast przedmiotowy określa czynności, jakie te osoby muszą podjąć, aby można było uznać je za przedsiębiorców. W świetle wyżej przedstawionych definicji przedsiębiorcą w Polsce może zostać każdy rodzaj podmiotu prawa.

Warunkiem uznania danego podmiotu za przedsiębiorcę jest wykonywanie przez niego działalności gospodarczej. Natomiast działalność zawodowa, o której mowa w definicji przedsiębiorcy zawartej w Kodeksie cywilnym, występuje obok działalności gospodarczej, lecz jej zakres pokrywa się z rozumieniem działalności zawodowej, o której mowa w definicji działalności gospodarczej określonej w ustawie o swobodzie

① Ustawa z dnia 23 kwietnia 1964 r. –Kodeks cywilny, Dz.U. 2016 poz. 380 z późn. zm., zwana dalej w skr ó cie kc.

② Na temat spółki cywilnej zobacz uwagi zawarte w dziale II niniejszego opracowania.

działalności gospodarczej. W konsekwencji zakres definicji przedsiębiorcy z Kodeksu cywilnego pokrywa się z zakresem definicji przedsiębiorcy z ustawy o swobodzie działalności gospodarczej.

Wskazane definicje przedsiębiorcy stanowią podstawowe rozumienie tego pojęcia. Jednak, jak już była mowa wyżej, w niektórych aktach prawnych przedsiębiorca bywa inaczej, zwykle szerzej, definiowany. Przykładem tu może być prawo konkurencji, gdzie za przedsiębiorcę uznaje się osobę fizyczną, prawną lub niemającą osobowości prawnej jednostkę, która prowadząc chociażby ubocznie działalność zarobkową lub zawodową, uczestniczy w działalności gospodarczej[①].

Ustawa o swobodzie działalności gospodarczej definiuje także pojęcie przedsiębiorcy zagranicznego (art. 5 usdg). Zgodnie z nią przedsiębiorcą zagranicznym jest osoba zagraniczna wykonująca działalność gospodarczą za granicą oraz obywatel polski wykonujący działalność gospodarczą za granicą. W rozumieniu przepisu osobą zagraniczną jest:

osoba fizyczna nieposiadająca obywatelstwa polskiego;

osoba prawna z siedzibą za granicą;

jednostka organizacyjna niebędąca osobą prawną, posiadająca zdolność prawną, z siedzibą za granicą.

2.2 Podział przedsiębiorców ze względu na ich wielkość

Głównie z uwagi na potrzeby prawa pomocy publicznej, zgodnie z regulacjami prawa Unii Europejskiej, polscy przedsiębiorcy zostali podzieleni na mikro, małych, średnich i dużych przedsiębiorców. Za mikroprzedsiębiorcę uważa się przedsiębiorcę, który w co najmniej jednym z dwóch ostatnich lat obrotowych:

zatrudniał średniorocznie mniej niż 10 pracowników oraz

---

① Art. 2 Ustawy z dnia 16 kwietnia 1993 r. o zwalczaniu nieuczciwej konkurencji, Dz.U. 2003 nr 153 poz. 1503 z późn. zm.

osiągnął roczny obrót netto ze sprzedaży towarów, wyrobów i usług oraz operacji finansowych nieprzekraczający równowartości w złotych 2 mln euro lub sumy aktywów jego bilansu sporządzonego na koniec jednego z tych lat nie przekroczyły równowartości w złotych 2 mln euro.

Za małego przedsiębiorcę uważa się przedsiębiorcę, który w co najmniej jednym z dwóch ostatnich lat obrotowych:

zatrudniał średniorocznie mniej niż 50 pracowników oraz

osiągnął roczny obrót netto ze sprzedaży towarów, wyrobów i usług oraz operacji finansowych nieprzekraczający równowartości w złotych 10 mln euro lub sumy aktywów jego bilansu sporządzonego na koniec jednego z tych lat nie przekroczyły równowartości w złotych 10 mln euro.

Natomiastza średniego przedsiębiorcę uważa się przedsiębiorcę, który w co najmniej jednym z dwóch ostatnich lat obrotowych:

1) zatrudniał średniorocznie mniej niż 250 pracowników oraz

2) osiągnął roczny obrót netto ze sprzedaży towarów, wyrobów i usług oraz operacji finansowych nieprzekraczający równowartości w złotych 50 mln euro lub sumy aktywów jego bilansu sporządzonego na koniec jednego z tych lat nie przekroczyły równowartości w złotych 43 mln euro.

Wyrażone wyżej w euro wielkości przelicza się na złote według średniego kursu ogłaszanego przez Narodowy Bank Polski w ostatnim dniu roku obrotowego wybranego do określenia statusu przedsiębiorcy. Natomiast średnioroczne zatrudnienie określa się w przeliczeniu na pełne etaty. Przy obliczaniu średniorocznego zatrudnienia nie uwzględnia się pracowników przebywających na urlopach macierzyńskich, urlopach na warunkach urlopu macierzyńskiego, urlopach ojcowskich, urlopach rodzicielskich i urlopach wychowawczych, a także zatrudnionych w celu przygotowania zawodowego. W przypadku przedsiębiorcy działającego krócej niż rok jego przewidywany obrót netto ze sprzedaży towarów, wyrobów i usług oraz operacji finansowych, a także średnioroczne zatrudnienie oszacowuje się na podstawie danych za ostatni okres, udokumentowany przez przedsiębiorcę.

3. Zasady działalności gospodarczej. Prawa i obowiązki przedsiębiorcy

Kluczowe znaczenie dla systemowych regulacji każdej dziedziny prawa odrywają zasady. Stanowiąc normatywne wskazówki interpretacyjne pozwalają one rozstrzygać powstające w procesie stosowania prawa wątpliwości. Niejednokrotnie wyznaczają one także granice praw, wolności, ewentualnie również obowiązków przedsiębiorców, konsumentów i innych uczestników obrotu. Do zasad prawa działalności gospodarczej zalicza się najczęściej zasady: wolności działalności gospodarczej, równości, legalności, jawności, poszanowania uczciwej konkurencji. Większość z tych zasad ma umocowanie w Konstytucji RP, znajduje szerokie rozwinięcie i bogate uzasadnienie w orzecznictwie sądowym oraz doktrynie.

Zasada wolności działalności gospodarczej oznacza swobodę podejmowania decyzji o jej prowadzeniu. Oznacza ona, że nie można nikogo zmusić do podjęcia i prowadzenia działalności gospodarczej oraz co do zasady nie można nikomu zabronić jej prowadzenia (chyba że ktoś narusza swoim działaniem prawo). Zasada wolność działalności gospodarczej oznacza również, że przedsiębiorca ma swobodę wyboru przedmiotu działalności, jej formy oraz zakresu. O ile wybór przedmiotu jest zasadniczo nieograniczony–przedsiębiorca może prowadzić dowolną działalność gospodarczą (w dowolnym przedmiocie), to wybór formy prawnej jej prowadzenia może być ograniczony. Ze względów bezpieczeństwa prawodawca wprowadził liczne ograniczenia co do formy, w zależności od wybranego przedmiotu działalności (np. działalność bankowa, ubezpieczeniowa, instytucje wspólnego inwestowania). Zakresy działalności gospodarczej wyznacza czas, przez jaki będzie ona prowadzona, terytorium, jakość, a także przedmiot. Podejmując działalność gospodarczą, przedsiębiorca sam może wyznaczyć czas, przez jak będzie ją prowadził. Zwykle jednak się tego nie robi, co oznacza, że przedsiębiorca może działać przez czas nieoznaczony. Zakres terytorialny wyznacza terytorialne granice prowadzonej działalności. Przedsiębiorcy zwykle nie ograniczają również i tego zakresu, co oznacza, że mogą prowadzić działalność na terenie całego kraju, a także Unii Europejskiej. W niektórych przypadkach zakres działalności gospodarczej może wyznaczać także jakość świadczonych usług. Sytuacja taka ma miejsce np. w odniesieniu do niektórych usług turystycznych (standard usług hotelarskich). Natomiast katalog wybranych przez danego przedsiębiorcę rodzajów działalności gospodarczej wyznacza jej zakres przedmiotowy.

Zasada równości oznacza, że przedsiębiorcy znajdujący się w takiej samej sytuacji faktycznej i prawnej powinni być traktowani tak samo. Zakazane są wszelkie formy dyskryminacji ze względu na wiek, płeć, wyznanie, orientację seksualną, pochodzenie, przekonania polityczne, etyczne, moralne itp.

Zasada legalizmu kładzie na przedsiębiorców obowiązek przestrzegania prawa, w tym zasad współżycia społecznego oraz przyjętych zwyczajów. Odnosi się ona także do funkcjonowania organów administracji publicznej, które mogą działać tylko na podstawie i w granicach prawa.

Zgodnie z zasadą jawności działalność gospodarcza jest jawna dla każdego. Zasada ta jest realizowana poprzez jawność rejestrów przedsiębiorców, a także obowiązek odpowiedniego oznakowania świadczonych przez nich usług oraz wytwarzanych dóbr czy podawania w korespondencji numeru rejestru, do którego jest wpisany przedsiębiorca, jego Numeru Identyfikacji Podatkowej oraz innych oznaczeń identyfikujących.

Prowadząc działalność gospodarczą, przedsiębiorca ma obowiązek poszanowania także reguł uczciwej konkurencji. Chodzi przy tym nie tylko o przestrzeganie prawa konkurencji, ale także o ochronę konkurencji jako zjawiska społeczno-gospodarczego, ochronę konkurentów oraz konsumentów.

Niektórzy autorzy wśród zasad działalności gospodarczej wymieniają także zasadę pomocy publicznej, ochrony własności, poszanowania interesu publicznego, uzasadnionego interesu osób trzecich, wzajemnego uznawania certyfikatów, zaświadczeń lub innych dokumentów potwierdzających spełnienie warunków podjęcia i wykonywania działalności gospodarczej na terenie UE czy swobodę zawierania umów.

Wśród przewidzianych prawem działalności gospodarczej praw przedsiębiorców, oprócz wynikających z wyżej wymienionych zasad, należy wymienić prawo do zawieszenia działalności gospodarczej czy prawo do zwrócenia się do właściwych organów o wydanie wiążącej interpretacji przepisów. Pomocnym w działalności jest także tzw. punkt kontaktowy.

Zawieszenie wykonywania działalności gospodarczej oraz wznowienie wykonywania działalności gospodarczej następuje na wniosek przedsiębiorcy. Przedsiębiorca niezatrudniający pracowników może zawiesić wykonywanie działalności gospodarczej na okres od 30 dni do 24 miesięcy. Od tej zasady przewidziane są wyjątki. Przedsiębiorca niezatrudniający pracowników, prowadzący działalność gospodarczą przez okres co najmniej 6 miesięcy może zawiesić wykonywanie działalności gospodarczej na okres do 3 lat w celu sprawowania osobistej opieki nad dzieckiem, nie dłużej jednak niż do zakończenia roku kalendarzowego, w którym dziecko kończy 6. rok życia, a w przypadku dziecka, które z powodu stanu zdrowia (potwierdzonego orzeczeniem o niepełnosprawności lub stopniu niepełnosprawności) wymaga osobistej opieki osoby prowadzącej działalność gospodarczą–na okres do 6 lat, nie dłużej jednak niż do ukończenia przez dziecko 18. roku życia. Takie wydłużenie okresu zawieszenia możliwe jest jednorazowo w całości lub w nie więcej niż 4 częściach. W przypadku wykonywania działalności gospodarczej w formie spółki cywilnej zawieszenie wykonywania działalności gospodarczej jest skuteczne pod warunkiem jej zawieszenia przez wszystkich wspólników, natomiast przedsiębiorca wykonujący działalność gospodarczą jako wspólnik w więcej niż jednej spółce cywilnej może zawiesić wykonywanie działalności gospodarczej w jednej lub kilku takich spółkach. Przedsiębiorca wykonujący działalność gospodarczą w różnych formach prawnych może zawiesić wykonywanie działalności gospodarczej w jednej z tych form.

W okresie zawieszenia wykonywania działalności gospodarczej przedsiębiorca nie może wykonywać działalności gospodarczej i osiągać bieżących przychodów z pozarolniczej działalności gospodarczej. Ma on jednak prawo lub obowiązek:

1) wykonywać wszelkie czynności niezbędne do zachowania lub zabezpieczenia źródła przychodów;

2) przyjmować należności lub obowiązek regulować zobowiązania, powstałe przed datą zawieszenia wykonywania działalności gospodarczej;

3) zbywać własne środki trwałe i wyposażenie;

4) uczestniczyć w postępowaniach sądowych, postępowaniach podatkowych i administracyjnych związanych z działalnością gospodarczą wykonywaną przed zawieszeniem wykonywania działalności gospodarczej;

5) wykonywać wszelkie obowiązki nakazane przepisami prawa;

6) osiągać przychody finansowe, także z działalności prowadzonej przed zawieszeniem wykonywania działalności gospodarczej;

7) poddać się kontroli, którą może zostać objęty na zasadach przewidzianych dla przedsiębiorców wykonujących działalność gospodarczą.

W stosunku do zobowiązań o charakterze publicznoprawnym zawieszenie wykonywania działalności gospodarczej wywiera skutki prawne od dnia, w którym rozpoczyna się zawieszenie wykonywania działalności gospodarczej, do dnia poprzedzającego dzień wznowienia wykonywania działalności gospodarczej.

Mając na względzie pewność co do interpretacji przepisów prawnych przez ograny administracji publicznej, ustawodawca wyposażył przedsiębiorców w prawo uzyskania wiążącej wykładni przepisów. Przedsiębiorca może złożyć do właściwego organu administracji publicznej wniosek o wydanie pisemnej interpretacji co do zakresu i sposobu zastosowania przepisów, z których wynika obowiązek świadczenia przez niego daniny publicznej oraz składek na ubezpieczenia społeczne lub zdrowotne, w jego indywidualnej sprawie. Wniosek o wydanie interpretacji może dotyczyć zaistniałego stanu faktycznego lub zdarzeń przyszłych. We wniosku o wydanie interpretacji należy przedstawić stan faktyczny lub zdarzenie przyszłe oraz własne stanowisko w sprawie. Udzielenie interpretacji następuje w drodze decyzji, od której przysługuje odwołanie. Interpretacja zawiera wskazanie prawidłowego stanowiska w sprawie wraz z uzasadnieniem prawnym oraz pouczeniem o prawie do wniesienia środka zaskarżenia. Wydaje się ją bez zbędnej zwłoki, jednak nie później niż w terminie 30 dni od dnia otrzymania przez organ administracji publicznej kompletnego i opłaconego wniosku (przepisy szczególne przewidują w niektórych sprawach, np. podatkowych, także dłuższe terminy na wydanie interpretacji). W razie niewydania przez organ administracyjny interpretacji w terminie uznaje się, że właściwe jest stanowisko przedsiębiorcy wskazane w jego wniosku o wydanie interpretacji przez organ. Co ważne, interpretacja nie jest wiążąca dla przedsiębiorcy. Jednakże przedsiębiorca nie może być obciążony jakimikolwiek daninami publicznymi, sankcjami administracyjnymi, finansowymi lub karami w zakresie, w jakim zastosował się do uzyskanej interpretacji. Natomiast interpretacja jest wiążąca dla organów administracji publicznej właściwych dla przedsiębiorcy. Taka sama moc wiążąca wykładni zachodzi w przypadku zastosowania się przedsiębiorcy do utrwalonej praktyki interpretacyjnej właściwego organu administracji publicznej. Przez utrwaloną praktykę interpretacyjną rozumie się wyjaśnienia zakresu i sposobu zastosowania przepisów, z których wynika obowiązek świadczenia przez przedsiębiorcę daniny publicznej oraz składek na ubezpieczenia społeczne lub zdrowotne, dominujące w interpretacjach wydawanych w takich samych stanach faktycznych lub zdarzeniach przyszłych oraz w takim samym stanie prawnym. Interpretacje organów administracji publicznej są ogólnodostępne na ich stronach internetowych oraz na stronie internetowej Biuletynu Informacji Publicznej.

Punkt kontaktowy to prowadzona przez ministra właściwego do spraw gospodarki (obecnie w Polsce jest to Minister Rozwoju) elektroniczna forma obsługi przedsiębiorców. Za pomocą elektronicznej platformy usług administracji publicznej minister umożliwia załatwianie niektórych spraw związanych z podejmowaniem, wykonywaniem i zakończeniem działalności gospodarczej na terytorium RP w drodze elektronicznej wymiany informacji. Punkt kontaktowy umożliwia złożenie drogą elektroniczną do właściwych organów wniosków, w tym wniosków o wpis do Centralnej Ewidencji i Informacji o Działalności Gospodarczej, oświadczeń lub notyfikacji niezbędnych do podjęcia, wykonywania lub zakończenia działalności gospodarczej oraz uznania kwalifikacji zawodowych. Za jego pomocą można także uzyskać odpowiednie informacje dotyczące procedur i formalności wymaganych przy podejmowaniu, wykonywaniu lub zakończeniu działalności gospodarczej na terytorium Rzeczypospolitej Polskiej, ogólnych zasad świadczenia usług w państwach obszaru europejskiego, danych kontaktowych właściwych organów wraz ze wskazaniem zakresu ich kompetencji, sposobów i warunków dostępu do rejestrów publicznych i publicznych baz danych dotyczących działalności gospodarczej i przedsiębiorców, środków prawnych przysługujących w przypadku sporu między właściwym organem a przedsiębiorcą lub konsumentem, między przedsiębiorcą a konsumentem oraz między przedsiębiorcami i innych.

Wśród szczególnych obowiązków, które ciążą na przedsiębiorcach, a które wynikają z ustawy o swobodzie działalności gospodarczej, warto zwrócić uwagę na obowiązek zapewnienia wykonywania określonej działalności przez osoby legitymujące się stosownymi uprawnieniami, obowiązek dokonywania płatności między przedsiębiorcami w ramach tzw. obrotu bezgotówkowego czy obowiązki związane z realizacją zasady jawności działalności gospodarczej. Jeżeli przepisy szczególne nakładają obowiązek posiadania odpowiednich uprawnień zawodowych przy wykonywaniu określonego rodzaju działalności gospodarczej, przedsiębiorca jest obowiązany zapewnić, aby czynności w ramach działalności gospodarczej były wykonywane bezpośrednio przez osobę legitymującą się posiadaniem takich uprawnień zawodowych. Natomiast obowiązek dokonywania płatności w ramach obrotu bezgotówkowego polega na tym, że dokonywanie lub przyjmowanie płatności związanych z wykonywaną działalnością gospodarczą następuje za pośrednictwem rachunku płatniczego przedsiębiorcy, w każdym przypadku, gdy:

1) stroną transakcji, z której wynika płatność, jest inny przedsiębiorca oraz

2) jednorazowa wartość transakcji, bez względu na liczbę wynikających z niej płatności, przekracza równowartość 15 tys. zł, przy czym transakcje w walutach obcych przelicza się na złote według kursu średniego walut obcych ogłaszanego przez Narodowy Bank Polski z ostatniego dnia roboczego poprzedzającego dzień dokonania transakcji.

Zasada jawności działalności gospodarczej kładzie na przedsiębiorców obowiązek oznaczenia towarów wprowadzanych do obrotu na terytorium Rzeczypospolitej Polskiej. Przedsiębiorca jest obowiązany do zamieszczenia na towarze, jego opakowaniu, etykiecie, instrukcji lub do dostarczenia w inny, zwyczajowo przyjęty sposób, co do zasady następujących pisemnych informacji w języku polskim:

1) określających firmę producenta i jego adres, a także państwo siedziby wytwórcy, jeżeli ma on siedzibę poza terytorium państw członkowskich Unii Europejskiej i państw członkowskich Europejskiego Stowarzyszenia Wolnego Handlu (EFTA)–stron umowy o Europejskim Obszarze Gospodarczym;

2) umożliwiających identyfikację towaru, chyba że przeznaczenie towaru jest oczywiste[①].

Przepisy szczególne mogą kłaść na przedsiębiorców obowiązek zamieszczania bardziej szczegółowych informacji.

Ponadto, jeżeli przedsiębiorca oferuje towary lub usługi w sprzedaży bezpośredniej lub sprzedaży na odległość za pośrednictwem środków masowego przekazu, sieci teleinformatycznych lub druków bezadresowych, jest on obowiązany do podania w

---

① Nie dotyczy to środk ó w spożywczych oraz wyrob ó w medycznych.

ofercie co najmniej następujących danych:

- firmy przedsiębiorcy;
- numeru identyfikacji podatkowej (NIP);
- siedziby i adresu przedsiębiorcy.

4. Podejmowanie działalności gospodarczej w Polsce

4.1 Przedsiębiorcy krajowi

Zgodnie z zasadą jawności, mając na celu zapewnienie bezpieczeństwa obrotu oraz legalność prowadzonej działalności gospodarczej, jej podjęcie wymaga odpowiedniego zgłoszenia. W Polsce funkcjonują dwa podstawowe rejestry działalności gospodarczej: Centralna Ewidencja i Informacja o Działalności Gospodarczej (CEIDG) oraz Krajowy Rejestr Sądowy (KRS). Obok nich funkcjonują także inne ewidencje i rejestry, które prowadzone są z uwzględnieniem rodzaju wykonywanej działalności lub rodzaj podmiotu, który podlega obowiązkowi wpisu. Część z tych rejestrów i ewidencji funkcjonalnie lub strukturalnie powiązana jest z CEIDG i KRS.

Centralna Ewidencja i Informacja o Działalności Gospodarczej uregulowana jest ustawą o swobodzie działalności gospodarczej i prowadzi się ją dla przedsiębiorców będących osobami fizycznymi, natomiast Krajowy Rejestr Sądowy został uregulowany ustawą o Krajowym Rejestrze Sądowym[①] i przeznaczony jest dla pozostałych podmiotów.

Przedsiębiorca może podjąć działalność gospodarczą w dniu złożenia wniosku o wpis do Centralnej Ewidencji i Informacji o Działalności Gospodarczej albo po uzyskaniu wpisu do rejestru przedsiębiorców w Krajowym Rejestrze Sądowym.

4.1.1 Centralna Ewidencja i Informacja o Działalności Gospodarczej

Centralną Ewidencję i Informację o Działalności Gospodarczej prowadzi w

① Ustawa z dnia 20 sierpnia 1997 r., Dz.U. 2016 poz. 687 z późn. zm.

systemie teleinformatycznym minister właściwy do spraw gospodarki (obecnie jest to Minister Rozwoju). Aby zarejestrować się w CEIDG, należy złożyć wniosek. Można to zrobić drogą elektroniczną za pośrednictwem platformy usług administracji publicznej lub w formie dokumentowej. Jeżeli wniosek ma formę dokumentu, należy go złożyć w wybranym urzędzie gminy albo wysłać listem poleconym na adres tego urzędu. Tak złożony wniosek wymaga potwierdzenia tożsamości osoby go składającej. Następnie podlega on przekształceniu w formę elektroniczną przez upoważnionych pracowników organu gminy. Wzór wniosku można znaleźć na stronie internetowej CEIDG (https://prod.ceidg.gov.pl/ceidg.cms.engine/).

Wpis do CEIDG jest dokonywany, jeżeli złożony wniosek jest poprawny. Zostanie on jednak uznany za niepoprawny, gdy:

1) nie zawiera kompletu wymaganych danych;

2) zawiera dane, ale niezgodne z przepisami prawa;

3) dotyczy działalności nieobjętej przepisami ustawy;

4) został złożony przez osobę, wobec której prawomocnie orzeczono zakaz prowadzenia działalności gospodarczej;

5) dotyczy osoby już wpisanej do CEIDG;

6) nie dołączono do niego wymaganych prawem oświadczeń;

7) jest niepodpisany;

8) został złożony przez osobę nieuprawnioną.

Jeżeli wniosek jest niepoprawny, pracownik organu gminy lub system teleinformatyczny CEIDG (w przypadku złożenia wniosku elektronicznego) informuje niezwłocznie składającego o niepoprawności tego wniosku.

CEIDG przesyła odpowiednie dane zawarte we wniosku do innych organów właściwych w sprawach związanych z prowadzeniem działalności gospodarczej (w sprawach podatkowych do Urzędu Skarbowego, w sprawach statystycznych do Głównego Urzędu Statystycznego, w sprawach ubezpieczenia społecznego do Zakładu Ubezpieczeń

Społecznych). Dane zawarte w CEIDG są stale aktualizowane i synchronizowane także z innymi rejestrami lub organami, które mogą wywierać wpływ na przedsiębiorcę (np. przedsiębiorca będący osobą fizyczną wykonującą we własnym imieniu działalność gospodarczą zostanie przekształcony w spółkę kapitałową – spółka podlega rejestracji w KRS i KRS poinformuje CEIDG o fakcie przekształcenia, podobnie stosowne informacje przekaże do CEIDG sąd upadłościowy czy Krajowy Rejestr Karny).

Po dokonaniu wpisu do CEIDG przedsiębiorca otrzymuje zaświadczenie o wpisie. Zaświadczenie to ma formę dokumentu elektronicznego albo wydruku ze strony internetowej CEIDG.

Dane zawarte w CEIDG objęte są domniemaniem prawdziwości. Osoba fizyczna wpisana do tej ewidencji ponosi odpowiedzialność za szkodę wyrządzoną zgłoszeniem do niej nieprawdziwych danych, jeżeli podlegały obowiązkowi wpisu na jej wniosek, a także niezgłoszeniem danych podlegających obowiązkowi wpisu do CEIDG w ustawowym terminie albo brakiem zgłoszenia zmian danych objętych wpisem, chyba że szkoda nastąpiła wskutek siły wyższej albo wyłącznie z winy poszkodowanego lub osoby trzeciej, za którą osoba wpisana do CEIDG nie ponosi odpowiedzialności. Mając powyższe na uwadze, przedsiębiorca wpisany do CEIDG ma obowiązek stale aktualizować dane zawarte w ewidencji. Zmiany należy zgłaszać w terminie 7 dni od dnia ich zajścia. Także Minister Rozwoju, gdy stwierdzi niezgodność danych zawartych w CEIDG z rzeczywistością, może wezwać przedsiębiorcę do zgłoszenia zmian w terminie 7 dni.

Przedsiębiorca podlega wykreśleniu z CEIDG z urzędu, w drodze decyzji administracyjnej ministra właściwego do spraw gospodarki, w przypadku:

1) stwierdzenia trwałego zaprzestania wykonywania przez przedsiębiorcę działalności gospodarczej;

2) niezłożenia wniosku o wpis informacji o wznowieniu wykonywania działalności gospodarczej, jeżeli minął określony we wniosku o zawieszenie działalności termin

zawieszenia;

3) utraty przez przedsiębiorcę zagranicznego uprawnień do wykonywania działalności gospodarczej;

4) gdy wpis został dokonany z naruszeniem prawa;

5) gdy przedsiębiorca nie wykaże tytułu prawnego do lokalu, w którym prowadzi działalność gospodarczą;

6) gdy zostanie prawomocnie orzeczony zakaz wykonywania działalności gospodarczej przez przedsiębiorcę;

7) zgonu przedsiębiorcy.

Dane i informacje udostępniane przez CEIDG są jawne, co oznacza, że każdy ma prawo dostępu do nich.

4.1.2 Krajowy Rejestr Sądowy

Krajowy Rejestr Sądowy składa się z trzech rejestrów:

1) rejestru przedsiębiorców;

2) rejestru stowarzyszeń, innych organizacji społecznych i zawodowych, fundacji oraz samodzielnych publicznych zakładów opieki zdrowotnej;

3) rejestru dłużników niewypłacalnych.

Rejestr przedsiębiorców prowadzą w systemie teleinformatycznym sądy rejonowe (gospodarcze) obejmujące swoją właściwością obszar województwa lub jego część. Przy sądach tych działa specjalnie powołana Centralna Informacja KRS (CI KRS), która prowadzi zbiór informacji Rejestru, a także udziela informacji z Rejestru na wniosek zainteresowanych osób. W prowadzeniu Rejestru pomagają także gminy (najniższy szczebel samorządu terytorialnego w Polsce), zapewniając zainteresowanym między innymi dostęp dourzędowych formularzy wniosków wymaganych ustawą, umożliwiających rejestrację spółek jawnych, czydostęp do informacji o wysokości opłat, sposobie ich uiszczania oraz o właściwości miejscowej sądów rejestrowych. Dostęp do informacji zawartych w Rejestrze jest jawny. Stosowne informacje można uzyskać na stronie internetowej Ministerstwa Sprawiedliwości (https://ems.ms.gov.pl/krs/wyszukiwaniepodmiotu). Każdy ma także prawo przeglądać akta rejestrowe podmiotów wpisanych do rejestru przedsiębiorców.

Do rejestru przedsiębiorców co do zasady podlegają wpisowi przedsiębiorcy inni niż osoby fizyczne. Są to między innymi spółki prawa handlowego (spółki jawne, spółki partnerskie, spółki komandytowe, spółki komandytowo-akcyjne, spółki z ograniczoną odpowiedzialnością oraz spółki akcyjne), europejskie zgrupowania interesów gospodarczych, spółki europejskie, spółdzielnie europejskie, spółdzielnie, przedsiębiorstwa państwowe, instytutu badawcze, towarzystwa ubezpieczeń wzajemnych, oddziały przedsiębiorców zagranicznych działających na terytorium Rzeczypospolitej Polskiej. Najczęściej na etapie tworzenia podmiotu z wpisem do rejestru przedsiębiorców związane jest uzyskanie przez niego osobowości prawnej lub w ogóle jego powstanie.

Wpis do tego rejestru dokonywany jest na wniosek, którego wzór jest ogólnodostępny na stronie internetowej Ministerstwa Sprawiedliwości (https://bip.ms.gov.pl/pl/rejestry-i-ewidencje/krajowy-rejestr-sadowy/formularze-wnioskow-skladanych-do-centralnej-informacji-krs/), w siedzibach sądów oraz w urzędach gmin. Wniosek o wpis do rejestru przedsiębiorców należy złożyć w terminie 7 dni od zajścia zdarzenia uzasadniającego dokonanie wpisu. Wraz z wnioskiem o wpis należy dołączyć dowód uiszczenia opłaty sądowej. Ponieważ część wpisów do rejestru przedsiębiorców zgodnie z zasadą jawności podlega ujawnieniu w specjalnym publikatorze (Monitorze Sądowym i Gospodarczym), należy także uiścić odpowiednią opłatę za publikację w nim wpisu. Po złożeniu wniosku sąd rejestrowy bada go pod względem formalnym oraz merytorycznym. Co do zasady ma na to 7 dni. Po dokonaniu wpisu do Rejestru sąd rejestrowy przekazuje odpowiednie dane do Centralnego Rejestru Podmiotów -Krajowej Ewidencji Podatników i Głównego Urzędu Statystycznego. Krajowy Rejestr Sądowy, podobnie jak CEIDG, podlega stałej aktualizacji i synchronizacji z innymi rejestrami, także w oparciu o dane przekazywane przez określone podmioty (np. notariuszy, banki, organy administracji rządowej, samorządowej, sądy, komorników, Biuro Informacyjne Krajowego Rejestru Karnego).

Ponieważ dane objęte wpisem do rejestru przedsiębiorców objęte są domniemaniem prawdziwości, w przypadku stwierdzenia, że przedsiębiorca nie wykonał obowiązku złożenia stosownego wniosku o wpis do tego rejestru, których złożenie jest obowiązkowe, sąd rejestrowy ma obowiązek wezwać przedsiębiorcę do jego wykonania, wyznaczając na to dodatkowy, 7–dniowy termin, pod rygorem zastosowania grzywny, którą może nakładać wielokrotnie. Sąd rejestrowy może także w tym celu wszcząć specjalne postępowanie przymuszające. Jeżeli pomimo stosowania grzywny lub postępowania przymuszającego osobowa spółka handlowa wpisana do rejestru przedsiębiorców nie wykonuje obowiązków rejestracyjnych, sąd rejestrowy z urzędu może, z ważnych powodów, orzec o rozwiązaniu spółki oraz ustanowić likwidatora.

4.2 Przedsiębiorcy zagraniczni

Definicja przedsiębiorcy zagranicznego została już zaprezentowana wyżej. Kluczowe znaczenie dla prowadzenia działalności gospodarczej w Polsce przez przedsiębiorców zagranicznych ma zasada narodowego traktowania. Zasadę tą powtarzają prawodawstwa wszystkich państw członkowskich Unii Europejskiej. W Polsce jest ona wyrażona w art. 13 usdg, który stanowi, że osoby zagraniczne z państw członkowskich Unii Europejskiej, z państw członkowskich Europejskiego Stowarzyszenia Wolnego Handlu (EFTA) – stron umowy o Europejskim Obszarze Gospodarczym oraz osoby zagraniczne z państw niebędących stronami umowy o Europejskim Obszarze Gospodarczym, które mogą korzystać ze swobody przedsiębiorczości na podstawie umów zawartych przez te państwa z Unią Europejską i jej państwami członkowskimi, mogą podejmować i wykonywać działalność gospodarczą na takich samych zasadach jak obywatele polscy (pierwszy segment zasady). Obywatele innych państw niż wyżej wymienione, którzy korzystają ze szczególnego statusu w Rzeczypospolitej Polskiej (np. posiadają zezwolenie na pobyt stały, zezwolenie na pobyt rezydenta długoterminowego Unii Europejskiej, zezwolenie na pobyt czasowy udzielone w związku z określonymi okolicznościami, status uchodźcy, ochronę uzupełniającą, zgodę na pobyt ze względów humanitarnych lub zgodę na pobyt tolerowany, zezwolenie na pobyt czasowy i pozostają w związku małżeńskim, zawartym z obywatelem polskim zamieszkałym na terytorium Rzeczypospolitej Polskiej, korzystają w Rzeczypospolitej Polskiej z ochrony czasowej, posiadają ważną Kartę Polaka), mogą podejmować i wykonywać działalność gospodarczą na terytorium Rzeczypospolitej Polskiej na takich samych zasadach jak obywatele polscy (drugi segment zasady). Natomiast osoby zagraniczne inne niż wymienione w dwóch poprzednich segmentach mają prawo do podejmowania i wykonywania działalności gospodarczej wyłącznie w formie spółki: komandytowej, komandytowo-akcyjnej, z ograniczoną odpowiedzialnością i akcyjnej, a także do przystępowania do takich spółek oraz obejmowania bądź nabywania ich udziałów lub akcji, o ile umowy międzynarodowe nie stanowią inaczej (trzeci segment zasady).

Zasada narodowego traktowania pozwala osobom zagranicznym na podejmowanie i prowadzenie działalności gospodarczej w Polsce na takich samych zasadach jak obywatelom polskim w Polsce. Dotyczy to jednak tylko osób zagranicznych państw z obszaru europejskiego lub osób korzystających ze specjalnego statusu. Do pozostałych osób zastosowanie znajduje trzeci segment zasady.

Przedsiębiorcy zagraniczni, w granicach określonych zasadą narodowego traktowania, mogą podejmować i prowadzić działalność gospodarczą w dowolnych, prawnie dopuszczalnych formach prawnych. Oprócz spółek, fundacji, stowarzyszeń i inny form przedsiębiorcy zagraniczni mogą także prowadzić działalność w formie oddziału i przedstawicielstwa.

Oddział jest wyodrębnioną i samodzielną organizacyjnie częścią działalności gospodarczej, wykonywaną przez przedsiębiorcę poza jego siedzibą lub poza głównym miejscem wykonywania działalności. Przedsiębiorcy zagraniczni mogą, na zasadzie wzajemności, o ile ratyfikowane umowy międzynarodowe nie stanowią inaczej, tworzyć oddziały z siedzibą na terytorium Rzeczypospolitej Polskiej. Przedsiębiorca zagraniczny, który utworzył oddział, może w nim prowadzić działalność wyłącznie w zakresie przedmiotu działalności przedsiębiorcy zagranicznego. Oddział podlega rejestracji w KRS–rejestrze przedsiębiorców.

Niezależnie od obowiązków wynikających z przepisów KRS, na etapie tworzenia oddziału przedsiębiorca zagraniczny ma obowiązek:

1) podać imię i nazwisko oraz adres na terytorium Rzeczypospolitej Polskiej osoby upoważnionej w oddziale do reprezentowania przedsiębiorcy zagranicznego (pełnomocnik filialny);

2) dołączyć poświadczony notarialnie wzór podpisu pełnomocnika filialnego;

3) złożyć odpisy dokumentów, na podstawie których prowadzi działalność (akt założycielski, umowa, statutu), do akt rejestrowych oddziału wraz z uwierzytelnionym tłumaczeniem na język polski; w przypadku gdy przedsiębiorca zagraniczny utworzył na terytorium Rzeczypospolitej Polskiej więcej niż jeden oddział, złożenie tych dokumentów może nastąpić w aktach jednego z oddziałów;

4) jeżeli istnieje lub wykonuje działalność na podstawie wpisu do rejestru – złożyć do akt rejestrowych oddziału odpis z tego rejestru wraz z uwierzytelnionym tłumaczeniem na język polski; w przypadku gdy przedsiębiorca zagraniczny utworzył na terytorium Rzeczypospolitej Polskiej więcej niż jeden oddział, złożenie tych dokumentów może nastąpić w aktach jednego z oddziałów.

Po zarejestrowaniu oddziału przedsiębiorca zagraniczny zobowiązany jest:

1) używać do oznaczenia oddziału oryginalnej nazwy przedsiębiorcy zagranicznego wraz z przetłumaczoną na język polski nazwą formy prawnej przedsiębiorcy oraz

dodaniem wyrazów „oddział w Polsce" ;

2) prowadzić dla oddziału oddzielną rachunkowość w języku polskim zgodnie z przepisami o rachunkowości;

3) zgłaszać ministrowi właściwemu do spraw gospodarki wszelkie zmiany stanu faktycznego i prawnego w przypadku otwarcia jego likwidacji lub utraty prawa do wykonywania działalności, w terminie 14 dni od dnia ich wystąpienia.

Oddział podlega stałemu nadzorowi, który sprawuje minister właściwy do spraw gospodarki (Minister Rozwoju). Minister ten w ramach nadzoru wydaje decyzję o zakazie wykonywania działalności gospodarczej przez przedsiębiorcę zagranicznego w ramach oddziału w przypadku, gdy:

1) oddział rażąco narusza prawo polskie lub nie wykonuje obowiązku zgłoszenia, o którym mowa wyżej w pkt 3;

2) nastąpiło otwarcie likwidacji przedsiębiorcy zagranicznego, który utworzył oddział, lub przedsiębiorca ten utracił prawo wykonywania działalności gospodarczej;

3) działalność przedsiębiorcy zagranicznego zagraża bezpieczeństwu lub obronności państwa, bezpieczeństwu informacji niejawnych o klauzuli tajności "poufne" lub wyższej lub innemu ważnemu interesowi publicznemu.

O wydaniu decyzji Minister Rozwoju zawiadamia pełnomocnika filialnego, informując go o obowiązku wszczęcia postępowania likwidacyjnego oddziału w oznaczonym terminie, nie krótszym niż 30 dni.

Przedsiębiorcy zagraniczni mogą również tworzyć przedstawicielstwa z siedzibą na terytorium Rzeczypospolitej Polskiej. Zakres działania przedstawicielstwa może obejmować wyłącznie prowadzenie działalności w zakresie reklamy i promocji przedsiębiorcy zagranicznego. Przedstawicielstwo mogą utworzyć również osoby zagraniczne, powołane aktem właściwego organu kraju ich siedziby, do promocji gospodarki tego kraju, z tym że zakres działania takiego przedstawicielstwa może obejmować wyłącznie promocję i reklamę gospodarki tego kraju.

W przeciwieństwie do oddziałów przedstawicielstwa przedsiębiorców zagranicznych podlegają wpisowi do specjalnego rejestru przedstawicielstw przedsiębiorców zagranicznych prowadzonego przez Ministra Rozwoju. Tylko utworzenie przedstawicielstwa przez bank zagraniczny lub instytucję kredytową nie wymaga wpisu do tego rejestru. Składając wniosek o zarejestrowanie przedstawicielstwa, przedsiębiorca zagraniczny przedkłada analogiczne informacje i dokumenty do tych wskazanych wyżej odnośnie oddziału. Jeżeli wniosek zawiera braki formalne, Minister Rozwoju wzywa wnioskodawcę do jego uzupełnienia w terminie nie krótszym niż 7 dni. Wyznaczony termin na uzupełnienie wniosku, na umotywowany wniosek wnioskodawcy złożony przed upływem tego terminu, może zostać przedłużony. Nieusunięcie braków formalnych w wyznaczonym terminie skutkuje pozostawieniem wniosku bez rozpoznania. W przypadku pozytywnego rozpatrzenia wniosku, Minister Rozwoju wydaje zaświadczenie o wpisaniu przedstawicielstwa do rejestru. Natomiast odmowa zarejestrowania przybiera formę edycji administracyjnej i wydawana jest tylko przypadku, gdy:

1) utworzenie przedstawicielstwa zagrażałoby bezpieczeństwu lub obronności państwa lub bezpieczeństwu informacji niejawnych o klauzuli tajności „poufne" lub wyższej, lub innemu ważnemu interesowi publicznemu;

2) wniosek dotyczy działalności wykraczającej poza zakres działalności przedstawicielstwa.

Przedsiębiorca zagraniczny prowadząc przedstawicielstwo, jest obarczony takimi samymi obowiązkami, jak w przypadku oddziału (powołanie pełnomocnika, odpowiednie oznakowanie przedstawicielstwa, prowadzenie dla przedstawicielstwa odrębnej rachunkowości oraz zgłaszanie stosownych zmian w działalności przedsiębiorcy zagranicznego). Dokładnie tak samo uregulowany został nadzór nad przedstawicielstwami i przesłanki wydania decyzji o zakazie ich funkcjonowania.

5. Reglamentacja działalności gospodarczej

Reglamentacja działalności gospodarczej stanowi istotny wyjątek od zasady wolności. Artykuł 22 Konstytucji RP stanowi, że ograniczenie wolności działalności gospodarczej jest dopuszczalne tylko ze względu na ważny interes publiczny i może nastąpić tylko w formie ustawy. Na tej podstawie wszelkie formy reglamentacji działalności gospodarczej w Polsce muszą mieć podstawę ustawową oraz być uzasadnione ważnym interesem publicznym.

W Polsce występują 4 podstawowe formy reglamentacji: koncesja, zezwolenie, działalność regulowana oraz licencja. Inne formy reglamentacji - nazywane „miękkimi" –to: zgoda, sprzeciw, zatwierdzenie, zgłoszenie.

Koncesja to forma reglamentacji działalności gospodarczej, która jest zastrzeżona na rzecz państwa. W większości państw są takie obszary aktywności gospodarczej, w których aktywne może być tylko państwo. Najczęściej są to te branże gospodarki, które mają kluczowe znaczenie dla bezpieczeństwa państwa - energetyka, obronność, gospodarowanie zasobami naturalnymi, media. Obszary te wyznaczają granice monopolu państwa, zwanego tu monopolem prawnym. Koncesja polega na uchyleniu tego monopolu na rzecz wybranych przedsiębiorców przez organy właściwe dla określonego rodzaju działalności (najczęściej są to ministrowie oraz organy jednostek samorządu terytorialnego). Mając powyższe na uwadze, naturalne jest, że koncesja udzielana jest tylko tym osobom, które dają rękojmię należytego wykonywania tego rodzaju działalności. Poprzedzające wydanie koncesji postępowanie koncesyjne ma na celu zweryfikowanie wiarygodności przedsiębiorców starających się o jej uzyskanie. Postępowanie koncesyjne jest postępowaniem administracyjnym, do którego w niektórych przypadkach (w zależności od regulacji szczególnych) wprowadzony jest element przetargu. Ma to miejsce zwykle wtedy, gdy liczba przedsiębiorców spełniających warunki do udzielenia koncesji i dających rękojmię prawidłowego wykonywania działalności objętej koncesją jest większa niż liczba koncesji przewidzianych do udzielenia.

Zamknięty katalog rodzajów działalności gospodarczej, których podjęcie wymaga uzyskania koncesji, zawiera art. 46 usdg. Należą do nich:

– poszukiwanie, rozpoznawanie złóż węglowodorów oraz kopalin stałych objętych własnością górniczą, poszukiwanie lub rozpoznawanie kompleksu podziemnego, składowanie dwutlenku węgla, wydobywanie kopalin ze złóż, podziemne bezzbiornikowe magazynowanie substancji, podziemne składowanie odpadów oraz podziemne składowanie dwutlenku węgla;

– wytwarzanie i obrót materiałami wybuchowymi, bronią i amunicją oraz wyrobami i technologią o przeznaczeniu wojskowym lub policyjnym;

– wytwarzanie, przetwarzanie, magazynowanie lub przeładunek, przesyłanie, dystrybucja i obrót paliwami i energią;

– przesyłanie dwutlenku węgla w celu jego podziemnego składowania;

– ochrona osób i mienia;

– rozpowszechnianie programów radiowych i telewizyjnych, z wyłączeniem programów rozpowszechnianych wyłącznie w systemie teleinformatycznym, które nie są rozprowadzane naziemnie, satelitarnie lub w sieciach kablowych;

– przewozy lotnicze;

– prowadzenia kasyna gry.

Ponieważ koncesja jest decyzją administracyjną uznaniową (to znaczy, że organ koncesyjny może odmówić jej udzielenia, nawet gdy ubiegający się o nią przedsiębiorca spełnia wszystkie wymagane warunki), przedsiębiorca może starać się o wydanie tzw. promesy koncesji, czyli przyrzeczenia udzielenia koncesji w przyszłości. W promesie uzależnia się udzielenie koncesji od spełnienia warunków wykonywania działalności gospodarczej wymagającej uzyskania koncesji. Promesa udzielana jest na czas oznaczony, nie krótszy niż 6 miesięcy. Jej uzyskanie pozwala mieć do pewnego stopnia pewność uzyskania koncesji w określonym w promesie terminie. W ten sposób przedsiębiorca zyskuje czas na przygotowanie się do wykonywania działalności koncesjonowanej, dokonanie określonych inwestycji, nawiązania współpracy z kontrahentami. Gdy to uczyni, występuje ponownie do organu o wydanie koncesji na podstawie posiadanej jej promesy. Organ koncesyjny może odmówić udzielenia koncesji w okresie ważności promesy tylko wówczas, gdy:

1) uległy zmianie dane zawarte we wniosku o udzielenie promesy;

2) wnioskodawca nie spełnił wszystkich warunków wymaganych do uzyskania koncesji;

3) ze względu na zagrożenie obronności lub bezpieczeństwa państwa lub obywateli.

Zezwolenie stanowi uchylenie generalnego zakazu wykonywania działalności. W przeciwieństwie do koncesji wykonywanie działalności gospodarczej objętej wymogiem uzyskania zezwolenia jest zabronione dla każdego, także dla organów władzy publicznej, państwowych (samorządowych) osób prawnych czy innych państwowych (samorządowych) jednostek organizacyjnych. Innymi słowy każdy, kto zamierza podjąć taki rodzaj działalności gospodarczej musi uzyskać zezwolenie. Zezwolenie jest decyzją administracyjną, aktem wydawanym po przeprowadzeniu postępowania administracyjnego. Jest to decyzja związana, co oznacza, że jeśli osoba wnioskująca o jego wydanie spełni przewidziane prawem warunki do jego otrzymania, organ administracyjny musi go wydać. Zasadą jest, że zezwolenie uprawnia do wykonywania działalności gospodarczej na terenie całego kraju przez czas nieokreślony. Wyjątki od tej zasady mogą wprowadzać przepisy szczególne. Ustawa o swobodzie działalności gospodarczej zawiera katalog ustaw, w których znajdują się przepisy wymagające uzyskania zezwolenia (art. 75 usdg). Obowiązek uzyskania zezwolenia na wykonywanie działalności gospodarczej przewidziany został przykładowo w prawie bankowym, prawie rynku kapitałowego, prawie farmaceutycznym czy prawie lotniczym.

Działalność regulowana jest to działalność gospodarcza, której wykonywanie wymaga spełnienia szczególnych warunków, określonych przepisami prawa. Istotą reglamentacji w działalności regulowanej jest obowiązek jej rejestracji w specjalnym rejestrze. Ustawa nie zawiera katalogu rodzajów działalności regulowanej, przykładowo można jednak wymienić tu działalność w zakresie wytwarzania wyrobów tytoniowych, działalność pocztową, działalność w zakresie usług detektywistycznych, prowadzenie żłobka lub klubu dziecięcego, działalność w zakresie prowadzenia zakładu leczniczego dla zwierząt, w zakresie organizowania imprez turystycznych oraz pośredniczenia na zlecenie klientów w zawieraniu umów o świadczenie usług turystycznych. Rejestr jest dla każdego jawny. Dla każdego rodzaju działalności prowadzi go odrębny organ administracji publicznej, a w niektórych przypadkach organ samorządu zawodowego. Osoba zainteresowana podjęciem działalności regulowanej po złożeniu wniosku rejestracyjnego, w przypadku jego pozytywnego rozpatrzenia, uzyskuje zaświadczenie o wpisie. Organ prowadzący rejestr powinien wydać zaświadczenie w ciągu 7 dni. Jeśli jednak tego nie uczyni w tym terminie, a wniosek był prawidłowo wypełniony, przedsiębiorca może rozpocząć działalność po upływie 14 dni od dnia złożenia wniosku rejestracyjnego.

Wymóg uzyskania licencji w Polsce przewidziany jest tylko w odniesieniu do niektórych rodzajów działalności uregulowanych prawem o transporcie drogowym i kolejowym.

Tzw. miękkie formy reglamentacji dotyczą możliwości dokonywania pojedynczych lub cyklicznych czynności prawnych lub prowadzenia działalności w określonym zakresie przedmiotowym.

Zasadą jest, że koncesja, zezwolenie, zgoda, licencja albo wpis do rejestru działalności regulowanej uprawniają do wykonywania działalności gospodarczej na terenie całego kraju i przez czas nieokreślony.

6. Kontrola przedsiębiorcy

Ustawa o swobodzie działalności gospodarczej reguluje także kwestie związane z kontrolą przedsiębiorcy. Raz jeszcze należy podkreślić, że jest to regulacja, która znajduje zastosowanie wówczas, gdy przepisy szczególne nie stanowią inaczej (lex specialis derogat legi generali). W praktyce liczne przepisy nieco odmiennie regulują niektóre zagadnienia związane z kontrolą przedsiębiorcy.

Zasadą jest, że każdy organ kontrolny, zanim rozpocznie kontrolę, ma obowiązek zawiadomić przedsiębiorcę o zamiarze jej przeprowadzenia. W tym celu organ kontrolny wysyła odpowiednie zawiadomienie do przedsiębiorcy z informacją o tym, kiedy zamierza go skontrolować oraz co będzie przedmiotem kontroli. Kontrolę wszczyna się nie wcześniej niż po upływie 7 dni i nie później niż przed upływem 30 dni od dnia doręczenia zawiadomienia o zamiarze wszczęcia kontroli. Jeżeli kontrola nie zostanie wszczęta w terminie 30 dni od dnia doręczenia zawiadomienia, wszczęcie kontroli wymaga ponownego zawiadomienia.

Kontrolę przeprowadza jedna osoba lub zespół kontrolny. Czynności kontrolne mogą się rozpocząć po wylegitymowaniu się kontrolujących (okazaniu legitymacji służbowej pracownika organu kontroli) oraz po doręczeniu upoważnienia do przeprowadzenia kontroli. Osoby kontrolujące muszą zachować obiektywizm i bezstronność. W przypadku uprawdopodobnienia stronniczości osoby wchodzącej w skład zespołu kontrolującego kontrolowany przedsiębiorca może wnioskować o wyłączenie takiej osoby z kontroli. Przed podjęciem pierwszej czynności kontrolnej osoba podejmująca kontrolę ma obowiązek poinformować kontrolowanego przedsiębiorcę lub osobę, wobec której podjęto czynności kontrolne, o jego prawach i obowiązkach w trakcie kontroli. Czynności kontrolnych dokonuje się w obecności kontrolowanego lub osoby przez niego upoważnionej. Przedsiębiorca ma prawo udziału w każdej czynności kontrolnej. Kontrolę przeprowadza się w siedzibie kontrolowanego, miejscu wykonywania działalności gospodarczej lub–za zgodą lub na wniosek kontrolowanego–w innym miejscu przechowywania dokumentacji, w godzinach pracy lub w czasie faktycznego wykonywania działalności gospodarczej przez kontrolowanego. Kontrola lub poszczególne czynności kontrolne, za zgodą kontrolowanego, mogą być przeprowadzane również w siedzibie organu kontroli, jeżeli może to usprawnić prowadzenie kontroli. Kontrola nie może utrudniać pracy przedsiębiorcy. Między innymi z tych powodów zasadą jest obowiązek poinformowania przedsiębiorcy o zamiarze skontrolowania go, tak aby mógł przygotować się do niej (przygotować dokumenty, pomieszczenia itp.). Niemniej jednak czynności kontrolne powinny być przeprowadzane w sposób sprawny i możliwie niezakłócający funkcjonowania kontrolowanego przedsiębiorcy. W przypadku, gdy przedsiębiorca wskaże na piśmie, że przeprowadzane czynności zakłócają w sposób istotny jego działalność gospodarczą, organ kontrolny musi uzasadnić w protokole kontroli konieczność podjęcia takich czynności.

Przedsiębiorca jest obowiązany prowadzić i przechowywać w swojej siedzibie książkę kontroli oraz upoważnienia i protokoły kontroli. Książka kontroli może mieć formę zbioru dokumentów, może być prowadzona także w formie elektronicznej. Służy ona przedsiębiorcy do dokumentowania liczby i czasu trwania kontroli jego działalności. Należy ją okazać przy wszczęciu postępowania kontrolnego zespołowi kontrolującemu.

Zasadą jest, że nie można równocześnie podejmować i prowadzić więcej niż jednej kontroli działalności przedsiębiorcy. Ustawa o swobodzie działalności gospodarczej wprowadza także ograniczenia co do czasu ich trwania i tak czas trwania wszystkich kontroli organu kontroli u przedsiębiorcy w jednym roku kalendarzowym nie może przekraczać:

1) w odniesieniu do mikroprzedsiębiorców–12 dni roboczych;

2) w odniesieniu do małych przedsiębiorców–18 dni roboczych;

3) w odniesieniu do średnich przedsiębiorców–24 dni roboczych;

4) w odniesieniu do pozostałych przedsiębiorców–48 dni roboczych.

Przedłużenie czasu trwania kontroli jest możliwe jedynie z przyczyn niezależnych od organu kontroli i wymaga uzasadnienia na piśmie. Uzasadnienie doręcza się przedsiębiorcy i wpisuje do książki kontroli przed podjęciem dalszych czynności kontrolnych. W przypadku stwierdzenia nienależytego rozliczania się ze zobowiązań podatkowych organ kontrolny może przedłużyć czas kontroli maksymalnie do 2-krotności wskazanych wyżej limitów. Jeżeli wyniki kontroli wykazały rażące naruszenie przepisów prawa przez przedsiębiorcę, można przeprowadzić powtórną kontrolę w tym samym zakresie przedmiotowym w danym roku kalendarzowym, a czas jej trwania nie może przekraczać 7 dni. Czasu trwania powtórnej kontroli również nie wlicza się do ww. limitów.

Przedsiębiorca może wnieść pisemny sprzeciw wobec podjęcia i wykonywania przez organy kontroli niekt ó rych czynności kontrolnych (naruszania zasad wszczęcia kontroli-wszczęcia kontroli bez zawiadomienia przedsiębiorcy oraz z uchybieniem termin ó w, wszczęcia kontroli bez upoważnienia lub na podstawie nieprawidłowo sformułowanego upoważnienia, nie okazania przez kontrolującego legitymacji służbowej przed przystąpieniem do czynności kontrolnych, naruszenia przepis ó w o wyłączeniu pracownika, nie poinformowania kontrolowanego o jego prawach i obowiązkach w trakcie kontroli, wykonywania czynności kontrolnych wbrew wymogowi obecności kontrolowanego lub osoby przez niego upoważnionej, naruszania zakazu podejmowania i prowadzenia jednocześnie kilku kontroli, przekroczenia limitu czasu trwania kontroli).Podmiotem uprawnionym do wniesienia sprzeciwu jest wyłącznie przedsiębiorca, kt ó rego prawa jako podmiotu kontrolowanego zostały naruszone poprzez nieodpowiednie zachowanie organu kontrolnego. Sprzeciw wnosi się do organu podejmującego i wykonującego kontrolę w terminie 3 dni roboczych od dnia wszczęcia kontroli przez organ kontroli, a w przypadku przekroczenia limitu czasu trwania kontroli-w terminie 3 dni roboczych od dnia przekroczenia tego limitu. Przedsiębiorca musi uzasadnić wniesienie sprzeciwu, przywołując czynności lub sytuacje niezgodne z prawem oraz wskazując, kt ó re normy zostały naruszone. W wyniku wniesienia sprzeciwu następuje wstrzymanie czynności kontrolnych oraz wstrzymanie biegu czasu trwania samej kontroli.Organ kontroli może na czas rozpatrzenia sprzeciwu dokonać zabezpieczenia dotychczas zebranych dowod ó w mających związek z przedmiotem i zakresem kontroli. Zabezpieczeniu podlegają dokumenty, informacje, pr ó bki wyrob ó w oraz inne nośniki informacji, jeżeli stanowią lub mogą stanowić dow ó d w toku kontroli. W terminie 3 dni roboczych od dnia otrzymania sprzeciwu organ kontroli rozpatruje sprzeciw oraz wydaje postanowienie o odstąpieniu od czynności kontrolnych, tym samym uznając zasadność sprzeciwu, lub o kontynuowaniu czynności kontrolnych, uznając sprzeciw za niezasadny. Na postanowienie o kontynuowaniu czynności kontrolnych przedsiębiorcy przysługuje zażalenie w terminie 3 dni od dnia otrzymania postanowienia. Wnosi się je do organu wyższego stopnia nad organem kontrolnym (tzw. organu odwoławczego). Rozstrzygnięcie zażalenia następuje w drodze postanowienia, nie p ó źniej niż w terminie 7 dni od dnia jego wniesienia. Organ odwoławczy ko ń cząc postępowanie zażaleniowe, wydaje postanowienie, w kt ó rym może utrzymać w mocy zaskarżone postanowienie albo wydać postanowienie o odstąpieniu od czynności kontrolnych.

Rafał Blicharz

II. PRAWO SPÓŁEK W POLSCE

1. Zagadnienia wstępne

Spółki handlowe w polskim prawie uregulowane zostały w Ustawie z dnia 15 września 2000 r. Kodeks spółek handlowych[1]. Zgodnie z definicją zawartą w przepisie art. 3 ksh przez umowę spółki handlowej wspólnicy albo akcjonariusze zobowiązują się dążyć do osiągnięcia wspólnego celu poprzez wniesienie wkładów oraz, jeśli umowa albo statut tak stanowi, przez współdziałanie w inny określony sposób. Cechą charakterystyczną spółek handlowych jest zatem zobowiązanie się wspólników do współdziałania w ramach realizacji wspólnego celu, co określa się mianem obowiązku lojalności. Spółki handlowe są przedsiębiorcami i podlegają wpisowi do rejestru przedsiębiorców w Krajowym Rejestrze Sądowym. Wśród spółek handlowych wyróżnia się zasadniczo dwie grupy spółek, tj. spółki osobowe i spółki kapitałowe.

Do spółek osobowych zalicza się spółkę jawną, partnerską, komandytową i komandytowo-akcyjną. Spółki osobowe tworzone są w celu prowadzenia przedsiębiorstwa, czyli prowadzenia działalności gospodarczej pod własną firmą i stanowią odrębny od wspólników podmiot prawa. Do cech spółek osobowych zalicza się: odpowiedzialność osobistą wspólników za zobowiązania spółki, bezpośrednie zaangażowanie wspólników w działalność spółki, stały skład osobowy oraz brak osobowości prawnej. W spółce osobowej musi występować co najmniej dwóch wspólników. Spółka osobowa jest jednostką organizacyjną nieposiadającą osobowości

① Dz.U. 2016 poz. 1578, zwana dalej w skrócie ksh.

prawnej, której ustawa przyznaje zdolność prawną. Zgodnie z przepisem art. 8 ksh spółka osobowa może we własnym imieniu nabywać prawa, w tym własność nieruchomości i inne prawa rzeczowe, zaciągać zobowiązania, pozywać i być pozywana, a zatem posiada zdolność prawną, zdolność do czynności prawnych i zdolność sądową.

Do spółek handlowych kapitałowych zaliczamy spółkę z ograniczoną odpowiedzialnością i spółkę akcyjną. Spółki kapitałowe są osobami prawnymi działającymi poprzez organy. Wspólnicy spółki nie odpowiadają za jej zobowiązania. Spółki kapitałowe odpowiadają za zobowiązania spółki całym swoim majątkiem, a gwarancją dla wierzycieli jest obowiązek utrzymywania kapitału zakładowego o wartości określonej w umowie albo statucie spółki. Do cech spółek kapitałowych zalicza się zmienny skład osobowy wspólników oraz zasadę rządów większości (majoryzacji), która polega na uzależnieniu pozycji wspólnika w spółce od liczby posiadanych udziałów albo akcji. Spółki kapitałowe mogą działać jako spółki wieloosobowe albo spółki jednoosobowe, w których wszystkie udziały albo akcje należą do jedynego wspólnika albo akcjonariusza.

Dodatkowo wyróżnić należy dwie kolejne formy prawne służące do prowadzenia działalności gospodarczej, tj. spółkę europejską (Societas Europaea) oraz Europejskie Zgrupowanie Interesów Gospodarczych. Podmioty te tworzone są w oparciu o przepisy prawa Unii Europejskiej, tj. Rozporządzenie Rady WE nr 2157 z dnia 8 października 2001 r. w sprawie statutu spółki europejskiej[①] oraz Rozporządzenie Rady nr 2137/85 z dnia 25 lipca 1985 r. w sprawie Europejskiego Zgrupowania Interesów Gospodarczych[②]. Podmioty te na jednakowych zasadach mogą być tworzone na terytorium UE i mogą przenosić swoją siedzibę do innego państwa członkowskiego. W przypadku ich utworzenia z siedzibą w Polsce podlegają wpisowi do rejestru przedsiębiorców w Krajowym Rejestrze Sądowym.

---

① Dz. U. UE L 294 z 10.11.2001 s. 1.

② Dz. U. UE L 199 z 31.7.1985 s. 1.

W polskim prawie wyróżnić jeszcze można umowę spółki cywilnej, uregulowaną w przepisach art. 860–875 Kodeksu cywilnego. W odróżnieniu od spółek handlowych spółka cywilna nie jest odrębnym od wspólników podmiotem prawa i nie podlega wpisowi do rejestru przedsiębiorców. Spółka cywilna jest umową o współpracę pomiędzy prawnie niezależnymi przedsiębiorcami, którzy na jej podstawie zobowiązują się realizować wspólnie określony cel gospodarczy o charakterze jednorazowym albo stałym.

Ze względu na ramy niniejszego opracowania poniżej zostaną omówione wyłącznie spółki handlowe uregulowane przepisami kodeksu spółek handlowych.

2. Spółka jawna

Spółka jawna jest spółką osobową, która uregulowana została w przepisach art. 22–85 ksh. Obecnie możliwe są dwa sposoby utworzenia spółki jawnej–w trybie tradycyjnym oraz w trybie rejestracji elektronicznej. Do utworzenia spółki jawnej w trybie tradycyjnym konieczne jest zawarcie umowy w formie pisemnej pod rygorem nieważności oraz złożenie wniosku o wpis do rejestru przedsiębiorców w KRS. Utworzenie spółki w trybie rejestracji elektronicznej następuje poprzez wypełnienie wzorca umowy w systemie teleinformatycznym i wprowadzenie wymaganych danych do systemu oraz opatrzenie umowy kwalifikowanym podpisem elektronicznym albo podpisem potwierdzonym profilem ePUAP. W przypadku rejestracji elektronicznej spółki jawnej dopuszczalne jest wnoszenie wyłącznie wkładów pieniężnych do spółki. Wpis spółki do rejestru ma konstytutywny charakter, co oznacza, że spółka jawna powstaje z chwilą wpisu do KRS. Konieczne jest także ogłoszenie o utworzeniu spółki w Monitorze Sądowym i Gospodarczym. Po zarejestrowaniu spółki następuje wniesienie wkładów przez wspólników.

Wspólnikiem spółki jawnej może być osoba fizyczna, osoba prawna, a także jednostka organizacyjna, której ustawa przyznaje zdolność prawną. Umowa spółki powinna zawierać co najmniej: firmę i siedzibę spółki, przedmiot jej działalności, wkłady wspólników i ich wartość. Firma spółki jawnej (oznaczenie indywidualizujące spółkę w obrocie) powinna zawierać nazwisko (firmę) przynajmniej jednego ze wspólników oraz dodatek wskazujący formę prawną „spółka jawna” . W obrocie dopuszczalne jest używanie skrótu „sp. j.” .

Majątek spółki jawnej jest odrębną masą majątkową od majątku osobistego wspólników, którą tworzą wkłady wniesione przez wspólników oraz wszelkie mienie nabyte przez spółkę w trakcie jej działalności. Wspólnicy zobowiązują się do wniesienie wkładów, które mogą przybrać postać wkładów pieniężnych (gotówki) lub niepieniężnych (za wyjątkiem rejestracji elektronicznej), w umowie spółki. Przedmiotem wkładu niepieniężnego (aportem) mogą być prawa własności rzeczy (ruchomości, nieruchomości), prawa obligacyjne, prawa na dobrach niematerialnych, świadczenie pracy lub usług. W przypadku spółki jawnej brak jest ograniczeń co do przedmiotu wkładu niepieniężnego.

W zamian za wniesione do spółki wkłady wspólnicy obejmują tzw. udziały kapitałowe. Udział kapitałowy co do zasady równy jest wartości rzeczywiście wniesionego przez wspólnika wkładu (art. 50 ksh) i stanowi podstawę do obliczania praw majątkowych przysługujących wspólnikowi w spółce, tj. prawa do odsetek od udziału kapitałowego, prawa do części majątku w przypadku wystąpienia ze spółki oraz prawa do udziału w masie likwidacyjnej. Udział kapitałowy ma zmienną wartość, która podlega zwiększeniu w przypadku osiągnięcia zysku przez spółkę albo zmniejszeniu w przypadku poniesienia przez spółkę straty.

Poza wymienionymi prawami majątkowymi wspólnikowi przysługuje również prawo do udziału w zysku spółki. Wspólnicy spółki jawnej mają co do zasady prawo do równego udziału w zysku, bez względu na rodzaj i wartość wkładu, o ile umowa spółki nie stanowi inaczej. Wspólnik może domagać się podziału i wypłaty zysku z końcem każdego roku obrotowego (art. 52 ksh). Umowa spółki może tę zasadę zmienić i wprowadzić inny sposób wypłaty zysku, np. kwartalnie, miesięcznie, wypłaty zaliczkowe itp.

W spółce jawnej charakterystyczne jest bezpośrednie zarządzanie przez wspólników przedsiębiorstwem spółki. Wyróżnia się w tym zakresie dwie sfery. Pierwszą z nich jest prawo prowadzenia spraw spółki, polegające na podejmowaniu decyzji i dokonywaniu czynności faktycznych w stosunkach wewnętrznych. Drugą sferą jest prawo reprezentowania spółki, obejmujące składanie oświadczeń woli w imieniu spółki wobec osób trzecich (sfera zewnętrzna).

Każdy wspólnik ma co do zasady prawo i obowiązek prowadzenia spraw spółki, chyba że umowa stanowi inaczej. Możliwe jest także powierzenie prowadzenia tych spraw osobom spoza spółki. W sprawach nieprzekraczających zakresu zwykłych czynności każdy wspólnik może podjąć decyzję samodzielnie, natomiast w sprawach przekraczających zakres zwykłych czynności wymagana jest jednomyślna uchwała wszystkich wspólników, w tym również tych, którzy zostali wyłączeni od prowadzenia spraw spółki. Umowa spółki może w odmienny sposób określać zasady prowadzenia spraw w spółce jawnej.

Ponadto każdy wspólnik może samodzielnie reprezentować spółkę we wszystkich czynnościach sądowych i pozasądowych. Nie jest dopuszczalne ograniczenie zakresu reprezentacji ze skutkiem wobec osób trzecich. Umowa spółki może wprowadzić reprezentację łączną, np. współdziałanie dwóch wspólników albo wspólnika z prokurentem. Wspólnik może zostać pozbawiony prawa reprezentowania spółki w umowie albo–z ważnych powodów–na mocy prawomocnego orzeczenia sądu. Imiona i nazwiska wspólników uprawnionych do reprezentowania oraz sposób reprezentacji podlegają zgłoszeniu do KRS.

Do praw niemajątkowych wspólników zaliczane jest także prawo do informacji. Każdy wspólnik ma prawo do zasięgania informacji o stanie majątku i interesów spółki, przeglądania w każdym czasie ksiąg i dokumentów. Jest to uprawnienie o charakterze bezwzględnym, którego nie można ograniczyć w umowie (art. 38 ksh).

Wspólników spółki jawnej obowiązuje zakaz konkurencji. Wspólnik nie może bez zgody spółki zajmować się interesami konkurencyjnymi ani uczestniczyć w konkurencyjnej spółce jako wspólnik spółki cywilnej, spółki jawnej, partner, komplementariusz albo członek organu spółki kapitałowej. Wspólnik powinien także powstrzymać się od wszelkiej działalności sprzecznej z interesem spółki.

Cechą charakterystyczną spółki osobowej jest odpowiedzialność osobista wspólników za zobowiązania spółki. W pierwszej kolejności za zobowiązania spółki jawnej w stosunku do wierzycieli odpowiada całym swoim majątkiem spółka jako odrębny od wspólników podmiot prawa. Ponadto każdy wspólnik spółki jawnej odpowiada za zobowiązania spółki bez ograniczenia, osobiście, całym swoim majątkiem, solidarnie z pozostałymi wspólnikami oraz ze spółką. Odpowiedzialność wspólników ma charakter subsydiarny, co oznacza, że wierzyciel spółki może prowadzić egzekucję z majątku wspólnika dopiero wówczas, gdy egzekucja z majątku spółki okaże się bezskuteczna (art. 31 ksh). Możliwe jest jednak wytoczenie powództwa jednocześnie przeciwko spółce i przeciwko wspólnikom.

W spółkach osobowych dopuszczalne są także zmiany podmiotowe składu osobowego wspólników. Przystąpienie nowego wspólnika następuje w drodze zmiany umowy, wymaga zgody wszystkich wspólników i podlega zgłoszeniu do KRS. Nowy wspólnik odpowiada także za zobowiązania spółki powstałe przed dniem jego przystąpienia. Zbycie członkostwa (przeniesienie ogółu praw i obowiązków) jest dopuszczalne tylko wówczas, gdy stanowi o tym umowa spółki. Do zbycia członkostwa wymagana jest pisemna zgoda wszystkich pozostałych wspólników, chyba że umowa spółki stanowi inaczej. Za zobowiązania występującego wspólnika związane z uczestnictwem w spółce oraz za zobowiązania tej spółki osobowej odpowiadają solidarnie występujący wspólnik oraz wspólnik przystępujący do spółki. Wspólnikowi przysługuje także prawo wypowiedzenia umowy spółki zawartej na czas nieoznaczony, co może nastąpić na 6 miesięcy naprzód przed końcem roku obrotowego. Występujący wspólnik odpowiada nadal za te zobowiązania, które powstały w okresie, gdy był on wspólnikiem w spółce.

Do przesłanek rozwiązania spółki jawnej, określonych w przepisie art. 58 ksh, należą: przyczyny przewidziane w umowie spółki, jednomyślna uchwała wspólników o rozwiązaniu spółki, ogłoszenie upadłości spółki, śmierć wspólnika lub ogłoszenie jego upadłości oraz wypowiedzenie umowy spółki przez wspólnika lub jego wierzyciela, prawomocne orzeczenie sądu. Z chwilą zajścia przesłanek rozwiązania spółki w spółce należy, co do zasady, przeprowadzić postępowanie likwidacyjne, o ile wspólnicy nie uzgodnią innego sposobu zakończenia działalności spółki (art. 67 § 1 ksh), np. sprzedaż przedsiębiorstwa spółki, przejęcie całego majątku przez jednego ze wspólników z obowiązkiem spłaty pozostałych. Postępowanie likwidacyjne prowadzone jest przez likwidatorów, którzy powinni zakończyć bieżące interesy, upłynnić majątek spółki, spłacić zobowiązania oraz ściągnąć wierzytelności. Pomimo zaistnienia przesłanek rozwiązania spółki możliwa jest także kontynuacja jej działalności, za zgodą wszystkich wspólników, za wyjątkiem przypadku ogłoszenia upadłości spółki albo rozwiązania spółki przez sąd.

3. Spółka partnerska

Spółka partnerska uregulowana została w przepisach art. 86–101 ksh. Jest to spółka osobowa utworzona przez wspólników (partnerów) w celu wykonywania wolnego zawodu w spółce prowadzącej przedsiębiorstwo pod własną firmą. Cechą charakterystyczną spółki partnerskiej jest ograniczony krąg podmiotowy wspólników, gdyż spółkę taką mogą tworzyć wyłącznie osoby fizyczne wykonujące wolny zawód. Ponadto w spółce partnerskiej w sposób szczególny uregulowano odpowiedzialność za zobowiązania spółki, gdyż następuje tutaj wyłączenie odpowiedzialności partnerów za zobowiązania spółki powstałe na skutek działań pozostałych partnerów. Szczególną cechą spółki partnerskiej jest też wybór modelu zarządzania spółką. W sprawach nieuregulowanych w przepisach o spółce partnerskiej należy stosować odpowiednio przepisy o spółce jawnej.

Partnerami w spółce partnerskiej mogą być: adwokat, aptekarz, architekt, biegły rewident, broker ubezpieczeniowy, doradca podatkowy, doradca inwestycyjny, inżynier budownictwa, księgowy, lekarz, lekarz dentysta, lekarz weterynarii, makler papierów wartościowych, notariusz, pielęgniarka, położna, radca prawny, rzecznik patentowy, rzeczoznawca majątkowy, tłumacz przysięgły. Poza listą zawodów wymienionych w art. 88 ksh spółkę partnerską mogą tworzyć inne osoby, jednak jedynie wówczas, gdy zostanie to przewidziane w odrębnej ustawie, np. w art. 18 Ustawy z dnia 8 czerwca 2001 r. o zawodzie psychologa i samorządzie zawodowym psychologów[①]. Spółka może być zawiązana w celu wykonywania więcej niż jednego wolnego zawodu, chyba że odrębna ustawa stanowi inaczej.

Do utworzenia spółki partnerskiej konieczne jest zawarcie umowy spółki w formie pisemnej pod rygorem nieważności i wpis do rejestru przedsiębiorców w KRS. Firma spółki partnerskiej powinna zawierać co najmniej nazwisko jednego partnera, dodatkowe oznaczenie: „i partner” bądź „i partnerzy” , albo „spółka partnerska” , a także określenie wolnego zawodu wykonywanego w spółce. W obrocie dopuszczalne jest używanie przez spółkę skrótu „sp. p.” . Przy zgłoszeniu spółki do rejestru należy dołączyć dokumenty potwierdzające uprawnienie do wykonywania wolnego zawodu w spółce. Nie jest możliwa rejestracja internetowa spółki partnerskiej.

Zgodnie z przepisem art. 95 § 1 ksh partner nie ponosi odpowiedzialności za zobowiązania spółki powstałe w związku z wykonywaniem wolnego zawodu przez pozostałych partnerów ani za zobowiązania spółki będące następstwem działań lub

---

① Dz.U. 2001 nr 73 poz. 763.

zaniechań osób zatrudnionych w spółce, które podlegały kierownictwu innego partnera przy świadczeniu usług związanych z przedmiotem działalności spółki. Za zobowiązania powstałe w związku z wykonywaniem wolnego zawodu odpowiada zatem spółka partnerska i partner, który działał. Jeden lub więcej partnerów w spółce może również rozszerzyć zakres swojej odpowiedzialności w ten sposób, iż zgodzi się na ponoszenie odpowiedzialności za zobowiązania wynikające z wykonywania wolnego zawodu przez pozostałych partnerów (art. 95 § 2 ksh). Zgoda tego partnera na rozszerzenie zakresu jego odpowiedzialności musi zostać wyrażona w umowie spółki oraz podlega zgłoszeniu do rejestru przedsiębiorców w KRS. Każdy z partnerów odpowiada natomiast za pozostałe zobowiązania spółki partnerskiej–nie wynikające z wykonywania wolnego zawodu–bez ograniczenia, całym swoim majątkiem, solidarnie z pozostałymi wspólnikami i spółką.

W spółce partnerskiej mogą występować dwa modele zarządzania spółką: bezpośrednio przez partnerów albo poprzez powołany uchwałą partnerów zarząd spółki. Jeżeli prowadzenie spraw spółki i reprezentacja powierzone zostają bezpośrednio partnerom, zastosowanie znajdują wówczas przepisy o spółce jawnej. Natomiast w przypadku powołania zarządu należy stosować odpowiednio przepisy o spółce z o.o. Możliwość powierzenia prowadzenia spraw i reprezentowania spółki zarządowi musi zostać przewidziana w umowie spółki partnerskiej. W skład zarządu może wówczas wchodzić partner jak i osoba spoza spółki.

W sytuacji, gdy partner utraci uprawnienia do wykonywania wolnego zawodu, powinien wystąpić ze spółki najpóźniej z końcem roku obrotowego, w którym utracił to prawo. Jeżeli partner nie złoży oświadczenia o wystąpieniu, przyjmuje się, iż wystąpił on ze spółki w ostatnim dniu roku obrotowego, w którym utracił swoje uprawnienia. W sytuacji, gdy w spółce pozostaje jeden partner lub gdy tylko jeden partner posiada uprawnienia do wykonywania wolnego zawodu, spółka ulega rozwiązaniu najpóźniej z upływem roku od dnia zaistnienia któregokolwiek z tych zdarzeń.

4. Spółka komandytowa

Spółka komandytowa uregulowana została w przepisach art. 102–124 ksh. W sprawach nieuregulowanych przepisami o spółce komandytowej odpowiednie zastosowanie znajdują przepisy o spółce jawnej. Cechą charakterystyczną spółki komandytowej jest występowanie wspólników o zróżnicowanym statusie. Spółka komandytowa jest spółką osobową, w której wobec wierzycieli za zobowiązania spółki co najmniej jeden wspólnik odpowiada bez ograniczenia (komplementariusz), a odpowiedzialność co najmniej jednego wspólnika (komandytariusza) jest ograniczona. Różnice pomiędzy wspólnikami dotyczą też sfery zarządzania. Komplementariusz jest inwestorem aktywnym, bezpośrednio zaangażowanym w działalność spółki, któremu przysługuje prawo prowadzenia spraw spółki i jej reprezentowania. Z kolei komandytariusz jest tzw. inwestorem pasywnym, którego rola w spółce w tym zakresie jest ograniczona. Pozycja komplementariusza jest analogiczna do pozycji wspólnika spółki jawnej.

Do utworzenia spółki komandytowej konieczne jest zawarcie umowy w formie aktu notarialnego i wpis do KRS. Możliwe jest też zarejestrowanie spółki z wykorzystaniem wzorca umowy w systemie teleinformatycznym. Firma spółki powinna zawierać nazwisko jednego lub więcej komplementariuszy oraz określenie formy prawnej: „spółka komandytowa" . W obrocie dopuszczalne jest używanie skrótu „sp. k." W przypadku, gdy komplementariuszem jest osoba prawna, firma spółki komandytowej powinna zawierać pełne brzmienie firmy (nazwy) tej osoby prawnej z dodatkowym oznaczeniem „spółka komandytowa" . Zamieszczenie nazwiska komandytariusza w firmie spółki komandytowej powoduje, że ponosi on pełną odpowiedzialność za zobowiązania spółki wobec osób trzecich.

Prawo i obowiązek prowadzenia spraw spółki przysługuje komplementariuszom.

Zastosowanie znajdują w tym zakresie przepisy o spółce jawnej. Komandytariuszom przysługuje jedynie prawo do wyrażania zgody na czynności przekraczające zwykły zarząd, o ile umowa spółki nie stanowi inaczej. Każdy komplementariusz może samodzielnie reprezentować spółkę we wszystkich czynnościach sądowych i pozasądowych. Pozbawienie komplementariusza prawa reprezentacji może nastąpić na mocy umowy albo prawomocnego orzeczenia sądu. Komandytariusz może reprezentować spółkę jedynie jako pełnomocnik (art. 118 ksh). W związku z faktem, iż zarządzanie spółką spoczywa w rękach jednego lub kilku komplementariuszy, objęci są oni zakazem konkurencji.

Odpowiedzialność za zobowiązania spółki komandytowej ponosi spółka całym swoim majątkiem oraz pozostali wspólnicy. Komplementariusze odpowiadają w sposób nieograniczony swoim majątkiem osobistym za zobowiązania spółki komandytowej, solidarnie ze spółką i pozostałymi wspólnikami oraz subsydiarnie. Natomiast odpowiedzialność komandytariusza za zobowiązania spółki komandytowej ograniczona jest do wysokości sumy komandytowej. Suma komandytowa stanowi cyfrowo oznaczoną kwotę pieniężną, która wyznacza górną granicę odpowiedzialności osobistej komandytariusza za zobowiązania spółki komandytowej wobec jej wierzycieli. Suma komandytowa jest określona indywidualnie dla każdego komandytariusza w umowie spółki i podlega ujawnieniu w KRS. Wniesienie przez komandytariusza wkładu do spółki powoduje zmniejszenie jego odpowiedzialności w granicach wartości wniesionego wkładu. Jeżeli wartość wkładu wniesionego przez komandytariusza do spółki jest równa wartości sumy komandytowej, wówczas komandytariusz zostaje z odpowiedzialności zwolniony. Jeżeli wartość wkładu jest niższa od sumy komandytowej, wówczas komandytariusz odpowiada za różnicę pomiędzy wartością wkładu a wartością sumy komandytowej.

5. Spółka komandytowo-akcyjna

Spółka komandytowo-akcyjna jest spółką osobową o mieszanym charakterze, łączącą w sobie elementy spółki osobowej i spółki kapitałowej. Uregulowana została w przepisach art. 125–150 ksh, jednakże w sprawach nieuregulowanych stosuje się odpowiednio przepisy o spółce jawnej w stosunku do komplementariuszy oraz przepisy o spółce akcyjnej w stosunku do akcjonariuszy.

Spółka komandytowo-akcyjna jest spółką prowadzącą przedsiębiorstwo pod własną firmą, w której wobec wierzycieli co najmniej jeden wspólnik odpowiada bez ograniczenia (komplementariusz), a co najmniej jeden jest akcjonariuszem. Do cech osobowych spółki komandytowo-akcyjnej zaliczyć należy osobistą i nieograniczoną odpowiedzialność komplementariuszy za zobowiązania spółki oraz powierzenie prowadzenia spraw i reprezentacji spółki komplementariuszom. Do cech kapitałowych należą: brak odpowiedzialności akcjonariuszy za zobowiązania spółki, emisja akcji i kapitał zakładowy, występowanie walnego zgromadzenia akcjonariuszy oraz możliwość powołania rady nadzorczej. Kapitał zakładowy wynosi min. 50 tys. zł i tworzony jest z wkładów akcjonariuszy na pokrycie obejmowanych przez nich akcji. Komplementariusze mogą wnieść wkłady zarówno na kapitał zakładowy, jak również na inne fundusze. Jeżeli komplementariusze wnoszą wkłady na kapitał zakładowy, wówczas obejmują akcje i stają się jednocześnie akcjonariuszami.

Do utworzenia spółki konieczne jest podpisanie statutu przez komplementariuszy i złożenie oświadczeń o objęciu akcji przez akcjonariuszy w formie aktów notarialnych, wniesienie części wkładów na kapitał zakładowy oraz wpis do KRS. Jeżeli na pokrycie kapitału zakładowego mają zostać wniesione wkłady niepieniężne, konieczne jest sporządzenie dodatkowo wyceny wkładów w sprawozdaniu założycieli i poddanie ich badaniu biegłych rewidentów. Do utworzenia spółki w zakresie wpłat na kapitał zakładowy stosować należy przepisy o spółce akcyjnej.

Firma spółki powinna zawierać nazwisko jednego lub więcej komplementariuszy oraz określenie formy prawnej: „spółka komandytowo-akcyjna". W obrocie dopuszczalne jest używanie skrótu „S.K.A." W przypadku, gdy komplementariuszem jest osoba prawna, firma spółki powinna zawierać pełne brzmienie firmy (nazwy) tej osoby prawnej z dodatkowym oznaczeniem „spółka komandytowo-akcyjna". Zamieszczenie nazwiska akcjonariusza w firmie spółki powoduje, że ponosi on wówczas pełną odpowiedzialność za zobowiązania spółki w stosunku do osób trzecich.

Odpowiedzialność za zobowiązania spółki komandytowo-akcyjnej jest ukształtowana korzystnie zarówno dla wierzycieli spółki, jak i jej wspólników. Za zobowiązania spółki odpowiada całym swoim majątkiem spółka, która ma obowiązek utrzymywania kapitału zakładowego na stałym poziomie, którego minimum określa statut. Do spółki komandytowo-akcyjnej zastosowanie w tym względzie mają przepisy o spółce akcyjnej. Ponadto za zobowiązania spółki odpowiadają całym swoim majątkiem komplementariusze w sposób nieograniczony, solidarnie ze spółką i pozostałymi wspólnikami oraz subsydiarnie, czyli egzekucja w pierwszej kolejności musi być przeprowadzona z majątku spółki.

Ze względu na obowiązek utrzymywania kapitału zakładowego sytuacja komplementariusza jest najbardziej korzystna ze wszystkich spółek osobowych. Natomiast akcjonariusze nie ponoszą odpowiedzialności za zobowiązania spółki. Nabycie lub objęcie akcji przez komplementariusza i uzyskanie w ten sposób statusu akcjonariusza nie powoduje zmian w zakresie jego odpowiedzialności za zobowiązania spółki.

Prawo i obowiązek prowadzenia spraw spółki przysługuje w spółce komandytowo-akcyjnej każdemu komplementariuszowi, jeżeli statut nie stanowi inaczej. Komplementariuszom przysługuje domniemanie kompetencji, co oznacza, że podejmują oni wszelkie decyzje niezastrzeżone - na mocy ustawy albo statutu - do kompetencji walnego zgromadzenia albo rady nadzorczej. Prawo reprezentowania spółki przysługuje samodzielnie każdemu komplementariuszowi. Do prowadzenie spraw spółki i reprezentowania spółki przez komplementariuszy stosuje się odpowiednio przepisy o spółce jawnej. Akcjonariusz nie ma prawa prowadzenia spraw spółki i może ją reprezentować jedynie jako pełnomocnik.

Akcjonariusze współuczestniczą w procesie prowadzenia spraw spółki, gdyż walne zgromadzenie podejmuje uchwały w sprawach określonych w ustawie lub statucie. Każdy akcjonariusz ma prawo uczestniczenia w walnym zgromadzeniu. Uchwały walnego zgromadzenia zapadają co do zasady bezwzględną większością głosów, o ile ustawa lub statut nie stanowią inaczej. Prawo głosu przysługuje akcjonariuszom w stosunku do posiadanych akcji. Każda akcja nabyta lub objęta przez akcjonariusza daje prawo do jednego głosu, chyba że statut stanowi inaczej. Statut może przewidywać emisję akcji uprzywilejowanych, przyznających akcjonariuszowi maksymalnie 2 głosy na jedną akcję. W sprawach nieuregulowanych stosuje się odpowiednio przepisy o spółce akcyjnej.

Kompetencje walnego zgromadzenia mogą mieć charakter samodzielny lub niesamodzielny. Do jego kompetencji samodzielnych należą m.in: rozpatrzenie i zatwierdzenie sprawozdania z działalności spółki oraz sprawozdania finansowego, udzielenie komplementariuszom oraz członkom rady nadzorczej absolutorium, powołanie biegłego rewidenta, powołanie pełnomocnika do wytoczenia powództwa o odszkodowanie przeciwko komplementariuszom. Zgody wszystkich komplementariuszy wymagają uchwały walnego zgromadzenia w sprawach, o których mowa w przepisie art. 146 § 2 ksh, a w szczególności: podziału zysku w części przypadającej akcjonariuszom, zbycia i wydzierżawiania przedsiębiorstwa spółki lub jego zorganizowanej części oraz ustanowienia na nim prawa użytkowania, zbycia nieruchomości spółki, zmiany statutu, rozwiązania spółki. Z kolei zgoda większości komplementariuszy wymagana jest do skuteczności uchwał dotyczących podziału zysku w części przypadającej komplementariuszom oraz pokrycia strat za poprzedni rok obrotowy (art. 146 § 3 ksh).

Rada nadzorcza w spółce komandytowo–akcyjnej jest powoływana obligatoryjnie, jeżeli liczba akcjonariuszy przekracza 25 osób. Natomiast w pozostałych przypadkach powołanie rady nadzorczej jest dopuszczalne, jeżeli statut tak stanowi. Członków rady nadzorczej powołuje i odwołuje walne zgromadzenie akcjonariuszy. Komplementariusze nie mogą być członkami rady nadzorczej, a ci komplementariusze, którzy objęli akcje, nie mogą brać udział w głosowaniu przy podejmowaniu uchwały nad wyborem jej. Do kompetencji rady nadzorczej należy stały nadzór nad działalnością spółki we wszystkich dziedzinach jej działalności, ocena sprawozdań finansowych i sprawozdań z działalności spółki, ocena wniosków co do podziału zysku i pokrycia strat, badanie dokumentów spółki oraz prawo żądania wyjaśnień od komplementariuszy, dokonywanie rewizji stanu majątku spółki. Rada nadzorcza ma również prawo delegować swoich członków do czasowego wykonywania czynności komplementariuszy w przypadku, gdy żaden z komplementariuszy uprawnionych do prowadzenia spraw spółki i jej reprezentowania nie może sprawować swoich funkcji. Do rady nadzorczej spółki komandytowo-akcyjnej w zakresie nieuregulowanym stosuje się odpowiednio przepisy o spółce akcyjnej.

6. Spółka z ograniczona odpowiedzialnością

6.1 Tworzenie spółki z ograniczoną odpowiedzialnością

Spółka z ograniczoną odpowiedzialnością może zostać utworzona przez jedną lub większą liczbę osób w każdym celu prawnie dopuszczalnym. Wspólnikami mogą być osoby fizyczne, osoby prawne, inne jednostki organizacyjne posiadające zdolność prawną, natomiast jedynym założycielem nie może być inna jednoosobowa spółka z ograniczoną odpowiedzialnością. Utworzenie spółki z o.o. możliwe jest na dwa sposoby. Pierwszy z nich, czyli sposób tradycyjny, polega na zawarciu umowy spółki w formie aktu notarialnego, powołanie organów spółki, wniesienie w całości wkładów na pokrycie kapitału zakładowego, przy czym wkłady mogą mieć charakter pieniężny bądź niepieniężny, oraz zgłoszenie spółki do rejestru w KRS. Drugi sposób polega na zawarciu umowy poprzez wypełnienie wzorca umowy w systemie teleinformatycznym i powołaniu organów, wprowadzeniu do systemu teleinformatycznego wszystkich danych koniecznych do jej zawarcia i opatrzeniu ich podpisem elektronicznym, natomiast wniesienie wkładów, które przybrać mogą wyłącznie postać wkładów pieniężnych, następuje po wpisie spółki do KRS. Sąd rejestrowy ma obowiązek rozpatrzenia wniosku o wpis spółki do rejestru w ciągu 24 godzin.

Umowa spółki powinna zawierać: firmę i siedzibę spółki, przedmiot jej działalności, liczbę, rodzaj i wartość udziałów oraz wysokość kapitału zakładowego. Firma spółki może być obrana dowolnie, powinna jednak zawierać dodatek wskazujący formę prawną: „spółka z ograniczona odpowiedzialnością” . Minimalna wysokość kapitału zakładowego wynosi obecnie 5 tys. zł, a minimalna wartość udziału 50 zł. Z chwilą zawarcia umowy spółki z o.o. wspólnicy obejmują udziały i powstaje spółka z o.o. w organizacji.

Wniosek o wpis do rejestru przedsiębiorców w KRS spółki tworzonej w trybie tradycyjnym powinien zostać złożony w terminie 6 miesięcy od zawarcia umowy spółki. Spółka w organizacji może we własnym imieniu nabywać prawa, w tym własność nieruchomości i inne prawa rzeczowe, zaciągać zobowiązania, pozywać i być pozywana, czyli jest jednostką organizacyjną, której ustawa przyznaje zdolność prawną. Spółka z o.o. w organizacji posiada własną firmę, która powinna zawierać dodatek „w organizacji” . Spółka w organizacji może już rozpocząć działalność gospodarczą, co dotyczy oczywiście tworzenia spółki w trybie tradycyjnym. Spółkę w takich czynnościach reprezentuje zarząd lub pełnomocnik powołany jednomyślną uchwałą wspólników. Wobec osób trzecich za zobowiązania zaciągnięte w imieniu spółki w organizacji odpowiadają solidarnie spółka oraz osoby, które działały w jej imieniu. Ponadto wobec osób trzecich odpowiadają także wspólnicy do wartości niewniesionego wkładu. Z chwilą wpisu spółki do rejestru spółka nabywa osobowość prawną, a wpis ten ma konstytutywny charakter.

Kapitał zakładowy spółki tworzonej w trybie tradycyjnym musi zostać w całości pokryty przed rejestracją spółki oraz może zostać pokryty wkładami pieniężnymi lub niepieniężnymi. Wkład niepieniężny musi posiadać zdolność aportową, czyli możliwość wyceny i umieszczenia w bilansie spółki oraz być zbywalny. Wkładem na kapitał zakładowy nie może być zatem świadczenie pracy i usług na rzecz spółki ani prawo niezbywalne. Kapitał zakładowy stanowi sumę wartości nominalnych wszystkich udziałów, a udziały nie mogą być objęte poniżej ich wartości nominalnej.

6.2 Prawa i obowiązki wspólników

Do praw wspólników o charakterze majątkowym zaliczyć należy: prawo do rozporządzania udziałem, prawo do dywidendy, prawo pierwszeństwa poboru oraz prawo do udziału w masie likwidacyjnej.

Prawo do rozporządzania udziałem obejmuje takie czynności jak: zbycie udziału, ustanowienie zastawu na udziale, ustanowienie użytkowania, wniesienie udziału jako wkładu do innej spółki. Zasadą jest zbywalność udziałów. Zbycie udziału, ustanowienie zastawu bądź użytkowania wymaga formy pisemnej z podpisem notarialnie poświadczonym. Zbycie udziału jest skuteczne wobec spółki z chwilą jej zawiadomienia. Wpis wspólnika do księgi udziałów oraz zgłoszenie do rejestru uaktualnionej listy wspólników mają wyłącznie deklaratoryjny charakter. Dopuszczalne jest ograniczenie rozporządzania udziałem na mocy umowy spółki, np. wymóg uzyskania zgody zarządu albo prawo pierwszeństwa (pierwokupu) nabycia udziałów przez dotychczasowych wspólników.

Prawo do dywidendy to prawo wspólnika do udziału w zysku spółki wynikającym z rocznego sprawozdania finansowego i przeznaczonym do podziału uchwałą wspólników. Uchwała o podziale zysku podejmowana jest na zwyczajnym zgromadzeniu wspólników bezwzględną większością głosów. Uchwała ta powinna określać termin wypłaty dywidendy, a jeżeli wspólnicy nie wskażą terminu wypłaty, określić go wówczas powinien zarząd spółki. Jeżeli umowa spółki nie stanowi inaczej, zysk przypadający wspólnikom dzieli się w stosunku do udziałów. Umowa spółki może wprowadzić udziały uprzywilejowane co do dywidendy. Na udział uprzywilejowany w zakresie dywidendy można przyznać uprawnionemu dywidendę, która przewyższa nie więcej niż o połowę dywidendę przysługującą udziałom nieuprzywilejowanym (art. 196 ksh).

Prawo pierwszeństwa poboru to prawo do objęcia nowych udziałów w podwyższonym kapitale zakładowym spółki proporcjonalnie do dotychczas posiadanych udziałów, co pozwala zachować dotychczasową strukturę kapitału w spółce. Uprawnienie to może zostać wyłączone w umowie spółki albo uchwale o podwyższeniu kapitału zakładowego, co umożliwia wstąpienie zewnętrznych inwestorów do spółki.

Prawo do udziału w masie likwidacyjnej to prawo do części majątku spółki w trakcie likwidacji, pozostałego po zaspokojeniu lub zabezpieczeniu wszystkich wierzycieli. Majątek dzieli się pomiędzy wspólników w stosunku do ich udziałów. Podział majątku może nastąpić nie wcześniej niż przed upływem 6 miesięcy od dnia ogłoszenia o otwarciu likwidacji i wezwaniu wierzycieli.

Poza prawami majątkowymi wspólnikom przysługują również prawa korporacyjne, do których zalicza się: prawo do uczestnictwa w zgromadzeniu wspólników i prawo głosu, prawo zaskarżania uchwał, prawo indywidualnej kontroli, prawa mniejszości, prawo żądania wyłączenia wspólnika, prawo żądania rozwiązania spółki przez sąd oraz prawo do wytoczenia powództwa o odszkodowanie na rzecz spółki.

Prawo uczestnictwa w zgromadzeniu wspólników jest uprawnieniem o charakterze bezwzględnym, zatem nie można wspólnika go pozbawić. W przypadku nieprawidłowości w zwoływaniu i odbywaniu się zgromadzeń jest to podstawą do zaskarżenia podjętych na nim uchwał. Prawo to może być wykonywane osobiście lub przez pełnomocnika (art. 243 ksh).

Prawo głosu wspólnika uzależnione jest od liczy albo wartości posiadanych udziałów. Jeżeli każdy wspólnik ma większą liczbę udziałów, wówczas co do zasady na każdy udział przypada jeden głos. Umowa spółki może wprowadzić udziały uprzywilejowane co do głosu, maksymalnie 3 głosy na jeden udział. Jeżeli każdy wspólnik ma tylko jeden udział, wówczas na każde 10 zł wartości udziału przypada jeden glos, o ile umowa nie stanowi inaczej, jednakże nie jest dopuszczalne uprzywilejowanie tych udziałów co do głosu. W pewnych sprawach wspólnik jest pozbawiony prawa głosu, co dotyczy uchwał w sprawie jego odpowiedzialności wobec spółki, zwolnienia z zobowiązania, sporu ze spółką, a także udzielenia absolutorium.

Prawo zaskarżenia uchwał zgromadzenia wspólników obejmuje dwa powództwa. Powództwo o stwierdzenie nieważności chwały należy wytoczyć, gdy uchwała jest sprzeczna z prawem (art. 252 ksh). Powództwo o uchylenie uchwały wytacza się w sytuacji, gdy uchwała wspólników jest sprzeczna z umową spółki bądź dobrymi obyczajami i jednocześnie godzi w interesy spółki lub ma na celu pokrzywdzenie wspólnika (art. 249 ksh). Prawo wytoczenia powództwa przysługuje wspólnikowi, który głosował przeciwko uchwale, a po jej powzięciu zażądał zaprotokołowania sprzeciwu, zaś w razie jego nieobecności - wyłącznie w przypadku wadliwego zwołania zgromadzenia wspólników lub też powzięcia uchwały w sprawie nieobjętej porządkiem obrad. Prawo to przysługuje też wspólnikowi bezzasadnie niedopuszczonemu do udziału w zgromadzeniu, pominiętemu przy głosowaniu pisemnym albo wspólnikowi, który nie wyraził zgody na głosowanie pisemne.

Prawo indywidualnej kontroli przysługuje wspólnikom zawsze, gdy brak jest organów nadzoru. W przypadku, gdy w spółce występuje organ nadzoru, prawo kontroli nadal przysługuje wspólnikom, o ile nie zostanie ono ograniczone albo wyłączone w umowie spółki. Prawo to obejmuje: prawo przeglądania ksiąg i dokumentów spółki, sporządzanie bilansu dla swego użytku oraz prawo żądania wyjaśnień od zarządu. Jeżeli zachodzi obawa, że wspólnik wykorzysta pozyskane informacje w sposób sprzeczny z interesem spółki i wyrządzi tym spółce znaczną szkodę, zarząd może odmówić wspólnikowi realizacji jego prawa. Wówczas wspólnikowi przysługuje tryb odwoławczy w postaci prawa domagania się rozstrzygnięcia sprawy uchwałą zgromadzenia wspólników, a w razie odmowy - prawo wystąpienia do sądu rejestrowego z wnioskiem o zobowiązanie zarządu do udzielenia informacji oraz wglądu do ksiąg i dokumentów.

Prawa mniejszości mogą być realizowane przez wspólnika indywidualnie albo kolektywnie, a ich realizacja związana jest z reprezentowaniem określonej części kapitału zakładowego. Sąd rejestrowy, na żądanie wspólnika lub wspólników reprezentujących co najmniej 1/10 kapitału zakładowego, może, po wezwaniu zarządu do złożenia oświadczenia, wyznaczyć podmiot uprawniony do badania sprawozdań finansowych w celu zbadania rachunkowości oraz działalności spółki (art. 223 ksh). Wspólnik lub wspólnicy reprezentujący co najmniej 1/10 kapitału zakładowego mogą żądać zwołania nadzwyczajnego zgromadzenia wspólników i umieszczenia określonych spraw w porządku obrad tego zgromadzenia wspólników, natomiast wspólnik lub wspólnicy reprezentujący co najmniej 1/20 kapitału zakładowego mogą żądać umieszczenia określonych spraw w porządku obrad najbliższego zgromadzenia wspólników (art. 236 ksh). W razie nieuwzględnienia żądania wspólników sąd rejestrowy może, po wezwaniu zarządu do złożenia oświadczenia, upoważnić do zwołania nadzwyczajnego zgromadzenia wspólnika lub wspólników występujących z żądaniem.

Prawo żądania wyłączenia wspólnika realizowane jest w trybie przepisów art. 266–269 ksh. Z ważnych przyczyn dotyczących danego wspólnika sąd może orzec jego wyłączenie ze spółki na żądanie wszystkich pozostałych wspólników, jeżeli udziały wspólników żądających wyłączenia stanowią więcej niż połowę kapitału zakładowego.

Prawo żądania rozwiązania spółki przez sąd przysługuje indywidualnie każdemu wspólnikowi, jeżeli osiągnięcie celu spółki stało się niemożliwe albo jeżeli zaszły inne ważne przyczyny wywołane stosunkami spółki (art. 271 ksh).

Prawo wytoczenia powództwa o odszkodowanie na rzecz spółki wspólnik może realizować wówczas, gdy spółka nie wytoczy powództwa o naprawienie wyrządzonej jej szkody w terminie roku od dnia ujawnienia czynu wyrządzającego szkodę (art. 295 ksh).

Do obowiązków wspólników zaliczyć należy: obowiązek wniesienia wkładu, obowiązek dopłat, obowiązek powtarzających się świadczeń niepieniężnych (art. 176 ksh) oraz obowiązek zwrotu nienależnych wypłat (art. 198 ksh). Obowiązek wnoszenia dopłat przez wspólników może zostać przewidziany w umowie spółki i służy pokrywaniu strat spółki albo finansowaniu inwestycji. Dopłaty powinny być nakładane proporcjonalnie w stosunku do udziałów i nie mogą przekraczać progu określonego w umowie. Terminy i wysokość wnoszenia dopłat określa uchwała wspólników. Dopłaty mogą być zwracane wspólnikom, a kompetencja w tym zakresie przysługuje zgromadzeniu wspólników (art. 177–179 ksh).

6.3 Organy spółki

Zasady funkcjonowania zarządu spółki z o.o. określają przepisy art. 201–211 ksh. Zarząd spółki może być jedno- lub wieloosobowy. Umowa spółki może określać liczbę członków zarządu. Członkami zarządu mogą być wspólnicy, jak i osoby spoza ich grona, jednakże członkiem zarządu spółki może być wyłącznie osoba fizyczna mająca pełną zdolność do czynności prawnych. Jeśli umowa nie stanowi inaczej, członków zarządu powołują wspólnicy bezwzględną większością głosów. Powołanie do zarządu powoduje nawiązanie pomiędzy członkiem zarządu a spółką stosunku organizacyjnego. Dodatkowo może zostać zawarta z członkiem zarządu umowa o pracę, umowa zlecenia, kontrakt menedżerski. Imiona i nazwiska członków zarządu podlegają ujawnieniu w KRS, a wpis do rejestru ma charakter deklaratywny.

Członków zarządu powołuje się na określone kadencje liczone indywidualnie dla każdego członka zarządu, o ile umowa nie stanowi inaczej. Umowa spółki może określać ich kadencję, natomiast, jeśli nie stanowi ona inaczej, mandat członka zarządu wygasa z dniem odbycia zgromadzenia wspólników zatwierdzającego sprawozdanie finansowe za pierwszy pełny rok obrotowy pełnienia przez niego funkcji. Mandat wygasa też wskutek śmierci, rezygnacji i odwołania członka zarządu. Prawo odwołania członka zarządu przysługuje zgromadzeniu wspólników.

Zarząd prowadzi sprawy spółki i reprezentuje ją na zewnątrz we wszystkich czynnościach sądowych i pozasądowych. Domniemanie kompetencji zarządu oznacza, że decyduje on we wszystkich sprawach niezastrzeżonych na rzecz innych organów przez ustawę lub umowę spółki. Podejmowanie decyzji przez zarząd zależy od wagi spraw, których ona dotyczy. Każdy członek zarządu może bez uprzedniej uchwały zarządu prowadzić sprawy nieprzekraczające zakresu zwykłych czynności spółki. Kolegialna uchwała zarządu wymagana jest w przypadku czynności przekraczających zwykły zarząd. Umowa może odmiennie regulować te kwestie, w szczególności wprowadzać podział kompetencji. Jeżeli zarząd jest wieloosobowy, sposób reprezentowania określa umowa spółki. Jeżeli umowa spółki nie zawiera żadnych postanowień, do składania woli oświadczeń w imieniu spółki wymagane jest współdziałanie dwóch członków zarządu albo członka zarządu łącznie z prokurentem (art. 205 ksh). Jeżeli do dokonania czynności prawnej przez spółkę z mocy ustawy wymagana jest zgoda innego organu, czynność prawna dokonana bez tej zgody jest nieważna. Prawo do reprezentowania spółki przez członka zarządu wyłączone jest w umowach i sporach pomiędzy członkiem zarządu a spółką, gdyż wówczas spółkę reprezentuje rada nadzorcza lub pełnomocnik powołany uchwałą zgromadzenia wspólników (art. 210 ksh).

W przypadku sprzeczności interesów spółki z interesami członka zarządu, jego współmałżonka, krewnych i powinowatych do drugiego stopnia oraz osób, z którymi jest powiązany osobiście, członek zarządu powinien ujawnić konflikt interesów oraz wstrzymać się od udziału w rozstrzyganiu takich spraw i może żądać zaznaczenia tego w protokole (art. 209 ksh). Członków zarządu obowiązuje też zakaz konkurencji. Nie może on bez zgody spółki zajmować się interesami konkurencyjnymi ani uczestniczyć w konkurencyjnej spółce jako wspólnik spółki cywilnej, spółki osobowej albo członek organu w konkurencyjnej osobie prawnej, jak również posiadać w konkurencyjnej spółce kapitałowej 10% udziałów lub akcji albo prawa do powoływania co najmniej jednego członka zarządu (art. 211 ksh).

W spółce z o.o. mogą występować dwa organy nadzoru, tj. rada nadzorcza i komisja rewizyjna. Organy nadzoru są organami kolegialnymi, składają się z co najmniej trzech członków powoływanych i odwoływanych uchwałą wspólników. Kadencja organów nadzorczych jest jednoroczna, o ile umowa spółki nie stanowi inaczej. W skład organu nadzoru nie może wchodzić członek zarządu, prokurent, likwidator, kierownik oddziału lub zakładu oraz zatrudniony w spółce główny księgowy, radca prawny lub adwokat. Zakaz ten obejmuje również inne osoby, które podlegają bezpośrednio członkowi zarządu albo likwidatorowi, a także członków zarządu i likwidatorów spółki zależnej (art. 214 ksh).

Rada nadzorcza sprawuje stały nadzór nad działalnością spółki we wszystkich dziedzinach jej działalności. W celu wykonania swoich obowiązków może ona badać wszystkie dokumenty spółki, żądać od zarządu i pracowników przedstawienia sprawozdań i wyjaśnień oraz dokonywać rewizji stanu majątku spółki. Każdy członek rady nadzorczej może samodzielnie wykonywać prawo nadzoru, chyba że umowa spółki stanowi inaczej. Rada nadzorcza opiniuje również sprawozdanie z działalności spółki, sprawozdanie finansowe oraz wnioski zarządu co do podziału zysku lub pokrycia strat. Umowa spółki może także przekazać radzie nadzorczej prawo zawieszania w czynnościach członków zarządu z ważnych powodów, jak również prawo wyrażania zgody na dokonywanie określonych czynności przez zarząd.

Komisja rewizyjna jest organem okresowym, którego kompetencje związane są zasadniczo ze zwyczajnym zgromadzeniem wspólników, gdyż ocenia ona sprawozdanie z działalności spółki, sprawozdanie finansowe oraz wnioski zarządu co do podziału zysku lub pokrycia strat. W spółce nieposiadającej rady nadzorczej dopuszczalne jest rozszerzenie kompetencji komisji rewizyjnej (zob. art. 221 ksh).

Zgromadzenie wspólników podejmuje uchwały w najistotniejszych dla spółki sprawach. W ciągu 6 miesięcy od zakończenia każdego roku obrotowego obligatoryjnie odbywa się zwyczajne zgromadzenie wspólników, które zatwierdza sprawozdanie z działalności spółki, sprawozdanie finansowe za poprzedni rok obrotowy oraz podejmuje uchwałę co do podziału zysku lub pokrycia strat. Zwyczajne zgromadzenie wspólników udziela również absolutorium członkom władz spółki. W pozostałym okresie zwoływane są nadzwyczajne zgromadzenia wspólników. Zgromadzenie podejmuje uchwały dotyczące m.in.: zmiany umowy spółki, zbycia lub wydzierżawienia przedsiębiorstwa, nabycia i zbycia nieruchomości, wniesienia i zwrotu dopłat, a także postanowienia dotyczące roszczeń o naprawienie szkody wyrządzonej spółce, wyrażenia zgody na zawarcie umowy pożyczki z członkiem zarządu, prokurentem, likwidatorem bądź członkiem organów nadzorczych.

Zgromadzenie wspólników zwołuje co do zasady zarząd. Zwołanie to następuje za pomocą listów poleconych albo przesyłek nadanych pocztą kurierską, wysłanych co najmniej 2 tygodnie przed terminem zgromadzenia wspólników. Zawiadomienia można dokonać pocztą elektroniczną, jeżeli wspólnik wyraził na to pisemną zgodę oraz podał adres, na który zawiadomienie ma zostać wysłane. W zaproszeniu należy oznaczyć dzień, godzinę i miejsce zgromadzenia wspólników oraz szczegółowy porządek obrad. Zgromadzenie wspólników ważne jest bez względu na liczbę reprezentowanego kapitału, o ile umowa spółki lub ustawa nie stanowi inaczej. Uchwały podejmowane są co do zasady bezwzględną większością głosów, o ile umowa spółki lub ustawa nie stanowi inaczej.

W spółce z o.o. możliwe jest także podejmowanie uchwał bez formalnego zwołania, jeżeli cały kapitał zakładowy jest reprezentowany, a nikt z obecnych nie zgłosił sprzeciwu dotyczącego odbycia zgromadzenia lub wniesienia poszczególnych spraw do porządku obrad. Ponadto dopuszczalne jest podjęcie uchwały pisemnie bez odbycia zgromadzenia, jeżeli wszyscy wspólnicy wyrażą na piśmie zgodę na postanowienie, które ma być powzięte, albo wyrażą zgodę na głosowanie pisemne.

7. Spółka akcyjna

7.1 Tworzenie spółki akcyjnej

Do utworzenia spółki akcyjnej konieczne jest podpisanie statutu i objęcie akcji, powołanie władz spółki, wniesienie wkładów oraz wpis do KRS.

Podstawową czynnością jest podpisanie przez założycieli spółki statutu w formie aktu notarialnego. Statut określa zasady funkcjonowania spółki, w szczególności: jej firmę i siedzibę, przedmiot działalności, wysokość kapitału zakładowego, liczbę, rodzaj i wartość akcji. Firma spółki akcyjnej może być obrana dowolnie, musi jednak zawierać dodatek wskazujący formę prawną: „spółka akcyjna" . Minimalny kapitał zakładowy dla spółki akcyjnej wynosi obecnie 100 tys. zł.

W celu utworzenia spółki akcyjnej konieczne jest powołanie pierwszych władz spółki, tj. zarządu i rady nadzorczej. Założyciele mogą dokonać wyboru władz na etapie sporządzania statutu albo później, przy czym dokument potwierdzający wybór pierwszych władz spółki należy dołączyć do wniosku o wpis spółki do KRS.

Oświadczenia o objęciu akcji zawierają zgodę na zawiązanie spółki akcyjnej, brzmienie statutu i objęcie akcji. W aktach tych wymienić należy osoby obejmujące akcje, a także liczbę i rodzaj akcji objętych przez każdą z tych osób. Z chwilą objęcia wszystkich akcji spółki powstaje spółka akcyjna w organizacji, która może we własnym imieniu nabywać prawa, zaciągać zobowiązania, pozywać i być pozywana (art. 11 ksh). W obrocie spółka akcyjna w organizacji działa pod własną firmą z dodatkiem „w organizacji" . Do chwili ustanowienia zarządu reprezentowana jest ona przez wszystkich założycieli działających łącznie albo pełnomocnika ustanowionego jednomyślną uchwałą założycieli. Za zobowiązania spółki w organizacji odpowiada sama spółka oraz solidarnie ze spółką odpowiadają również osoby działające w jej imieniu oraz akcjonariusze do wartości niewniesionego wkładu.

Wkłady do spółki akcyjnej mogą zostać wniesione w formie pieniężnej lub niepieniężnej. Akcje obejmowane za wkłady pieniężne powinny zostać opłacone przed zarejestrowaniem spółki co najmniej w 1/4 ich wartości nominalnej. Wkłady niepieniężne powinny zostać wniesione do spółki w całości nie później niż przed upływem roku od zarejestrowania spółki. W przypadku wnoszenia wkładów niepieniężnych (albo wkładów pieniężnych i niepieniężnych) kapitał zakładowy powinien zostać pokryty przed zarejestrowaniem co najmniej w 1/4 jego minimalnej wartości nominalnej (25 tys. zł). W przypadku wnoszenia wkładów niepieniężnych, a także nabycia dla spółki mienia przed jej zarejestrowaniem oraz wypłaty wynagrodzeń za usługi świadczone przy tworzeniu spółki należy sporządzić sprawozdanie założycieli, które należy następnie poddać badaniu biegłych rewidentów pod kątem jego prawdziwości i rzetelności. Wkłady niepieniężne powinny posiadać zdolność aportową, czyli muszą być zbywalne, posiadać zdolność bilansową, a także spełniać kryterium przydatności dla spółki, gdyż w sprawozdaniu założycieli należy umotywować objęcie akcji w zamian za wkłady niepieniężne. Akcje obejmowane w zamian za wkłady niepieniężne powinny pozostać imiennymi do dnia zatwierdzenia przez najbliższe zwyczajne walne zgromadzenie sprawozdania finansowego za rok obrotowy, w którym nastąpiło pokrycie tych akcji, i w ciągu tego okresu nie mogą być zbyte ani zastawione (art. 336 ksh).

Spółka akcyjna powstaje z momentem wpisu do KRS. Wniosek o wpis spółki akcyjnej do rejestru przedsiębiorców podpisany przez wszystkich członków zarządu powinien zostać złożony w terminie 6 miesięcy od dnia podpisania statutu. Z chwilą wpisu do rejestru spółka akcyjna nabywa osobowość prawną.

7.2 Pojęcie i rodzaje akcji oraz uprawnienia akcjonariuszy

Akcja jest papierem wartościowym inkorporującym ogół praw akcjonariuszy.

Akcje spółki mogą być zdematerializowane (w spółkach publicznych) albo tradycyjne (w spółkach prywatnych). Spółką akcyjną publiczną jest spółka, w której występuje co najmniej jedna akcja zdematerializowana, czyli spółka, której akcje notowane są na rynku regulowanym (np. na Giełdzie Papierów Wartościowych S.A. w Warszawie). Natomiast pozostałe spółki określane są mianem spółek prywatnych (niepublicznych).

Akcje zdematerializowane występują w formie zapisu elektronicznego na rachunku papierów wartościowych posiadacza akcji oraz w systemie Krajowego Depozytu Papierów Wartościowych. Przeniesienie akcji zdematerializowanych następuje z chwilą ich zapisu na rachunku papierów wartościowych nabywcy akcji.

Akcje w spółkach niepublicznych mogą występować jako akcje imienne albo na okaziciela. Treść dokumentów akcyjnych określa przepis art. 328 ksh. W przypadku akcji imiennej dane akcjonariusza (imię i nazwisko albo firma) podlegają ujawnieniu na dokumencie akcyjnym, zaś akcjonariusze wpisywani są do księgi akcyjnej. Zbycie akcji imiennej następuje przez pisemne oświadczenie albo na samym dokumencie akcji, albo w osobnym dokumencie oraz wymaga przeniesienia posiadania akcji. Akcje imienne mogą być wydane przed pełnym opłaceniem. Z kolei akcje na okaziciela uprawniają każdorazowego posiadacza akcji do realizacji inkorporowanych w niej praw, gdyż treść dokumentu nie zawiera danych akcjonariusza. Zbycie akcji na okaziciela następuje przez przeniesienie własności dokumentu w drodze wydania akcji oraz istnienie ważnej podstawy prawnej. Akcje na okaziciela nie mogą być wydane przed pełnym opłaceniem, a do tego czasu zastępują je imienne świadectwa tymczasowe.

Prawo uczestnictwa na walnym zgromadzeniu jest uprawnieniem o charakterze bezwzględnym, które może być wykonywane osobiście lub przez pełnomocnika. W przypadku spółek niepublicznych akcjonariusze posiadający akcje imienne mogą uczestniczyć w walnym zgromadzeniu, jeżeli zostali wpisani do księgi akcyjnej na co najmniej tydzień przed odbyciem zgromadzenia. Akcje na okaziciela dają prawo uczestnictwa w walnym zgromadzeniu, jeżeli zostały złożone w spółce na co najmniej tydzień przed odbyciem się zgromadzenia. Prawo do uczestnictwa w zgromadzeniu spółki publicznej mają tylko osoby będące akcjonariuszami na 16 dni przed datą walnego zgromadzenia (art. 406–406[3] ksh).

Prawo głosu akcjonariusza uzależnione jest od liczby posiadanych akcji. Na każdą akcję przypada jeden głos, jednakże statut spółki niepublicznej może wprowadzić uprzywilejowanie akcji co do głosu (2 głosy na akcję). Akcjonariusz jest pozbawiony prawa głosu w sprawach dotyczących jego odpowiedzialności wobec spółki, zwolnienia z zobowiązania, sporu ze spółką, a także udzielenia absolutorium.

Podczas obrad walnego zgromadzenia akcjonariusz może domagać się od zarządu udzielenia mu wszelkich informacji dotyczących spraw objętych porządkiem obrad. W przypadku odmowy zarządu akcjonariuszowi przysługuje prawo do wystąpienia z wnioskiem do sądu rejestrowego o zobowiązanie zarządu do udzielenia informacji.

Prawo do zaskarżania uchwał przysługuje akcjonariuszom analogicznie do uprawnień wspólników spółki z o.o.

Prawa mniejszości w spółce akcyjnej związane z walnym zgromadzeniem obejmują prawo żądania zwołania walnego zgromadzenia (art. 400 ksh), prawo żądania uzupełniania porządku obrad (art. 401 § 1 ksh) oraz prawo składania kontrprojektów uchwał w spółce publicznej (art. 401 § 4 ksh), które realizowane są na wniosek akcjonariuszy reprezentujących 1/20 kapitału zakładowego. Ponadto akcjonariuszom spółki publicznej przysługuje prawo żądania wyznaczenia rewidenta do spraw szczególnych, czyli prawo domagania się zbadania przez biegłego, na koszt spółki, określonego zagadnienia związanego z utworzeniem spółki lub prowadzeniem jej spraw, na podstawie przepisu art. 84 Ustawy z dnia 29 lipca 2005 r. o ofercie publicznej i warunkach wprowadzania instrumentów finansowych do zorganizowanego systemu obrotu oraz o spółkach publicznych①.

Szczególnym uprawnieniem w spółce akcyjnej jest prawo przymusowego wykupu

① Dz.U. 2016 poz. 1639, zwana dalej w skrócie OPU.

i odkupu akcji w spółkach publicznych. Prawo przymusowego wykupu przysługuje akcjonariuszowi lub akcjonariuszom (w liczbie nie więcej niż pięciu), którzy łącznie posiadają co najmniej 95% kapitału zakładowego spółki (art. 418 ksh). Analogicznie w tej sytuacji akcjonariusze mniejszości mogą domagać się przymusowego odkupu ich akcji (art. 418^1 ksh). W przypadku spółek publicznych podobne uprawnienie zawarte jest w przepisach art. 82 i 83 OPU, przy czym w tym przypadku próg kapitałowy wynosi 90% kapitału zakładowego.

Podobnie jak w przypadku spółki z ograniczoną odpowiedzialnością akcjonariuszom przysługuje też prawo do wytoczenia powództwa o odszkodowanie na rzecz spółki.

Akcjonariusz ma prawo do udziału w zysku rocznym spółki przeznaczonym do podziału uchwałą zgromadzenia (prawo do dywidendy). Dywidendę wypłaca się proporcjonalnie do liczby posiadanych akcji. Statut może także wprowadzić akcje uprzywilejowane co do dywidendy. Akcji uprzywilejowanej co do dywidendy można przyznać dywidendę uprzywilejowaną, która przewyższa nie więcej niż o połowę dywidendę z akcji zwykłych. Szczególnym rodzajem akcji uprzywilejowanych co do dywidendy są akcje nieme, wobec których wyłączone jest prawo głosu, natomiast nie obowiązują ograniczenia co do zakresu dywidendy uprzywilejowanej.

Analogicznie do spółki z ograniczoną odpowiedzialnością akcjonariuszom przysługuje też prawo poboru akcji (art. 433 ksh) oraz prawo do udziału w masie likwidacyjnej (art. 474 ksh).

7.3 Organy spółki akcyjnej

Członkowie zarządu spółki akcyjnej są powoływani i odwoływani przez radę nadzorczą (art. 368 § 4 ksh), o ile statut nie stanowi inaczej. Zarząd składa się z jednego lub większej liczby członków, a liczba członków zarządu powinna zostać określona w statucie. Kadencja członka zarządu nie może być dłuższa niż 5 lat, przy czym możliwy jest jego ponowny wybór na kolejną kadencję. Mandat członka zarządu wygasa wskutek upływu kadencji, rezygnacji, śmierci lub odwołania. Następuje to najpóźniej z dniem odbycia walnego zgromadzenia zatwierdzającego sprawozdanie finansowe za ostatni pełny rok obrotowy pełnienia przez niego funkcji. Prawo odwołania członka zarządu przysługuje radzie nadzorczej, jak również walnemu zgromadzeniu. Organom tym przysługuje również prawo zawieszania członków zarządu. Członkowie zarządu podlegają wpisowi do KRS.

Zasadą jest domniemanie kompetencji zarządu, co oznacza, że wyłącznie zarząd jest właściwym organem we wszelkich sprawach niezastrzeżonych dla kompetencji innych organów na mocy ustawy lub statutu. Ani walne zgromadzenie, ani rada nadzorcza nie mogą wydawać wiążących poleceń zarządowi w zakresie prowadzenia spraw spółki. W przypadku zarządu wieloosobowego w zakresie prowadzenia spraw spółki zastosowanie znajduje przepis art. 371 ksh, czyli obowiązuje zasada kolegialności działania członków zarządu. Uchwały zarządu mogą być powzięte, jeżeli wszyscy członkowie zostali prawidłowo zawiadomieni o posiedzeniu zarządu. Do składania oświadczeń w imieniu spółki wymagane jest współdziałanie dwóch członków zarządu albo jednego członka zarządu łącznie z prokurentem, o ile statut nie stanowi inaczej (art. 373 ksh). Jeżeli do dokonania czynności prawnej przez spółkę z mocy ustawy wymagana jest zgoda innego organu, czynność prawna dokonana bez tej zgody jest nieważna. W umowach i sporach pomiędzy członkami zarządu a spółką spółkę reprezentuje rada nadzorcza albo pełnomocnik powołany uchwałą walnego zgromadzenia.

W stosunku do członków zarządu zastosowanie znajduje zakaz konkurencji (art. 380 ksh) oraz obowiązek powstrzymania się od udziału w rozstrzyganiu spraw w przypadku sprzeczności interesów (art. 377 ksh).

Rada nadzorcza jest organem obligatoryjnym w spółce akcyjnej i składa się z minimum trzech członków w spółkach prywatnych oraz pięciu w spółkach publicznych, powoływanych i odwoływanych przez walne zgromadzenie. Do członków rady nadzorczej zastosowanie znajduje zakaz łączenia stanowisk, analogicznie do zakazu obowiązującego w spółce z o.o.

Szczególnym sposobem wyboru rady nadzorczej jest wybór rady nadzorczej grupami. Jest to uprawnienie akcjonariuszy mniejszościowych, reprezentujących 1/5 kapitału zakładowego, do złożenia wniosku z żądaniem zwołania walnego zgromadzenia w celu przeprowadzenia wyboru rady nadzorczej grupami. Na walnym zgromadzeniu tworzy się grupy akcjonariuszy, dzieląc liczbę reprezentowanego na zgromadzeniu kapitału przez liczbę członków rady nadzorczej. Ukonstytuowanie się jednej grupy i wybór przynajmniej jednego członka rady nadzorczej powoduje wygaśnięcie mandatów dotychczasowych członków rady nadzorczej. W ten sposób akcjonariusze mniejszościowi mogą wprowadzić swojego przedstawiciela do rady nadzorczej spółki.

Rada nadzorcza sprawuje stały nadzór nad działalnością spółki we wszystkich dziedzinach jej działalności. Do kompetencji rady nadzorczej należy ocena sprawozdań zarządu z działalności spółki oraz sprawozdania finansowego za rok obrotowy, w zakresie zgodności tych sprawozdań z księgami i dokumentami, jak i ze stanem faktycznym, oraz wniosków zarządu dotyczących podziału zysku lub pokrycia straty. W celu wykonania swoich obowiązków rada nadzorcza może badać wszystkie dokumenty spółki, żądać od zarządu i pracowników przedstawienia sprawozdań i wyjaśnień oraz dokonywać rewizji stanu majątku spółki. Do kompetencji rady nadzorczej należy również delegowanie członków rady nadzorczej, na okres nie dłuższy niż 3 miesiące, do czasowego wykonywania czynności członków zarządu, którzy zostali odwołani, złożyli rezygnację albo z innych przyczyn nie mogą pełnić swoich funkcji.

Rada nadzorcza działa co do zasady kolegialnie. Uchwałą walnego zgromadzenia można powierzyć wykonanie czynności nadzorczych poszczególnym członkom rady nadzorczej. W przypadku wyboru członka rady nadzorczej grupami grupa akcjonariuszy może upoważnić wybranego przez siebie przedstawiciela do samodzielnego wykonywania czynności nadzorczych.

W spółkach publicznych, zgodnie z przepisem art. 128 Ustawy z dnia11 maja 2017 r. o biegłych rewidentach, firmach audytorskich i nadzorze publicznym[①], konieczne jest powołanie komitetu audytu. Członkowie komitetu audytu powoływani są przez radę nadzorczą spośród swoich członków (art. 128 ust. 1 BRU). Komitet audytu, zgodnie z przepisem art. 129 ust. 1 BRU, składa się co najmniej z trzech członków, przy czym przynajmniej jeden spośród członków komitetu posiada wiedzę i umiejętności w zakresie rachunkowości lub badania sprawozdań finansowych, a także wiedzę i umiejętności z zakresu branży, w której działa dana spółka akcyjna. Większość członków komitetu audytu powinna spełniać też kryterium niezależności. Do kompetencji komitetu audytu należy monitorowanie procesu sprawozdawczości finansowej, skuteczności systemów kontroli wewnętrznej, audytu wewnętrznego i zarządzania ryzykiem, wykonywania czynności rewizji finansowej, niezależności biegłego rewidenta i podmiotu uprawnionego do badania sprawozdań finansowych.

Do kompetencji walnego zgromadzenia należą uchwały dotyczące m.in. zmiany statutu spółki, zbycia lub wydzierżawienia przedsiębiorstwa, nabycia i zbycia nieruchomości, roszczeń o naprawienie szkody wyrządzonej spółce, przymusowego wykupu akcji, istotnej zmiany przedmiotu działalności, emisji obligacji, zawarcia umowy kredytu, pożyczki, poręczenia albo innej podobnej umowy z członkiem zarządu, prokurentem, likwidatorem, członkiem rady nadzorczej. Do kompetencji zwyczajnego walnego zgromadzenia należy rozpatrzenie i zatwierdzenie sprawozdania z działalności spółki, sprawozdania finansowego oraz podjęcie uchwały co do podziału zysku lub pokrycia strat oraz udzielenie członkom władz absolutorium (zob. art. 393–395 ksh).

Inicjatywa zwołania walnego zgromadzenia przysługuje zarządowi, radzie nadzorczej, akcjonariuszom reprezentującym połowę kapitału zakładowego. Akcjonariusze reprezentujący 5% kapitału zakładowego mogą domagać się zwołania walnego zgromadzenia, a jeśli zarząd nie uwzględni ich żądania, akcjonariuszom

① Dz.U. 2017 poz. 1089, zwana dalej w skrócie BRU.

przysługuje prawo wystąpienia z wnioskiem do sądu rejestrowego. Walne zgromadzenie zwołuje się przez ogłoszenie w MSiG na co najmniej 3 tygodnie przed jego odbyciem. Jeżeli wszystkie akcje w spółce są imienne, wówczas możliwe jest zwołanie zgromadzenia listami poleconymi lub przesyłkami nadanymi pocztą kurierską na co najmniej 2 tygodnie przed odbyciem zgromadzenia, a jeżeli akcjonariusz wyraził na to zgodę i wskazał adres na jaki ma zostać wysłane zawiadomienie, dopuszczalne jest jego wysłanie w formie elektronicznej. Walne zgromadzenie spółki publicznej zwołuje się poprzez ogłoszenie na stronie internetowej spółki oraz w sposób określony dla przekazywania informacji bieżących, zgodnie z przepisami ustawy o ofercie publicznej, dokonane na co najmniej 26 dni przed terminem walnego zgromadzenia. Statut może dopuszczać udział w walnym zgromadzeniu przy wykorzystaniu środków komunikacji elektronicznej, w szczególności transmisję obrad walnego zgromadzenia w czasie rzeczywistym, dwustronną komunikację w czasie rzeczywistym, w ramach której akcjonariusze mogą wypowiadać się w toku obrad, przebywając w innym miejscu niż miejsce obrad zgromadzenia oraz wykonywanie prawa głosu przed walnym zgromadzeniem (głosowanie korespondencyjne).

Walne zgromadzenie jest ważne bez względu na liczbę reprezentowanych akcji, o ile ustawa lub statut nie stanowi inaczej. Uchwały zapadają co do zasady bezwzględną większością głosów. Podobnie jak w przypadku spółki z o.o. członkom władz spółki oraz akcjonariuszom przysługuje prawo zaskarżania uchwał walnego zgromadzenia.

Piotr Pinior

III. KOLIZYJNOPRAWNE ZAGADNIENIA UMÓW ZAWIERANYCH POMIEDZY PRZEDSIĘBIORCAMI Z POLSKI I CHIN

1. Wprowadzenie. Znaczenie prawa właściwego dla umowy

Ustalenie praw i obowiązków stron na tle umowy w każdym przypadku musi poprzedzić ustalenie, jakiemu prawu dana umowa podlega. Tylko wówczas w świetle prawa właściwego dla umowy można uzyskać całościowy obraz treści stosunku łączącego strony i zasad odpowiedzialności za ewentualne jej naruszenie. Ponadto prawo to rozstrzyga również o regułach zawarcia umowy, jej ważności, jak i jej rozwiązania, a także np. inkorporacji ogólnych warunków do stosunku łączącego strony.

W międzynarodowym obrocie gospodarczym strony z reguły dokonują już w samej umowie wyboru prawa właściwego. Nie rozwiązuje to jednak wszystkich problemów. Po pierwsze bowiem należy ocenić dopuszczalność i ważność wyboru prawa na tle określonego rodzaju stosunku. Po drugie, jeżeli strony nie dokonają wyboru prawa lub z jakichkolwiek powodów nie będzie on skuteczny, zachodzi potrzeba wskazania prawa właściwego na podstawie odpowiednich norm kolizyjnych. Po trzecie, w stosunku do niektórych istotnych kwestii nie jest możliwe dokonanie wyboru prawa (np. do oceny zdolności stron).

Jeżeli w sporze pomiędzy stronami orzeka polski sąd, to będzie on stosował przepisy prawa prywatnego międzynarodowego obowiązujące w Polsce. Sprawa komplikuje się, jeżeli właściwym do orzekania w sprawie jest sąd arbitrażowy z siedzibą w Polsce.

2. Przepisy kolizyjne, miarodajne dla umów obowiązujące w Polsce

Na przestrzeni ostatnich lat przepisy kolizyjne dotyczące zobowiązań umownych zmieniały się w Polsce dynamicznie, m.in. na skutek przystąpienia Polski do Unii Europejskiej w 2004 r. Zgodnie z regułami intertemporalnymi prawa właściwego dla umów należy poszukiwać na podstawie norm kolizyjnych obowiązujących w chwili zawarcia umowy. Nie jest zatem wykluczone, że sąd będzie musiał sięgać do nieobowiązujących już przepisów kolizyjnych, aby określić prawo właściwe dla umowy[①]. I tak w odniesieniu do stanów faktycznych zaistniałych przed 22 stycznia 2008 r. stosować należy przepisy polskiej ustawy o prawie prywatnym międzynarodowym z 1965 r.[②] (art. 25–29). Z drugiej strony do umów zawartych pomiędzy 22 stycznia 2008 r. a 16 grudnia 2009 r. należy stosować normy kolizyjne konwencji rzymskiej z 1980 r.[③]. Z kolei z dniem 17 grudnia 2009 r. rozpoczęło się stosowanie rozporządzenia Rzym I[④]. Do umów zawartych po tej dacie stosuje się normy kolizyjne tego rozporządzenia (tak jak w innych państwach Unii Europejskiej). Należy podkreślić, że polski sąd obowiązany jest stosować normy kolizyjne rozporządzenia Rzym I bez względu na to, czy oceniany stosunek ma charakter wewnątrzunijny (np. pomiędzy podmiotami z Polski i Niemiec), czy też chodzi o transakcje z podmiotami spoza UE (np. pomiędzy podmiotami z Polski i Chin). Jest to tzw. zasada uniwersalnego stosowania rozporządzenia Rzym I (art. 2).

① W tym miejscu opisana zostanie jednak jedynie obecnie obwiązująca regulacja rozporządzenia Rzym I.

② Ustawa z 12 listopada 1965 r. –Prawo prywatne międzynarodowe, Dz.U. nr 46 poz. 290 z późn. zm.

③ Konwencja rzymska z 1980 r. o prawie właściwym dla zobowiązań umownych, Dz.U. 2008 nr 10 poz. 57.

④ Rozporządzenie Parlamentu Europejskiego i Rady (WE) nr 593/2008 z dnia 17 czerwca 2008 r. w sprawie prawa właściwego dla zobowiązań umownych (Rzym I), Dz. Urz. UE L 177 s. 6.

W odniesieniu do niektórych kwestii znaczenie będzie miała również obecnie obowiązująca polska ustawa o prawie prywatnym międzynarodowym z 2011 r.①.

3. Rozporządzenie Rzym I

W obszarze zobowiązań umownych w całej Unii Europejskiej (poza Danią) obowiązują jednolite normy kolizyjne wskazujące prawo właściwe dla umów. Znajdują się one w rozporządzeniu Rzym I, które stosowane jest od 2009 r. Rozporządzenie stosuje się do zobowiązań umownych w sprawach cywilnych i handlowych, tj. w obszarze prawa prywatnego, przy jednoczesnym wyłączeniu zobowiązań z niektórych szczegółowych działów prawa prywatnego (np. zobowiązań wynikających ze stosunków rodzinnych, zobowiązań z weksli itd.). Rozporządzenie Rzym I jest następcą konwencji rzymskiej z 1980 r. i w dużej mierze przewiduje podobne rozwiązania kolizyjnoprawne. Rozporządzenie uważa się za duży sukces legislacyjny unijnego prawodawcy. Kreuje ono wspólne przepisy kolizyjne dla wszystkich państw członkowskich UE, co ułatwia przewidywalność rozstrzygnięć w obszarze prawa kolizyjnego i wzmacnia budowę wspólnego rynku.

---

① Ustawa z dnia 4 lutego 2011 r. –Prawo prywatne międzynarodowe, Dz.U. nr 80 poz. 432, zwana dalej w skr ó cie p.p.m. z 2011 r. Tłumaczenie ustawy na język angielski opublikowano w: "Yearbook of Private International Law" 2011, vol. 13, s. 641–656 (tłum. M. Zachariasiewicz) oraz „Problemy Prawa Prywatnego Międzynarodowego" 2011, vol. 8 (tłum. M. Zachariasiewicz). Og ó lna charakterystyka polskiej ustawy z 2011 r. była przedmiotem publikacji poza Polską. Zob. np. T. Pajor: *Introduction to The New Polish Act on Private International Law of 4 February 2011*. "Yearbook of Private International Law" 2011, vol. 13, s. 381 i n.; M. Pazdan: *Das neue polnische Gesetz* ü *ber das internationale Privatrecht*. "Praxis des Internationalen Privat–und Verfahrensrechts" 2012, z. 1, s. 77 i n. Ze starszych publikacji zob. np. T. Pajor: *Polish Private International Law at the End of the 20th Century: Progress or Regress?. In: Private International Law at the End of the 20th Century: Progress or Regress? XVth International Congress of Comparative Law*. Ed. S.C. Symeonides. The Hague – London – Boston 1999; J. Rajski: *The New Polish Private International Law 1965*. "The International and Comparative Law Quarterly" 1966, vol. 15, nr 2, s. 457 i n.; D. Lasok: The Polish System of Private International Law. "The American Journal of Comparative Law" 1966–1967, vol. 15, nr 1/2, s. 330 i n.

4. Wybór prawa

Poszanowanie dla autonomii woli stron jest w obszarze zobowiązań umownych jedną z podstawowych zasad współczesnego prawa prywatnego międzynarodowego[①]. Umowny wybór prawa dopuszcza się powszechnie na całym świecie (choć niekiedy z określonymi ograniczeniami). Na tle unijnego rozporządzenia Rzym I zasadę tę odzwierciedla przede wszystkim swoboda wyboru prawa właściwego przewidziana w art. 3 ust. 1 tego rozporządzenia. Zgodnie z tym przepisem strony mogą wybrać prawo właściwe dla umowy, jeżeli zgodnie tak postanowią[②]. Wybór daje stronom względną pewność co do prawa właściwego i pozwala dostosować treść do wymagań konkretnego systemu prawnego. Nie ryzykują one, że zastosowanie znajdą reguły prawa kontraktów, których nie oczekiwały.

Wybór prawa może zostać dokonany wyraźnie lub w sposób dorozumiany. Aby dokonać wyraźnego wyboru prawa, wystarczy, że strony uzgodnią, że „dana umowa podlega określonemu prawu" (albo że „do umowy stosuje się prawo państwa X") itp. Wybór może być też dorozumiany, ale musi jednoznacznie wynikać z postanowień umowy lub okoliczności sprawy. Przykładowo wśród okoliczności wskazujących dokonanie dorozumianego wyboru wymienia się poddanie umowy specyficznym formularzom ściśle związanym z prawem określonego państwa (np. formularze ubezpieczeniowe Lloyd'a[③]).

① G. Żmij: *Party Autonomy and the New Polish Act on Private International Law*. In: *Private Autonomy in Germany and Poland and in the Common European Sales Law*. Ed. T. Drygala, B. Heiderhoff, M. Staake, G. Żmij. Sellier 2012, s. 96.

② Por. art. 41 zd. 1 chińskiej ustawy o prawie właściwym dla stosunków cywilnoprawnych z elementem obcym z dnia 28 października 2010 r., Dz. Urz. Stałego Komitetu Narodowego Kongresu Ludowego Chińskiej Republiki Ludowej 2010 nr 7 s. 640 [tłum. na jęz. polski opubl. w Problemach Prawa Prywatnego Międzynarodowego, vol. 9, 2011, s. 149–159 (tłum. K. Sznajder-Peroń)].

③ Zob. Amin Rasheed Shipping Corpn. v. Kuwait Insurance Inc. [1984], AC 50.

Wyboru prawa można dokonać także w ogólnych warunkach umów, choć wybór taki zależy od skuteczności włączenia ogólnych warunków do umowy.

Na tle art. 3 rozporządzenia Rzym I strony mogą wybrać także prawo w żaden sposób niepowiązane ze stosunkiem, tj. prawo państwa trzeciego, niebędące prawem państwa pochodzenia żadnej ze stron. Przykładowo w umowie pomiędzy przedsiębiorcami z Polski i Chin strony mogą wybrać jako właściwe prawo szwajcarskie. Pomimo postulatów części doktryny i projektów Komisji Europejskiej prawodawca europejski nie zdecydował się dopuścić możliwości wyboru nienormatywnych (międzynarodowych) zespołów reguł prawnych, takich jak np. Zasady Europejskiego Prawa Umów (PECL) czy Zasady Międzynarodowych Kontraktów Handlowych UNIDROIT (UNIDROIT Principles). Przedmiotem wyboru prawa na gruncie art. 3 ww. rozporządzenia może być zatem jedynie prawo określonego państwa. Kwestia ta wypada jednak nieco inaczej w międzynarodowym arbitrażu, gdzie zakres swobody stron w ustalaniu podstawy rozstrzygnięcia jest szerszy niż przed sądem powszechnym.

Ponadto strony mogą dokonać wyboru prawa właściwego dla całej umowy lub tylko dla jej części. W szczególności może to być przydatne w skomplikowanych, mieszanych umowach obrotu gospodarczego (np. umowa o budowę kompletnego obiektu powiązana ze szkoleniem i innymi usługami). Wyodrębnione części danej umowy mogą zostać poddane różnym prawom.

Warto zauważyć, że wybór prawa może towarzyszyć (i często towarzyszy w praktyce) klauzuli arbitrażowej lub klauzuli wyboru sądu (umowie o jurysdykcję). Te dwie kwestie należy jednak wyraźnie odróżnić. Wybór sądu arbitrażowego z siedzibą w Polsce bądź polskiego sądu powszechnego jako kompetentnego do rozstrzygania sporu nie oznacza automatycznie wyboru prawa polskiego jako materialnoprawnej podstawy rozstrzygnięcia. Wybór polskiego sądu może być co najwyżej jedną z okoliczności branych pod uwagę przy ustalaniu, czy nastąpił dorozumiany wybór prawa (w żadnej jednak mierze nie okolicznością konkluzywną).

5. Prawo właściwe w przypadku braku wyboru prawa

Jeżeli nie dokonano wyboru prawa, zastosowanie znajdą normy kolizyjne rozporządzenia, przewidujące łączniki obiektywne. Zgodnie z art. 4 ust. 1 i 2 rozporządzenia Rzym I stosować należy prawo państwa, w którym miejsce zwykłego pobytu ma strona spełniająca świadczenie charakterystyczne w umowie. Odmiennie jednak niż na tle konwencji rzymskiej, w odniesieniu do najbardziej popularnych typów umów w rozporządzeniu wyraźnie wskazano, która ze stron spełnia świadczenie charakterystyczne i prawo której z nich należy w konsekwencji stosować (art. 4 ust. 1 lit. a–h). I tak tytułem przykładu umowa sprzedaży towarów podlega prawu państwa, w którym sprzedawca ma miejsce zwykłego pobytu (art. 4 ust. 1 lit. a), zaś umowa o świadczenie usług podlega prawu państwa, w którym usługodawca ma miejsce zwykłego pobytu (art. 4 ust. 1 lit. b). W pozostałych przypadkach (tj. niewymienionych w lit. a–h) również poszukuje się prawa państwa, w którym strona zobowiązana do spełnienia świadczenia charakterystycznego dla umowy ma miejsce zwykłego pobytu (art. 4 ust. 2). Sąd musi jednak dokonać samodzielnej oceny, która ze stron spełnia świadczenie charakterystyczne dla danego typu umowy. Jeżeli jednak w ten sposób nie da się ustalić prawa właściwego (bo nie można np. wskazać świadczenia charakterystycznego), to umowa podlega prawu państwa, z którym wykazuje najściślejszy związek (art. 4 ust. 4)[①].

Stosowanie prawa wskazanego łącznikiem charakterystycznego świadczenia może zostać w określonych okolicznościach przełamane na podstawie przewidzianej w art. 4 ust. 3 rozporządzenia reguły korekcyjnej. Zgodnie z tym przepisem, jeżeli ze wszystkich okoliczności sprawy wyraźnie wynika, że umowa pozostaje w znacznie ściślejszym

① Por. art. 41 zd. 2 chi ń skiej ustawy z dnia 28 października 2010 r., zgodnie z którą: „W braku wyboru prawa stosuje się prawo obowiązujące w miejscu zwykłego pobytu strony, której świadczenie najpełniej oddaje charakter umowy, lub też inne prawo, z którym umowa jest najściślej związania".

związku z innym państwem, stosuje się prawo tego innego państwa.

Warto zauważyć, że osobną regulację na tle rozporządzenia Rzym I mają umowy przewozu (art. 5), umowy ubezpieczenia (art. 7) oraz umowy zawierane przez przedsiębiorców z konsumentami (art. 6), jak również indywidualne umowy o pracę (art. 8).

6. Zakres zastosowania prawa właściwego

Artykuł 12 rozporządzenia Rzym I stanowi, że prawo właściwe dla umowy obejmuje w szczególności takie kwestie jak: wykładnia umowy, wykonywanie wynikających z niej zobowiązań, skutki całkowitego lub częściowego niewykonania zobowiązań łącznie z określeniem wysokości szkody, sposoby wygaśnięcia zobowiązań oraz przedawnienia i utraty praw wynikającej z upływu terminów, skutki nieważności umowy.

Poza prawem zasadniczo właściwym dla umowy określoną rolę pomocniczą odgrywa również prawo państwa, w którym ma miejsce jej wykonanie (art. 12 ust. 2). Przykładowo w ocenie prawidłowego wykonania obowiązków kontraktowych może zachodzić konieczność uwzględnienia dni ustawowo wolnych od pracy w państwie, w którym dostarczany jest towar przez sprzedawcę.

Warto zauważyć, że przelew wierzytelności, subrogacja umowna i ustawowa posiadają odrębną regulację na tle rozporządzenia Rzym I. O samej jednak zbywalności wierzytelności wynikającej z umowy rozstrzyga prawo, któremu przenoszona wierzytelność podlega (art. 14 ust. 2).

Rozporządzenie Rzym I nie odnosi się do kwestii zdolności strony do działania. W tym zakresie w Polsce sąd sięgać musi do ustawy p.p.m. z 2011 r. Zgodnie z tą ustawą zdolność osób fizycznych podlega ich ojczystemu prawu. Z kolei zdolność osób prawnych podlega prawu ich siedziby. Ani w polskim orzecznictwie, ani w doktrynie nie rozstrzygnięto dotąd, jak tę siedzibę należy rozumieć–czy jako siedzibę rzeczywistą, czy statutową. Prawo siedziby osoby prawnej rozstrzyga także o innych zagadnieniach korporacyjnych, takich jak np.: kto i na jakich zasadach jest uprawniony do reprezentacji danej osoby prawnej. W Polsce uprawnienia do reprezentacji spółek prawa handlowego wynikają z Kodeksu spółek handlowych i z wpisu do rejestru prowadzonego w Krajowym Rejestrze Sądowym (KRS)[①].

W tym miejscu należy również wspomnieć o możliwej w obszarze zobowiązań umownych ingerencji tzw. przepisów wymuszających swoje zastosowanie. Są to takie przepisy, „których przestrzeganie uważane jest przez państwo za tak istotny element ochrony jego interesów publicznych, takich jak organizacja polityczna, społeczna lub gospodarcza, że znajdują one zastosowanie do stanów faktycznych objętych ich zakresem bez względu na to, jakie prawo jest właściwe dla umowy zgodnie z niniejszym rozporządzeniem" (art. 9 rozporządzenia). Może tu chodzić m.in. o przepisy prawa konkurencji, dewizowego, bankowego, farmaceutycznego czy ochrony środowiska. Przepisy te znajdują zastosowanie bez względu na to, jakie prawo jest właściwe do umowy. Tytułem przykładu: jeśli określona umowa stanowi porozumienie kartelowe sprzeczne z prawem konkurencji UE (lub z polskim prawem antymonopolowym), to prawo to znajdzie zastosowanie nawet wówczas, jeżeli umowa podlega prawu państwa trzeciego (np. chińskiemu).

7. Konwencja Narodów Zjednoczonych o umowach międzynarodowej sprzedaży towarów (CISG)

W polsko-chińskich relacjach handlowych często zawieraną transakcją jest umowa sprzedaży towarów. Ponieważ zarówno Polska, jak i Chiny są stroną CISG, konwencję stosuje się do umów sprzedaży towarów zawieranych pomiędzy podmiotami z Polski i Chin. Konwencja zawiera jednolite przepisy prawa międzynarodowej sprzedaży. Reguluje ona zasady zawierania umów, prawa i obowiązki stron oraz zasady

① Zob. szerzej rozdział II niniejszej publikacji.

odpowiedzialności za naruszenie umowy. Jest to nowoczesny akt prawny czerpiący najlepsze wzorce z różnych tradycji prawnych. Przez 35 lat swego istnienia konwencja obrosła ogromną judykaturą i doktryną w różnych państwach. Choć nie jest ona niestety zawsze jednolicie stosowana, stwarza relatywnie przewidywalne środowisko prawne. Pozwala także na stosowanie międzynarodowej regulacji jako swoistego rodzaju rozwiązania kompromisowego pomiędzy stronami. W obszarach, które reguluje konwencja, znajduje ona zastosowanie z pierwszeństwem przed przepisami prawa krajowego (prawo krajowe stosuje się jedynie uzupełniająco). Konwencji nie stosuje się jednak, jeżeli strony zdecydują się ją wyłączyć w swej umowie (opt–out).

8. Poszukiwanie prawa właściwego dla umów w arbitrażu

Współcześnie dominującym na świecie w praktyce sposobem rozstrzygania międzynarodowych sporów handlowych jest arbitraż. Arbitraż handlowy posiada długą tradycję także w Polsce. Obecnie podstawowe ramy jego funkcjonowania regulują przepisy części V Kodeksu postępowania cywilnego[①]. Istotnie znowelizowane w 2005 r. polskie prawo arbitrażowe opiera się na UNCITRAL–owskiej Ustawie Modelowej z 1985 r. (UNCITRAL Model Law onInternational Commercial Arbitration)[②]. W Polsce są dwa główne sądy arbitrażowe rozstrzygające spory międzynarodowe: Sąd Arbitrażowy przy Krajowej Izbie Gospodarczej (KIG)[③] oraz Sąd Arbitrażowy przy Konfederacji Lewiatan[④].

Jeżeli strony zdecydowały się na poddanie swoich sporów pod rozstrzygnięcie sądu arbitrażowego (instytucjonalnego lub ad hoc), problem określenia prawa właściwego

① Dz.U. 1964 nr 43 poz. 296 z późn. zm.

② Na temat polskiego prawa arbitrażowego zob. w szczególności: *Polish Arbitration Law*. Ed. B. Gessel–Kalinowska vel Kalisz. Warszawa 2014, s. 648.

③ www.sakig.pl (dostęp: 19.12.2017).

④ www.sadarbitrazowy.org.pl(dostęp: 19.12.2017).

dla umowy może być trudniejszy do rozstrzygnięcia niż przed sądem państwowym. Oczywiście najczęściej będziemy mieć do czynienia z przypadkiem, w którym strony dokonały wyboru prawa właściwego dla umowy. Wybór taki jest zawsze respektowany przez arbitrów, chyba że zachodzą szczególne okoliczności, dla których należy uznać, że nie jest on skuteczny. Jeżeli jednak wyboru nie dokonano albo jest on nieskuteczny, trybunał arbitrażowy będzie musiał określić prawo właściwe w inny sposób. W arbitrażu międzynarodowym wypracowano różne metody[①]. Są one przedmiotem kontrowersji w doktrynie prawa arbitrażowego, choć współcześnie wydaje się dominować tzw. droga bezpośrednia, tj. poszukiwanie prawa właściwego bez pośrednictwa określonego zbioru norm kolizyjnych (direct approach). W Europie dyskusją objęte jest również pytanie, czy arbitrzy powinni stosować przepisy rozporządzenia Rzym I.

Regulaminy wspomnianych dwóch polskich sądów arbitrażowych zawierają wskazówki, w jaki sposób poszukiwać prawa właściwego w sytuacji braku wyboru prawa. Zgodnie z § 38 ust. 2 Regulaminu Sądu Arbitrażowego Lewiatana stosuje się w takim wypadku prawo materialne państwa, które arbitrzy uznają za właściwe. Z kolei w świetle § 6 ust. 1 Regulaminu Sądu Arbitrażowego przy KIG stosuje się prawo, które pozostaje w najściślejszym związku z rozpatrywanym stosunkiem prawnym. Żaden zatem ze wskazanych regulaminów nie wskazuje na potrzebę posługiwania się rozporządzeniem Rzym I ani innym zespołem norm kolizyjnych.

Maciej Zachariasiewicz

① Na ten temat zob. np. L. Silberman, F. Ferrari: Getting to the law applicable to the merits in international arbitration and the consequences of getting it wrong. In: Conflict of Laws in International Arbitration. Ed. F. Ferrari, S. Kröll. Sellier 2010, s. 257 i n.

IV. PODSTAWOWE ZASADY I PRZESŁANKI ZAWIERANIA UMÓW (Z UDZIAŁEM PRZEDSIĘBIORCÓW)

1. Zagadnienia wstępne

Fragment opracowania obejmujący zasady odnoszące się do zawierania umów w prawie polskim–z uwagi na cel całej publikacji – obejmuje zasady wynikające z części ogólnej Kodeksu cywilnego[1], ze szczególnym uwzględnieniem regulacji dotyczących profesjonalistów (przedsiębiorców). Zajmując się stosunkami profesjonalnymi, nie sposób ich przedstawiać na tle prawa polskiego bez odniesienia się do regulacji dotyczących wszystkich uczestników obrotu (obrotu powszechnego). Instytucje prawa prywatnego w prawie polskim znajdujące zastosowanie do osób prowadzących działalność gospodarczą (przedsiębiorców) zostały bowiem wkomponowane w ogólne instytucje prawa cywilnego. Przepisy Kodeksu cywilnego znajdują zresztą odpowiednie zastosowanie do spraw objętych regulacją Kodeksu spółek handlowych (por. art. 2 ksh). W związku z tym nie ma podstaw do wyraźnego wyróżnienia w systemie prawa polskiego odrębnej gałęzi prawa odnoszącego się do przedsiębiorców (prawa handlowego), przeciwstawianej prawu cywilnemu (prywatnemu). Próba przedstawienia problematyki zawierania umów obejmująca wyłącznie przepisy dotyczące przedsiębiorców (z pominięciem regulacji o charakterze ogólnym) byłaby niepełna. Nie dawałaby pełnego obrazu instytucji, które trzeba uwzględnić, zawierając umowę na tle prawa polskiego.

① Dz.U. 1964 nr 16 poz. 93 z późn. zm., zwany dalej w skrócie kc.

Mając to na uwadze, zostaną w tym miejscu przedstawione przepisy ogólne (Księgi I Kodeksu cywilnego) normujące zawieranie umów, znajdujące zastosowanie do wszystkich podmiotów prawa cywilnego, ze szczególnym podkreśleniem unormowań, tj. odnoszących się do przedsiębiorców. Z uwagi na bardziej informacyjny, popularyzatorski charakter opracowania nie zostaną tu przedstawione wątpliwości pojawiające się w doktrynie i orzecznictwie przy interpretacji niektórych przepisów. Nadto z uwagi na to, że publikacja jest kierowana zasadniczo do czytelnika z chińskiego obszaru prawnego (i językowego), zasadniczo odniesienia ograniczone zostały do źródeł polskojęzycznych[①].

W założeniu przedstawienie zagadnień dotyczących zawierania umów w sposób ogólny (a przez to skrótowy) ma służyć zbudowaniu u czytelnika (niezwiązanego z polskim obszarem prawnym) wyobrażenia co do cech charakterystycznych nawiązywania stosunków prawnych, mających swe źródło w umowie. Wyobrażenie to ma obejmować najistotniejsze elementy, które trzeba wziąć pod uwagę, zawierając umowę.

Po pierwsze, ma ono obejmować przesłanki ważności umowy. Innymi słowy okoliczności, od których zależy skuteczne zawarcie umowy. Chodzi tu przede wszystkim o sytuację prawną stron zawierających umowę w zakresie: zdolności do jej zawarcia (zdolność do czynności prawnych), zawarcia umowy wolnej od wad, zawarcia umowy we właściwej formie i odpowiedniego ukształtowania treści umowy.

Po drugie, w przypadku zawierania umowy przez przedstawiciela (tj. przedstawiciela ustawowego, pełnomocnika bądź prokurenta) istotne jest także zachowanie przesłanek

① Z uwagi jednak na to, że na uniwersytetach partnerskich są potencjalni czytelnicy, kt ó rzy studiują lub studiowali równocześnie prawo i język polski, w razie zamiaru pogłębienia przedmiotu rozważań podjętych w niniejszym rozdziale warto sięgnąć m.in. do: *System Prawa Prywatnego. Prawo cywilne–część ogólna*. T. 1. Red. M. Safjan. Warszawa 2012; *System Prawa Prywatnego. Prawo cywilne–część ogólna*. T. 2. Red. Z. Radwański. Warszawa 2008. Z pozycji anglojęzycznych zob. np.: Polish Bussines Law. Ed. Z. Brodecki. The Hague–London–New York 2003, s. 199–225; *Handbook on Polish Law*. Eds. W. Dajczak, A. Szwarc, P. Wiliński. Warszawa–Bielsko–Biała 2011; P. Machnikowski, J. Balcarczyk, M. Drela: *Contract Law in Poland*. Kluwer Law International BV, 2017.

skutecznego działania przedstawiciela. W razie niezachowania przesłanek ważności umowy czy przesłanek skutecznego działania przedstawiciela zainteresowane podmioty narażają się na cywilnoprawne sankcje, które nie pozwalają na ukształtowanie ich sytuacji prawnej zgodnie z ich wolą.

Po trzecie, wyobrażenie to ma–w założeniu–obejmować także to, w jaki sposób można zawrzeć umowę w prawie polskim i czy z rozpoczęciem negocjacji wiążą się jakieś zobowiązania stron (w szczególności obowiązek zawarcia umowy). Fragment dotyczący sposobów zawarcia umowy zostanie też poprzedzony rozważaniami na temat etapu przedkontraktowego, z uwzględnieniem porozumień często w praktyce zawieranych na tym etapie (umowa przedwstępna, klauzula poufności).

Nadto–co wydaje się także istotne–na podstawie niniejszego opracowania czytelnik spoza polskiego obszaru prawnego będzie miał wyobrażenie, co polski prawnik ma na myśli, posługując się pojęciami z zakresu prawa umów (np. umowa, negocjacje, oferta, błąd, pełnomocnik, prokurent), które zostaną w tym opracowaniu przedstawione.

1.1. Podłoże aksjologiczne wyróżnienia obrotu profesjonalnego (B2B) i konsumenckiego (B2C)

Pojęcie obrotu odnosi się do różnych zdarzeń prawnych, w szczególności czynności prawnych i wynikających z nich stosunków różnych podmiotów prawa cywilnego w zakresie wymiany dóbr i usług. Z uwagi na charakter uczestniczących w obrocie podmiotów należy wyróżnić trzy rodzaje obrotu:

1) po pierwsze, obrót powszechny, odbywający się bez związku z działalnością gospodarczą[①] jego uczestników (nie ma w tym przypadku znaczenia, czy taka działalność jest prowadzona);

① Działalność gospodarcza jest normowana Ustawą z dnia 2 lipca 2004 r. o swobodzie działalności gospodarczej, t.j. Dz.U. 2016 poz. 1829, 1948, 1997, 2255; Dz.U. 2017 poz. 460, 819.

2) po drugie, obrót obustronnie profesjonalny (B2B), odbywający się w związku z działalnością gospodarczą. Jego uczestnicy (przedsiębiorcy) zawierają umowy, które są określane jako dwustronnie kwalifikowane podmiotowo. Niektóre umowy z definicji (ustawowej) są umowami handlowymi, np. umowa agencyjna (art. 758–764^9 kc), umowa spedycji (art. 794–804 kc), w których obie strony są przedsiębiorcami. W innych umowach cecha przedsiębiorcy wymagana jest tylko dla jednej strony, spełniającej świadczenie charakterystyczne dla danej umowy (np. umowa komisu, art. 765–773; umowa ubezpieczenia, art. 805–852; umowa składu, art. 853–859^9 kc). Druga strona tych umów może, ale nie musi, być profesjonalistą;

3) po trzecie, obrót konsumencki, innymi słowy obrót jednostronnie profesjonalny (B2C). Jego cechą jest to, że z jednej strony występuje podmiot prowadzący działalność gospodarczą, z drugiej konsument. Pojęcie konsumenta zostało określone normatywnie w 22^1 kc, a także w innych ustawach[①].

Na podział ten wpływa zatem zasadniczo charakter uczestniczących w nim podmiotów. U podstaw zróżnicowania regulacji w odniesieniu do każdego rodzaju obrotu leży wartość w postaci ochrony strony słabszej stosunku prawnego. W szczególności znajduje to wyraz w regulacjach prawa konsumenckiego, które chronią konsumenta jako nieprofesjonalistę, a więc z założenia stronę słabszą (ekonomicznie, a w konsekwencji także negocjacyjnie). Na kształt standardów prawa polskiego w zakresie ochrony konsumenta wpłynęło prawo Unii Europejskiej[②]. Z uwagi na charakter tego opracowania regulacje konsumenckie nie są przedmiotem rozważań. W niektórych, wyjątkowych przypadkach w prawie UE także przedsiębiorcy są objęci ochroną. Dotyczy to w szczególności agentów handlowych. Standard ochrony określony w dyrektywie nr

① Bliżej na ten temat: M. Jagielska: *Zehn Jahre EU–Osterweiterung–eine privatrechtliche Bilanz. Polen–„reimplementing" EU Private Law.* "GPR Zeitschrift f ü r das Privatrecht der Europäischen Union" 2014, no. 6, s. 2–11.

② Bliżej na ten temat: M.Jagielska et al.: *Implementing Consumer Law in Poland.* "European Review of Private Law" 2007, no. 6, s. 873–889.

86/653/EWG[①] został następnie przyjęty przez wszystkie państwa członkowskie UE na skutek implementacji przepisów tej dyrektywy do praw krajowych, w tym prawa polskiego[②].

Należy podkreślić, że obrót dwustronnie profesjonalny (B2B) i powszechny charakteryzuje przewaga przepisów dyspozytywnych (iuris dispositivi). Z kolei obrót, w którym istnieje potrzeba ochrony strony słabszej stosunku prawnego (tj. obrót z udziałem konsumentów i wyjątkowo obrót profesjonalny), jest normowany przepisami imperatywnymi, tj. bezwzględnie wiążącymi (iuris cogentis) i semiimperatywnymi (iuris semidispositivi).

Określenie charakteru prawnego przepisów prawa i ich kwalifikacja jako przepisów względnie wiążących, dyspozytywnych (ius dispositivum), bezwzględnie wiążących (ius cogens) bądź semiimperatywnych ma zasadnicze znaczenie z uwagi na ocenę granic swobody kontrahentów przy sporządzaniu umowy (tj. kształtowaniu treści i celu umowy, art. 353^1kc). W przypadku przepisów bezwzględnie wiążących nie jest dopuszczalne wprowadzenie przez strony do umowy postanowień odbiegających od treści tychże przepisów (np. przedsiębiorcy nie mogą umówić się, że termin przedawnienia roszczeń związanych z ich działalnością jest inny niż 3 lata (por. art. 118 in fine kc).

Z kolei istotą przepisów semiimperatywnych jest to, że strony mogą umówić się inaczej, niż wynika to z przepisów. Jednakże–w odróżnieniu od przepisów dyspozytywnych – uprawnienie stron odnosi się wyłącznie do umownego kształtowania uprawnień strony chronionej (np. konsumenta, agenta), w sposób bardziej dla niej korzystny, niż wynika to z przepisów prawa. Innymi słowy niedopuszczalne jest

---

① Dyrektywa ta jest dostępna w różnych wersjach językowych na stronie: http://eur-lex.europa.eu/legal-content/PL/TXT/?uri=CELEX%3A31986L0653 (dostęp: 02.10.2017).

② Bliżej na ten temat: E. Rott-Pietrzyk: *Commercial Agency Contracts and Freedom of Contract*. In: *Private Autonomy in Germany and Poland and in the Common European Sales Law*. Eds. T. Drygala, B. Heiderhoff, M. Staake, G. Żmij. Sellier 2012, s. 15-34.

zamieszczanie w umowie postanowień mniej korzystnych dla agenta czy konsumenta, niż przewidują to przepisy ochronne. Strony zatem nie mogą np. pozbawić konsumenta bądź agenta określonych w ustawie uprawnień (m.in. prawa agenta do prowizji) lub zmienić postanowień ustawowych w sposób mniej korzystny dla konsumenta czy agenta (np. umówić się, że agent otrzyma prowizję później niż w chwili określonej przez przepis prawa).

Natomiast w przypadku przepisów względnie wiążących strony mogą kształtować treść i cel umowy dowolnie, z zastrzeżeniem, że postanowienia umowne nie są sprzeczne z określonymi kryteriami, tzn.: ustawą, naturą stosunku prawnego i klauzulą generalną zasad współżycia społecznego (art. 353^1 kc). W tym zakresie postanowienia umowne mogą odbiegać od przepisów prawa.

Największa swoboda w zakresie kształtowania treści i celu umów występuje w obrocie profesjonalnym i powszechnym (zasada swobody umów). Silnie podkreślana jest tu zasada równowagi w stosunkach umownych, która powinna być odzwierciedlona we wzajemnych prawach i obowiązkach stron. Natomiast we wszystkich przypadkach, w których ustawodawca chroni stronę słabszą stosunku prawnego, swoboda ta jest ograniczona. W każdym jednak razie strony, kształtując treść umowy, powinny zdawać sobie sprawę z charakteru prawnego przepisów prawnych odnoszących się do umów, aby nie narazić się na sankcję naruszenia przepisów imperatywnych.

1.2 Obrót krajowy i międzynarodowy–uwagi ogólne dotyczące źródeł prawa

1.2.1 Źródła prawa krajowego normujące zawarcie umowy

Jeśli chodzi o prawo stanowione, przy analizowaniu instytucji prywatnoprawnych, w szczególności zasad odnoszących się do umów, należy przede wszystkim uwzględnić przepisy Konstytucji Rzeczypospolitej Polskiej[1]. W zakresie objętym publikacją zasadnicze znaczenie ma zasada wyrażona w art. 22, zgodnie z którą ograniczenie

① Dz.U. 1997 nr 78 poz. 483 z późn. zm.

wolności działalności gospodarczej jest dopuszczalne tylko w drodze ustawy i tylko ze względu na ważny interes publiczny.

Zasady odnoszące się bezpośrednio do zawierania umów zostały unormowane w Księdze I Kodeksu cywilnego. W wielu przypadkach konieczne jest również uwzględnienie innych przepisów kc, w szczególności: przepisów ogólnych dotyczących zobowiązań (art. 353 kc i n.), przepisów części szczegółowej zobowiązań, normujących poszczególne typy umów (art. 535 kc i n.), a także przepisów innych ustaw (np. w odniesieniu do przetargu–przepisów ustawy o zamówieniach publicznych①); te ostatnie nie są przedmiotem analizy niniejszego opracowania. Przepisy Księgi I Kodeksu cywilnego normują m.in.: zdolność do zawarcia umowy, wady oświadczenia woli, formę czynności prawnej, sposoby zawarcia umowy, jej interpretację oraz instytucję reprezentacji.

Istotne znaczenie mają także zwyczaje oraz klauzule generalne. Niektóre przepisy nawiązują bezpośrednio do zwyczajów (art. 56 kc) i wartości objętych klauzulami generalnymi, takimi jak zasady współżycia społecznego (art. 5, 56, 58, 65 oraz 353^1 kc) czy dobre obyczaje (art. 72 § 2 kc). Zwyczaje pozwalają na uwzględnienie specyfiki w zakresie stosunków prawnych w danej branży, czy też między stronami, w przypadku stałych stosunków. Klauzule generalne pozwalaną natomiast na uwzględnienie specyfiki konkretnego przypadku (ujęcie sytuacyjne), a w konsekwencji na przyjęcie słusznego i rozsądnego rozwiązania w sytuacjach atypowych.

Rozważając problematykę zawarcia umowy–jak zresztą każdą inną–należy mieć na względzie fakt, że obraz obowiązującego prawa jest pełny po uwzględnieniu dorobku judykatury w zakresie przyjmowanej przez sądy metodologii wykładni i stosowania prawa. Nie bez znaczenia są także opiniotwórcze wypowiedzi przedstawicieli doktryny. Z uwagi na założenia i cel tego opracowania nie sposób w jego ramach przedstawić te elementy w pełni.

① Dz.U. 2015 poz. 2164 z późn. zm. w zw. z Dz.U. 2017 poz. 1579.

1.2.2 Źródła prawa międzynarodowego (wzmianka)

1.2.2.1 Europejskie prawo um ó w

A Europejskie prawo um ó w o charakterze wiążącym (prawo materialne[①])

Europejskie prawo dotyczące umów ma charakter fragmentaryczny. Dotyczy tylko zagadnień, które z uwagi na istotne dla Unii Europejskiej wartości i w zakresie jej kompetencji mają status prawa wiążącego, przyjmującego postać dyrektyw (do których prawo krajowe każdego państwa członkowskiego musi być dostosowane w drodze implementacji) bądź rozporządzeń (znajdujących bezpośrednie zastosowanie w prawie krajowym każdego z państw UE). W zakresie prawa umów ustawodawstwo UE odnosi się w przeważającym zakresie do stosunków prawnych z udziałem konsumentów (ta publikacja ich nie obejmuje). Gdy chodzi o stosunki profesjonalne, dla kształtowania prawa umów w państwach członkowskich znaczenie ma np. dyrektywa nr 86/653/EWG odnosząca się do agentów handlowych. Wpłynęła ona na kształt umów agencyjnych w państwach członkowskich UE po implementacji jej przepisów do krajowych porządków prawnych. Istotne znaczenie–w szczególności do porozumiewania się przedsiębiorców na odległość–mają także regulacje dotyczące społeczeństwa informacyjnego.

B Prawo modelowe

W Europie prace nad prawem umów trwają od 3 dekad. Są one prowadzone przez różne grupy eksperckie. Obecnie najistotniejsze znaczenie ma Draft *Common Frame* of Reference (DCFR)z 2008 r. (*Interim Edition*)[②] oraz z 2009 r. (*Full Edition*),[③] stanowiący kolejny krok na drodze unifikacji europejskiego prawa umów. Akt ten stanowi także

---

① Zagadnienia prawa prywatnego międzynarodowego są przedmiotem rozdziału III (opracowanie M. Zachariasiewicz).

② *Principles, Definitions and Model Rules of European Private Law. Draft Common Frame of Reference (DCFR).* Interim Outline Edition prepared by the Study Group on European Civil Code and the Research Group on EC Private Law (Acquis Group). Eds. Ch. von Bar, E. Clive, H. Schulte-Nölke. Monachium 2008.

③ *Principles, Definitions and Model Rules of European Private Law.* Eds. Ch. von Bar, E. Clive, H. Schulte-Nölke. Monachium 2009.

kolejny etap rozwoju europejskiego prawa modelowego[1]. Pokazuje również aksjologię europejskiego prawa umów, która znajduje wyraz w podstawowych zasadach (underlying principles). Nad nimi należy usytuować zasady nadrzędne (overriding principles).Do tych pierwszych należy zaliczyć: swobodę umów, bezpieczeństwo kontraktowe, sprawiedliwość i efektywność, natomiast tzw. zasady nadrzędne mają charakter bardziej polityczny i obejmują takie wartości jak: ochrona praw człowieka, wspieranie solidaryzmu i odpowiedzialności społecznej, zachowanie odmienności kulturowych i językowych itd.

DCFR może pełnić różne funkcje. Jako akt prawa modelowego może być wykorzystany przez strony w ramach materialnoprawnego wskazania prawa, gdy z woli tych stron znajdzie zastosowanie do oceny zawartej przez nie umowy w miejsce rozwiązań prawa krajowego, co jest w pełni możliwe przy rozstrzyganiu spraw przez sądy arbitrażowe. W razie rozstrzygania sprawy przez sąd powszechny wybór i rozwiązania DCFR są ograniczone przepisami prawa krajowego, właściwego do oceny danej umowy. Regulacje te mogą być w szczególności atrakcyjne dla zawierających umowę stron z różnych państw, które nie chcą poddać umowy prawu krajowemu, z którym powiązana jest każda ze stron (np. gdy jedna ze stron ma miejsce zwykłego pobytu w Polsce, a druga w Chinach).

Ponadto ustawodawcy krajowi (np. polski) wykorzystują ten akt jako punkt odniesienia przy zmianach prawa krajowego. Warto także zwrócić uwagę na możliwość

---

① Nie spos ó b zacytować w spos ó b wyczerpujący literatury dotyczącej rozwoju europejskiego prawa modelowego; zob. np.; Ch. von Bar: *The Launch of the Draft Common Frame of Reference*. "Iuridica International" 2008, nr XIV, s. 4 i n. Źródło: http://www.juridicainternational.eu/index.php?id=12725&highlight=Acquis,Principles (dostęp: 02.10.2017r.); H. Beale: *The Nature and Purposes of the Common Frame of Reference*. "Juridica International" 2008, nr I, s. 10 i n. Źródło: http://www.juridicainternational.eu/index/2008/vol-xiv/the-nature-and-purposes-of-the-common-frame-of-reference/ (dostęp: 02.10.2017); H.G.M. Eidenmueller, F. Faust, H.Ch. Grigoleit, N. Jansen, G. Wagner, R. Zimmermann: *The Common Frame of Reference for European Private Law-Policy Choices and Codification Problems*. "Oxford Journal of Legal Studies" 2008, vol. 28, issue 4, s. 659 i n.; H. Schulte-Nölke, F. Zoll, Ch. Bush: *From the Draft Common Frame of Reference to the Current EU Contract Law Debate*. Źródło: http://www.europarl.europa.eu/webnp/webdav/site/myjahiasite/users/emartinezdealosmoner/public/Schulte%20Nolke%20EN.pdf (dostęp: 02.10.2017); R. Zimmermann, N. Jansen: '*A European Civil Code in All but Name*': *Discussing the Nature and Purposes of the Draft Common Frame of Reference*. CLJ 2010, vol. 69, issue 1, s. 98 i n.

wykorzystania DCFR przy interpretacji przepisów prawa krajowego o europejskiej genezie. Wykładnia ta powinna uwzględniać cele i założenia aktu implementowanego przez przepisy krajowe (np. dyrektywy nr 86/653 przy analizie przepisów Kodeksu cywilnego o umowie agencyjnej). Nadto przepisy DCFR opatrzone oficjalnym komentarzem mogą dać czytelnikowi spoza UE obraz tzw. best solutions w zakresie przyjmowanych rozwiązań w prawie umów przez wiele krajów członkowskich UE①.

Dla stosunków profesjonalnych wynikających z umów transgranicznych mogą mieć także znaczenie tzw. TRANS–LEX Principles②, które w założeniu odzwierciedlają praktyki i uniwersalne rozwiązania, w szczególności w zakresie prawa umów w międzynarodowym obrocie handlowym.

1.2.2.2 Konwencje międzynarodowe dotyczące um ó w

Dla prawa umów bezpośrednio bądź na sposób ich wykładni (np. w zakresie zasady niedyskryminacji) znaczenie mają także konwencje międzynarodowe③. Dla stosunków profesjonalnych wynikających z umów znaczenie ma przede wszystkim Konwencja wiedeńska z 1980 r. o międzynarodowej sprzedaży towarów④. Znajduje ona zastosowanie do umów sprzedaży towarów między stronami mającymi siedziby handlowe w różnych państwach w dwóch przypadkach. Po pierwsze, jeżeli państwa te są stronami konwencji. Zarówno Polska, jak i Chiny są stronami CISG, konwencję stosuje się zatem do umów sprzedaży towarów zawieranych pomiędzy podmiotami z Polski i Chin. Po drugie, konwencję stosuje się, jeżeli normy międzynarodowego prawa prywatnego wskazują prawo państwa będącego stroną konwencji jako prawo właściwe (art. 1 ust. 1). Konwencja ta obejmuje jednolite przepisy międzynarodowej

① Zob. http://ec.europa.eu/justice/contract/files/european–private–law_en.pdf (dostęp: 02.10.2017).

② Zob. https://www.trans–lex.org/principles/of–transnational–law–(lex–mercatoria) (dostęp: 02.10.2017). Zasady te mogą być wykorzystane w obrocie w sposób podobny jak DCFR.

③ Zob. np. wykaz konwencji Rady Europy ratyfikowanych przez Polskę: http://www.coe.int/en/web/conventions/search–on–states/–/conventions/treaty/country/POL (dostęp: 02.10.2017).

④ Dz.U. 1997 nr 45 poz. 286, zwana dalej w skrócie CISG.

sprzedaży, które powinny być jednolicie stosowanie[①]. Konwencja ponadto reguluje zasady zawierania umów, ich interpretacji, odpowiedzialności za ich naruszenie. W zakresie regulowanym przez konwencję przepisy konwencyjne mają pierwszeństwo przed przepisami o genezie krajowej (np. przepisami polskiego kc, które mogą znaleźć zastosowanie jedynie uzupełniająco). Mimo tego, że stosowanie konwencji może być postrzegane jako rodzaj kompromisu między stronami, strony niejednokrotnie decydują się na wyłączenie konwencji bądź niektórych jej przepisów (*opt out*)[②].

Konwencje międzynarodowe–np. opracowane przez UNIDROIT[③]–dotyczą też innych umów, np. leasingu, faktoringu. Polska i Chiny nie są jednak stronami tych konwencji.

1.3 Jak rozumiana jest umowa w systemie prawa polskiego

Umowa jest czynnością prawną (a ściślej stanem faktycznym), w skład której wchodzą co najmniej dwa oświadczenia woli. Oświadczenia stron zmierzają do powstania (zawarcie umowy), zmiany (umowa zmieniająca istniejącą umowę) lub ustania stosunku prawnego (umowa rozwiązująca). Definicja ta jest wystarczająca w przypadku umów konsensualnych, tj. takich, do których powstania wystarczy złożenie przez strony oświadczeń woli (consensus). W przypadku niektórych umów do ich zawarcia jest jednak niezbędny dodatkowy element, np. wydanie rzeczy, wpis do księgi wieczystej.

Należy dodać, że system prawny wiąże z umową nie tylko skutki prawne wyrażone w oświadczeniach woli stron, ale także skutki oświadczeniami tymi nieobjęte, a wynikające, na mocy art. 56 kc, z trzech kryteriów, tj.: ustawy, zasad współżycia

① Jednolite stosowanie konwencji ma w założeniu zapewniać oficjalna strona CISG, na której są publikowane orzeczenia zapadłe na podstawie CISG i wypowiedzi doktryny: http://www.cisg.law.pace.edu/cisg/text/caseschedule.html (dostęp: 02.10.2017).

② M. Pohl: Exlusions of the United Nations Convention on Contracts for the International Sale of Goods under Article 6 CISG. W: Rozprawy z prawa prywatnego. Księga jubileuszowa dedykowana Profesorowi Wojciechowi Popiołkowi. Red. M. Jagielska, M. Pazdan, E. Rott–Pietrzyk, M. Szpunar. Warszawa 2017, s. 998–1015.

③ http://www.unidroit.org/about-unidroit/overview (dostęp: 02.10.2017).

społecznego i ustalonych zwyczajów. Innymi słowy umowa (oświadczenia woli stron) nie wyznacza w sposób pełny jej treści, tzn. praw i obowiązków stron. Konieczne jest jej uzupełnienie przez kryteria określone w art. 56 kc. Sąd rozstrzygający spór powstały na tle danej umowy powinien w tym celu ustalić, jakie przepisy znajdują do niej zastosowanie (kryterium ustawy, np. art. 720–724 kc w przypadku pożyczki), jakie panują w danych stosunkach zwyczaje i odpowiedzieć na pytanie, czy treść umowy powinny także in concreto wyznaczać określone wartości za pośrednictwem klauzuli generalnej zasad współżycia społecznego. Dopiero uzupełniona tymi kryteriami umowa w pełni obrazuje prawa i obowiązki stron umowy.

1.4 Swoboda kreowania umów (zasada swobody umów)

Zasada autonomii woli wyraża uprawnienie każdego podmiotu prawa do swobodnego kształtowania stosunków cywilnoprawnych przez czynności prawne, w szczególności umowy (tzw. zasada swobody umów). Zakres swobody decyzji zostaje ograniczony przepisami prawa w zakresie racji podyktowanych interesem publicznym czy względami moralnymi (art. 58 i art. 353^1 kc). Aksjologicznie zasada ta jest związana z wolnością każdej osoby i jej prawem do decydowania o własnym życiu. Znajduje ona także wyraz w Konstytucji RP (art. 22). W aksjologię tej zasady wpisuje się także ochrona godności każdego człowieka (szeroki wymiar ochrony osobowości każdego człowieka w równej mierze).

Swoboda dokonywania czynności prawnych ma różny zakres, w zależności od działu prawa cywilnego. Najszerzej jest realizowana w prawie obligacyjnym. Zasada swobody umów wiąże się tu z powoływaniem do życia nie tylko umów nazwanych (np. sprzedaż, zamiana, umowa o dzieło, zlecenia), tj. ustawowych typów umów, ale także umów, które przez ustawodawcę nie zostały unormowane jako ustawowe typy, tj. umów nienazwanych (np. dystrybucji, faktoringu, franchisingu, know–how).

Szerokie rozumienie tej zasady określa zakres swobody stron na różnych płaszczyznach; oznacza to, że strony mogą zadecydować:

1) czy zawrzeć umowę (ograniczenie swobody dotyczy tu podmiotów zobowiązanych do dostarczania niektórych dóbr lub usług, np. energii cieplnej, gazu, prądu itp., oraz zakresu obowiązkowych ubezpieczeń);

2) z kim zawrzeć umowę (ograniczenie dotyczy konieczności wybrania wyspecjalizowanych podmiotów świadczących określony typ usług, np. banki przy czynnościach bankowych);

3) jaką nadać umowie treść–zasada swobody umów *sensu stricto* (art. 353^1 kc);

4) w jakiej formie zawrzeć umowę (por. art. 60 kc);

5) w jaki sposób zawrzeć umowę;

6) czy można swobodnie doprowadzić do rozwiązania umowy (poprzez umowę rozwiązującą, czynność prawną jednostronną, tj. wypowiedzenie czy odstąpienie).

Zasada swobody kontraktowej dotycząca treści umowy została wyrażona w art. 353' kc. Zgodnie z tą zasadą treść i cel stosunku prawnego nie mogą być sprzeczne z:

– ustawą (tj. przepisami imperatywnymi);

– zasadami współżycia społecznego;

– ustalonymi zwyczajami.

Skutek przekroczenia tych ograniczeń jest powiązany z najbardziej surową sankcją cywilnoprawną, tj. nieważnością bezwzględną (art. 58 kc). Czynność prawna jest wówczas nieważna od chwili jej zawarcia, z obowiązkiem zwrotu tego, co strony świadczyły. Sankcja ta powoduje bowiem odpadnięcie podstawy prawnej spełnienia przez obie strony świadczenia. Może się na nią powołać każdy uczestnik obrotu, a sąd powinien uwzględnić ją z urzędu.

1.5 Umowy w obrocie profesjonalnym–istota

Istotą umów w obrocie profesjonalnym jest podmiotowa kwalifikacja oznaczająca, że po obu stronach umowy są przedsiębiorcy. Przepisy dotyczące zawierania umów zawierają niejednokrotnie rozwiązania, dla których założeniem jest współpraca stron i wynikające z niej zaufanie czy też ustalone zwyczaje. Z kolei przepisy części ogólnej zobowiązań normujące wykonanie i skutki niewykonania umów, a także przepisy normujące poszczególne typy umów odnoszące się do obrotu z wyłączeniem udziału konsumentów kładą poza tym nacisk na równowagę kontraktową. Jej naruszenie może prowadzić do sankcji cywilnoprawnej (nieważności bezwzględnej) bądź do ingerencji sądu w treść stosunku prawnego wynikającego z umowy, w szczególności przy instytucji wyzysku (w przypadku art. 388 kc). Ponadto, jeśli równowaga ta jest zaburzona na skutek nadzwyczajnych okoliczności pojawiających się po zawarciu umowy, sąd również jest uprawniony do ingerencji w treść zobowiązania. W szczególności w razie nadzwyczajnej zmiany okoliczności (art. 357^1 kc) bądź nadzwyczajnej zmiany siły nabywczej pieniądza (art. 358^1 § 3 kc). Prawo w takich sytuacjach ma w założeniu prowadzić do realizacji podstawowej zasady w stosunkach kontraktowych, tj. zachowania równowagi stron (np. przez zmianę wysokości świadczenia, a nawet rozwiązanie umowy, jak w pierwszym z wymienionych przypadków).

W niektórych umowach szczególne znaczenie ma także lojalność i zaufanie kontrahentów (co wyraźnie zostało wyrażone w art. 760 kc w przypadku stron umowy agencyjnej). W stosunku do przedsiębiorców stawiane są także wyższe wymagania co do dołożenia należytej staranności przy wykonaniu zobowiązania (art. 355 § 2 kc).

W Księdze I Kodeksu cywilnego odmienności obrotu z udziałem przedsiębiorców odzwierciedla wiele przepisów normujących, np.: obowiązki informacyjne przedsiębiorcy na etapie przedumownym (art. 66^1 § 2 kc), odwołanie oferty (art. 66^2 kc), przyjęcie oferty z zastrzeżeniami (art. 68^1 kc), znaczenie milczenia przy złożeniu oferty (art. 68^2 kc).

2. Skuteczne kreowanie umów w prawie polskim

2.1 Uwagi ogólne

Strony przed zawarciem umowy, tj. na etapie przedkontraktowym, mogą składać różnego rodzaju oświadczenia. Ich charakter prawny może być różny. Nie wszystkie one są źródłem zobowiązania. Chcąc zabezpieczyć swoje interesy na etapie poprzedzającym zawarcie umowy, strony mogą zawierać różne porozumienia mające na celu ustalenie kwestii dotyczących: procedury postępowania służącej zawarciu umowy, zakresu przekazywanych informacji, zobowiązania się do poufności w zakresie informacji uzyskanych przed zawarciem umowy. Mogą także zawrzeć umowę przedwstępną zobowiązującą do zawarcia umowy ostatecznej (przyrzeczonej). Istotne znaczenie w obrocie mają w szczególności: porozumienie dotyczące poufności i umowa przedwstępna.

2.2 Porozumienia poprzedzające zawarcie umowy zasadniczej

2.2.1 Klauzula poufności

Na etapie negocjacji strony mogą zawrzeć porozumienie dotyczące poufności albo jedna ze stron, udostępniając informacje drugiej stronie, może zastrzec ich poufność (art. 72^1 kc). Celem tych działań jest ochrona informacji stanowiących tajemnicę jednej ze stron (albo obu stron) prowadzących negocjacje. Porozumienie bądź zastrzeżenie poczynione przez jedną ze stron zobowiązują kontrahenta do nieujawniania i nieprzekazywania informacji poufnych innym osobom oraz do niewykorzystywania ich do własnych celów (chyba że strony uzgodniły inaczej). W razie naruszenia obowiązku zachowania poufności uprawniony może żądać od drugiej strony naprawienia szkody (art. 471 kc) albo wydania uzyskanych przez nią korzyści na skutek wykorzystania informacji poufnych. Są to roszczenia alternatywne–uprawniony może wedle swego wyboru wystąpić albo o naprawienie szkody, albo o zwrot korzyści uzyskanych przez drugą stronę.

2.2.2 Umowa przedwstępna

Umowa przedwstępna jest przydatna, jeśli niezwłoczne zawarcie umowy definitywnej (przyrzeczonej) z różnych przyczyn (faktycznych bądź prawnych) nie jest możliwe. W takiej sytuacji strony mogą w umowie przedwstępnej zapewnić sobie zawarcie umowy definitywnej. Treścią tej umowy jest bowiem zobowiązanie jednej bądź obu stron do zawarcia w przyszłości oznaczonej umowy.

Umowa przedwstępna powinna określać istotne postanowienia umowy przyrzeczonej (art. 389 § 1 kc), np. w umowie sprzedaży powinien zostać określony jej przedmiot i cena (albo sposób jej ustalenia). W praktyce strony najczęściej ustalają termin, w którym umowa definitywna ma zostać zawarta. Nie jest to jednak niezbędne dla ważności umowy przedwstępnej. Jeśli nie uzgodniono w umowie tego terminu, stosuje się szczegółowe, ustawowe zasady wyznaczania terminu przez strony (art 389 § 2 kc). W każdym jednak bądź razie, jeżeli w ciągu roku od dnia zawarcia umowy przedwstępnej nie został wyznaczony termin do zawarcia umowy definitywnej, żadna ze stron nie można żądać jej zawarcia. Umowa przedwstępna ma zabezpieczać przed uchyleniem się od zawarcia przez kontrahenta umowy definitywnej.

Jeśli jedna ze stron uchyla się od zawarcia umowy, w zależności od okoliczności strona uprawniona może skorzystać z jednego z dwóch skutków umowy przedwstępnej (tj. skutku słabszego i skutku silniejszego). Po pierwsze, może żądać naprawienia szkody, którą poniosła przez to, że liczyła na zawarcie umowy przyrzeczonej (skutek słabszy)①. Strony mogą w umowie przedwstępnej odmiennie określić zakres odszkodowania (art. 390 § 1 kc). Po drugie, może dochodzić zawarcia umowy przyrzeczonej (skutek mocniejszy). Realizacja drugiego uprawnienia jest możliwa tylko wówczas, gdy umowa przedwstępna spełniała przesłanki, od których zależy ważność umowy przyrzeczonej (w szczególności w zakresie formy). Jeśli więc umowa przyrzeczona powinna być zawarta w formie szczególnej (np. sprzedaż nieruchomości

① Chodzi tu o ten sam zakres odszkodowania, jak w przypadku nielojalnego postępowania w trakcie negocjacji (art. 72 § 2 kc), który był omawiany przy zagadnieniu odpowiedzialności przedkontraktowej (*culpa in contrahendo*).

w formie aktu notarialnego), to w razie jej niezachowania przy zawarciu umowy przedwstępnej (np. zawarcia jej w formie pisemnej zwykłej) umowa przedwstępna jest ważna. Wywoła ona jednak ograniczony skutek. Strona uprawniona może bowiem wówczas żądać tylko naprawienia szkody; nie może natomiast domagać się zawarcia umowy przyrzeczonej na drodze sądowej. W razie wystąpienia do sądu o zawarcie umowy przyrzeczonej wyrok zastępuje oświadczenie woli strony uchylającej się od zawarcia umowy. Ma on charakter konstytutywny, co oznacza, że skutek zawarcia umowy następuje z chwilą uprawomocnienia się wyroku. W praktyce przyjmuje się, że orzeczenie nie tyle zastępuje oświadczenie woli osoby zobowiązanej, ale że stwierdza zawarcie umowy i zastępuję tę umowę.

Roszczenia z umowy przedwstępnej przedawniają się z upływem roku od dnia, w którym umowa przyrzeczona miała być zawarta. Jeżeli sąd oddali żądanie zawarcia umowy definitywnej, roszczenia z umowy przedwstępnej przedawniają się z upływem roku od dnia, w którym orzeczenie stało się prawomocne.

2.3 Przesłanki ważności umowy

2.3.1 Uwagi wprowadzające

Każda umowa podlega ocenie pod względem przesłanek jej ważności. Oczywiste jest zatem, że strony, zawierając umowę, powinny spełnić przewidziane prawem przesłanki. W przypadku zaistnienia sporu na tle umowy sąd przed merytoryczną jego oceną w pierwszej kolejności rozważy, czy umowa jest ważna, biorąc pod uwagę wszystkie przesłanki ważności. Oceni zatem: czy strony miały wymaganą zdolność do zawarcia danej umowy, czy zachowały wymagania formalne, czy umowa jest wolna od wad i w końcu–czy jej treść jest zgodna z normatywnie określonymi kryteriami–ustawą, naturą stosunku prawnego wynikającego z umowy oraz klauzulą słusznościową (zasadami współżycia społecznego).

Należy dodać, że reguły wykładni oświadczenia woli (o których jest mowa niżej) mają także znaczenie przy ocenie tego, czy oświadczenia woli kreujące umowę zostały w ogóle złożone (art. 65 kc). Innymi słowy służą one nie tylko wykładni umowy w celu odczytania znaczenia postanowień umownych, ale także udzieleniu odpowiedzi, czy w ogóle doszło do skutecznego zawarcia umowy.

2.3.2 Zdolność do czynności prawnych

Zdolność do czynności prawnych należy odnosić–obok zdolności prawnej–do wszystkich podmiotów prawa cywilnego, a więc do: osób fizycznych, osób prawnych i jednostek organizacyjnych niemających osobowości prawnej (tj. tzw. niepełnych osób prawnych, co dotyczy w szczególności spółek osobowych, tj. spółki jawnej, partnerskiej, komandytowej i komandytowo–akcyjnej). Przepisy Kodeksu cywilnego odnoszące się do osób prawnych stosuje się odpowiednio do tych jednostek (w zakresie nienormowanym przepisami ksh).

Zdolność do czynności prawnych jest zdolnością do tego, aby za pomocą własnych czynności prawnych nabywać prawa i zaciągać zobowiązania (np. aby przez zawarcie umowy sprzedaży stać się właścicielem). Zdolność prawną ma każdy człowiek (może być właścicielem), ale nie każdy ma zdolność do czynności prawnych, czyli nie każdy poprzez swoje działania może stać się właścicielem (np. ubezwłasnowolniony całkowicie). Mimo tożsamości tego pojęcia w stosunku do wszystkich podmiotów prawa, zdolność do czynności prawnych należy rozpatrywać z natury rzeczy odrębnie w odniesieniu do osób fizycznych i prawnych. Osoby prawne bowiem mają zdolność prawną i zdolność do czynności prawnych zasadniczo od chwili powstania do chwili ustania osoby prawnej. Osoby te działają przez swoje organy (art. 38, art. 39 kc). Natomiast w przypadku osób fizycznych na zakres zdolności do czynności prawnych bądź jej braku mają wpływ dwie zasadnicze okoliczności, tj.: wiek i ubezwłasnowolnienie[①].

① Nadto na zdolność do czynności prawnych wpływa wyznaczenie doradcy tymczasowego w czasie trwania postępowania toczącego się w sprawie ubezwłasnowolnienia (ograniczona zdolność do czynności prawnych) oraz wcześniejsze zawarcie małżeństwa przez kobietę, która ukończyła 16 rok życia po uzyskaniu zgody sądu (pełna zdolność do czynności prawnych).

Wiek i ubezwłasnowolnienie wpływają na zdolność do czynności prawnych w ten sposób, że pozwalają na wyróżnienie trzech zakresów tej zdolności, co ma wpływ na ocenę ważności czynności prawnej dokonywanej przez osobę fizyczną. W sposób zasadniczy i powszechny (gdyż dotyczy wszystkich bez wyjątku osób fizycznych) zakres zdolności do czynności prawnych określa wiek. Ubezwłasnowolnienie (częściowe lub całkowite) jest orzekane w sytuacjach szczególnych, określonych w ustawie (art. 13 i 16 kc).

Na zakres zdolności do czynności prawnych wiek i ubezwłasnowolnienie wpływają w sposób następujący:

1) osoba fizyczna od chwili urodzenia do 13 rokużycia jest w takiej samej sytuacji prawnej, jeśli chodzi o zdolność do czynności prawnych, jak osoba ubezwłasnowolniona całkowicie (brak zdolności do czynności prawnych).Osoba ta co do zasady nie może dokonywać samodzielnie czynności prawnych. Czynności prawnych dokonuje w jej imieniu przedstawiciel ustawowy (rodzice, opiekun). Umowa zawarta przez taką osobę jest dotknięta nieważnością (art. 58 § 1 kc);

2) osoba między 13 a 18 rokiem życia jest w takiej samej sytuacji, jak osoba ubezwłasnowolniona częściowo (ograniczona zdolność do czynności prawnych);

3) od 18 roku życia osoba fizyczna (nieubezwłasnowolniona) ma pełną zdolność do czynności prawnych. Osoba ta może dokonywać wszelkich czynności prawnych w zakresie przewidzianym prawem.

Najbardziej zróżnicowana pod względem sytuacji prawnej jest grupa osób mających ograniczoną zdolność do czynności prawnych (grupa 2). W tej grupie bowiem należy wyróżnić czynności prawne:

– które osoba fizyczna może dokonywać samodzielnie;

– które może dokonywać tylko z potwierdzeniem przedstawiciela ustawowego (rodzica, kuratora); w tym przypadku zatem nie kształtuje samodzielnie swojej sytuacji prawnej;

– których nie może dokonywać w ogóle (czynności prawne o charakterze osobistym); nie dotyczy to jednak umów obligacyjnych (nie są w związku z tym przedmiotem niniejszej analizy).

Zasadą jest, że osoby te dokonują czynności prawnych samodzielnie, ale do ważności umowy jest potrzebna zgoda przedstawiciela ustawowego (rodzica albo kuratora). Kontrahent takiej osoby może wyznaczyć przedstawicielowi termin do potwierdzenia umowy (po jego upływie lub odmowie potwierdzenia jest wolny), jednak czynność prawna jednostronna dokonana bez jego zgody jest nieważna bezwzględnie. Zawarcie umowy bez potwierdzenia przedstawiciela ustawowego (zgoda może być udzielona przed, w trakcie albo po dokonaniu czynności) powoduje, że czynność jest czynnością prawną niezupełną. Dotyka ją sankcja bezskuteczności zawieszonej (czynność ta bowiem znajduje się w stanie zawieszenia). Skutki następują dopiero w razie potwierdzenia przez przedstawiciela ustawowego albo samego dokonującego po uzyskaniu przez niego pełnoletniości. Wówczas czynność prawna jest ważna od chwili zawarcia. Natomiast w razie odmowy potwierdzenia albo upływu terminu do potwierdzenia czynność prawna jest nieważna od chwili zawarcia.

Wyjątkiem jest traktowanie osobymającej ograniczoną zdolność do czynności prawnych tak, jakby miała pełną zdolność do czynności prawnych. Ma to miejsce w szczególności,gdy osoba ta nie dokonuje rozporządzenia, ani nie zaciąga zobowiązania, tj. w sytuacji, gdy uzyskuje prawo (np. przy darowiźnie w żaden sposób nie obciążonej), zawiera umowę o pracę. Można przyjąć założenie, że wyjątki te nie mają istotnego znaczenia w stosunkach między przedsiębiorcami. W stosunkach tych z reguły podmiotami są osoby pełnoletnie, więc uchybienie tej przesłance ważności z reguły nie zachodzi. Może się zdarzyć, że jako strona stawać będzie osoba, która została ubezwłasnowolniona (całkowicie bądź częściowo). Należy zwrócić wówczas uwagę na jej należytą reprezentację (przy ubezwłasnowolnieniu całkowitym) bądź zgodę przedstawiciela ustawowego na zawarcie umowy lub dokonanie czynności prawnej jednostronnej (np. wypowiedzenie umowy).

2.3.3 Forma

2.3.3.1 Swoboda w zakresie formy

W Kodeksie cywilnym przyjęto zasadę swobody formy czynności prawnych (art. 60 kc), chyba że ustawa stanowi inaczej. Wymagania co do formy wynikają z ustawy lub umowy (łac. pactum de forma). Przełamują swobodę formy zatem normy ustawowe lub umowne (w myśl zasady: „bez normy nie ma formy"). Ustawowe wymogi co do formy mają na celu ochronę autora oświadczenia woli, tj. nakłonienie go do zastanowienia się, rozsądnego przemyślenia swojej sytuacji prawnej (np. forma aktu notarialnego dla darczyńcy, art. 890 kc). Strony także mogą mieć interes w tym, aby do dokonania przez nie różnych czynności prawnych dochodziło w określonej przez nie formie. Zastrzeżenie takie może eliminować do pewnego stopnia wątpliwości i spory stron dotyczące treści umowy.

W przypadkach konieczności zachowania wymagań formalnych przyjęto zasadę generalnej ochrony poprzez sankcję nieważności bezwzględnej przy ich niezastosowaniu. Przy wymogach formalnych dla stron stwarza się namacalny dowód dokonania czynności prawnej i ułatwia dochodzenie roszczeń w razie sporu. Szerokie odformalizowanie jest możliwe w społeczeństwach o wysoko rozwiniętej kulturze prawnej, w których nie kwestionuje się swoich słów, czynów.

2.3.3.2 Podział formy

Kodeks cywilny przewiduje różne formy szczególne, wyróżniane z uwagi na sposób sporządzenia, inaczej–wymagania co do formy:

1) zwykła forma pisemna (art. 78 kc), np. pełnomocnictwo ogólne (art. 99 § 2 kc);
2) poświadczenie daty–pismo z data pewną (art. 81 kc), np. zastaw na prawie (art. 329 kc);
3) poświadczenie podpisu (pismo z urzędowym poświadczeniem podpisu), np. zbycie przedsiębiorstwa (art. 75^1 kc);
4) akt notarialny, np. sprzedaż nieruchomości (zarówno umowa zobowiązująca, jak i rozporządzająca–własność przenosząca) (art. 158 kc);

5) forma elektroniczna (art. 78 § 2, art. 78[1] kc), która jest równoważna z formą pisemną zwykłą, przy czym nie można stronie narzucić obowiązku posłużenia się formą elektroniczną;

6) forma dokumentowa (art. 77[2], art. 77[3] kc), jako mniej sformalizowane oświadczenie woli złożone w postaci dokumentu, w sposób umożliwiający ustalenie osoby składającej oświadczenie (np. art. 720 kc przy pożyczce przekraczającej 1 tys. zł).

2.3.3.3 Skutki niedochowania formy

Niedochowanie wymagań formalnych pociąga za sobą określone ustawą sankcje. Z uwagi na rodzaje sankcji dokonywany jest podział w zakresie formy czynności prawnych. Wyróżniane są tu trzy typy formy szczególnej:

1) forma pod rygorem nieważności (ad solemnitatem);

2) forma dla celów dowodowych (ad probationem);

3) forma dla wywołania określonych skutków prawnych (ad eventum).

Ad. 1. Pierwszy z wymienionych typów form obejmuje najdalej idące konsekwencje braku zachowania formy czynności prawnej. Powoduje bowiem skutek w postaci nieważności bezwzględnej umowy (bądź innej czynności prawnej). Obowiązek zachowania formy ad solemnitatem może wynikać z ustawy lub z porozumienia stron.

Zgodnie z art. 73 § 2 zd 1 kc, jeżeli ustawa zastrzega dla czynności prawnej inną formę szczególną (niż pismo zwykłe, forma elektroniczna i dokumentowa), czynność prawna dokonana bez zachowania formy jest nieważna. Chodzi tu zatem o: akt notarialny (np. art. 158, 234–237, 1052), pismo z datą pewną, pismo z poświadczeniem podpisu. Natomiast gdy chodzi o pismo zwykłe, formę elektroniczną i dokumentową, to, zgodnie z art. 73 § 1 kc, jeżeli są one zastrzeżone przez ustawę, to czynność prawna bez zachowania przewidzianej formy jest nieważna tylko wtedy, gdy ustawa tak stanowi, tj. gdy ustawa ustanawia sankcję nieważności czynności prawnej. Forma pisemna z zastrzeżeniem nieważności występuje np. w odniesieniu do pełnomocnictwa ogólnego (art. 99 § 2 kc), prokury (art. 109 § 2[1] kc) czy zakazu działalności konkurencyjnej agenta (art. 764^6 kc).

Sankcję nieważności strony mogą także zastrzec w umowie. Przyjęto tu analogiczną zasadę do przypadku, gdy źródłem wymagań formalnych jest ustawa. Otóż jeśli strony zastrzegły, że czynność prawna powinna być dochowana w formie szczególnej (innej niż forma pisemna zwykła, elektroniczna i dokumentowa), dochodzi ona do skutku tylko przy zachowaniu tej formy (art. 76 zd. 1 kc). Skutku nieważności na wypadek niezachowania formy strony nie muszą więc zastrzegać (wystarczy, że umówią się np. na formę aktu notarialnego). Natomiast skutek nieważności powinien być przez strony wyraźnie zastrzeżony na wypadek niezachowania formy pisemnej zwykłej, elektronicznej bądź dokumentowej. Jeśli w tym przypadku strony nie postanowią wyraźnie, że „forma pisemna (elektroniczna czy dowodowa) jest zastrzeżona pod rygorem nieważności" , przyjmuje się, że forma ta jest zastrzeżona tylko dla celów dowodowych (ad probationem), a sama umowa jest ważna (o czym niżej).

Ad. 2. Skutki zastrzeżenia przez ustawę lub umowę formy dla celów dowodowych dotyczą formy pisemnej zwykłej, elektronicznej oraz dowodowej, jeżeli jej zachowanie nie pociąga za sobą nieważności, lecz ogranicza możliwość skorzystania z określonych ustawą środków dowodowych (art. 74 kc). Utrudnienia dowodowe odnoszą się tylko do samego faktu dokonania czynności prawnej (zawarcia umowy). Nie jest wówczas możliwy dowód ze świadków ani z przesłuchania stron. Dowody te można jednak przeprowadzić, gdy obie strony wyrażą na to zgodę, zażąda tego konsument bądź fakt dokonania czynności uprawdopodobniony jest za pomocą pisma. Jeśli natomiast sam fakt zawarcia umowy nie jest sporny, ograniczenia dowodowe nie dotyczą wykazywania treści umowy (np. gdy strony nie spierają się o to, czy w ogóle doszło do zawarcia umowy sprzedaży, tylko o treść postanowień umownych). Treść umowy można wówczas wykazywać wszelkimi przewidzianymi prawem dowodami.

Forma dla celów dowodowych wynika z ustawy (np. umowa dostawy, umowa o roboty budowlane, umowa spółki cywilnej, odwołanie darowizny) lub gdy tak umówią się strony (art. 76 kc). Należy podkreślić, że forma dla celów dowodowych nie znajduje zastosowania w stosunkach między przedsiębiorcami (art. 74 § 3 kc). Obowiązek zachowania tej formy nie odnosi się do przedsiębiorców, nie muszą się więc oni obawiać ograniczeń dowodowych, gdy sporny jest sam fakt zawarcia przez strony danej umowy.

Ad. 3. Forma dla wywołania określonych skutków prawnych (łac. ad eventum) polega na tym, że ustawa uzależnia wywołanie przez czynność prawną określonych skutków od zachowania formy szczególnej (art. 73 § 2 zd. 2; art. 74 § 1 zd. 2 kc). Mimo niezachowania formy szczególnej, czynność prawna jest ważna, ale nie wywoła wszystkich skutków bądź wywoła inne niż te, które strony zamierzały. Za przykład może posłużyć umowa najmu nieruchomości (bądź pomieszczenia) na rok na czas dłuższy niż rok. Umowa taka powinna zostać zawarta na piśmie. Jeśli strony nie dochowają formy pisemnej, to umowę – wbrew ich zamiarowi – poczytuje się za zawartą na czas nieoznaczony (art. 660 kc).

2.3.3.4 Forma następczych czynności prawnych

Forma następczych czynności prawnych odnosi się do umów już zawartych. Do tych czynności należy: umowa zmieniająca (która zmienia lub uzupełnia treść umowy wiążącej strony), umowa rozwiązująca, wypowiedzenie umowy, odstąpienie od umowy.

W odniesieniu do formy tych czynności przewidziano w Kodeksie cywilnym cztery zasady (art. 77). Po pierwsze, uzupełnienie i zmiana umowy wymaga takiej samej formy, jaką strony lub ustawa przewidziały dla jej zawarcia. Strony mogą jednak zastrzec dla umowy modyfikującej formę surowszą (np. zawrzeć ją w formie aktu notarialnego zamiast formy pisemnej).

Druga zasada odnosi się do formy czynności prawnej zmierzającej do zakończenia umowy, tj. jej rozwiązania za porozumieniem stron, odstąpienia bądź wypowiedzenia przez jedną ze stron. Jeśli umowa była zawarta w formie pisemnej, elektronicznej bądź dokumentowej, jej rozwiązanie za porozumieniem, odstąpienie bądź wypowiedzenie powinno być dokonane w formie dokumentowej (chyba że ustawa lub umowa zastrzega inną formę).

Zgodnie z trzecią zasadą, jeśli umowa była zawarta w innej formie szczególnej, jej rozwiązanie za zgodą stron powinno być dokonane w takiej samej formie (np. umowa w formie aktu notarialnego może być rozwiązana za porozumieniem tylko w formie akty notarialnego).

Czwarta zasada dotyczy zakończenia umowy zawartej w innej formie szczególnej (np. akt notarialny, pismo z urzędowym poświadczeniem podpisu) przez jedną stronę w drodze odstąpienia bądź wypowiedzenia. Otóż odstąpienie od umowy bądź jej wypowiedzenie powinno być stwierdzone pismem.

2.3.3.5 Pisemne potwierdzenie umowy

Pisemne potwierdzenie umowy (art. 77^1 kc) dotyczy umowy zawartej bez zachowania formy pisemnej. Jak wspomniano, forma pisemna, elektroniczna i dokumentowa zastrzeżona dla celów dowodowych nie obowiązuje między przedsiębiorcami. Stąd pismo potwierdzające ma pełnić między przedsiębiorcami zbliżone funkcje dowodowe do formy ad probationem w obrocie powszechnym i konsumenckim.

Jeśli przedsiębiorcy nie dochowali przy zawarciu umowy formy pisemnej zwykłej, pisemne jej potwierdzenie przez jedną ze stron skutkuje tym, że strony są związane umową o treści określonej w piśmie potwierdzającym (art. 77^1 § 1 kc). Analogiczną zasadę przewidziano dla przedsiębiorców, gdy nie zachowali oni wymogu formy dokumentowej (art. 77^1 § 2 kc). Skutek związania nastąpi jednak jedynie wówczas, gdy:

1) pismo (bądź dokument) zostanie przesłane przez jedną stronę drugiej niezwłocznie po zawarciu umowy;

2) pismo (bądź dokument) nie zawiera istotnej zmiany treści;

3) druga strona niezwłocznie nie sprzeciwi się pismu potwierdzającemu (bądź dokumentowi potwierdzającemu) na piśmie (bądź odpowiednio w dokumencie).

Jedynie zatem w przypadkach: wiernego odtworzenia treści umowy i zmian nieistotnych strony są związane umową o treści zawartej w piśmie potwierdzającym bądź dokumencie potwierdzającym (np. e–mailem). Celem tej instytucji jest ułatwienie i umocnienie pewności obrotu gospodarczego profesjonalnego.

2.3.4 Wady

2.3.4.1 Uwagi ogòlne

Wadliwość czynności prawnych, najogólniej rzecz biorąc, jest związana z usterkami w podejmowaniu decyzji i uzewnętrznianiu ich. Usterki te mają swoją przyczynę, po pierwsze, w niezsynchronizowaniu woli i myśli z działaniem (tj. wyrażeniem woli, zamiaru) na zewnątrz wobec drugiej strony czy osób trzecich, po drugie–na brak synchronizacji woli z jej wyrażeniem na zewnątrz, przez jej zniekształcenie, może wpłynąć zewnętrzne oddziaływanie na podmiot prawa przez kontrahenta bądź osoby trzecie (np. poprzez groźbę, wprowadzenie w błąd). W sytuacji występowania wady oświadczenia woli w umowach dochodzi do zakłócenia równorzędności stron w tym znaczeniu, że obie strony nie mają równoważnej świadomości dokonywanej transakcji. Konieczna jest zatem korekta sytuacji prawnej podmiotów będących stronami umowy.

Przepisy o wadach oświadczenia woli pełnią zatem funkcję korygującą. Funkcja ta wyraża się w przypisaniu określonej sankcji cywilnoprawnej do danej wady. Wadliwość czynności prawnej (umowy, jednostronnego oświadczenia woli) może pociągać za sobą nieważność bezwzględną (w przypadku braku świadomości decyzji i wyrażenia woli oraz przy pozorności) albo nieważność względną. W tym drugim przypadku istnieje możliwość uchylenia się od wadliwego oświadczenia woli (złożonego pod wpływem błędu bądź groźby). Kodeks cywilny określa zatem wymogi przesłanek do zaistnienia określonej wady, a po jej stwierdzeniu następuje korygujące oddziaływanie sankcji, zgodnie z zasadami przewidzianymi w ustawie.

Można rzec, że wady oświadczenia woli to nieprawidłowości zachodzące w dwóch przypadkach. Po pierwsze, chodzi o nieprawidłowości zachodzące w trakcie powzięcia decyzji o zawarciu umowy bądź innej czynności prawnej (tj. w razie groźby czy braku świadomości lub swobody). Po drugie, chodzi o nieprawidłowości przy przejawie woli na zewnątrz (gdy dochodzi do niezgodność między wolą a jej przejawem), co ma miejsce przy pozorności. Natomiast błąd może zachodzić w obu wyżej wymienionych okolicznościach, w zależności od kontekstu.

W polskim systemie prawnym wyróżniono następujące wady oświadczenia woli:

v. stan braku świadomości lub swobody podjęcia decyzji i wyrażenia woli (art. 82 kc);

vi. pozorność (art. 83 kc);

vii. błąd oraz podstęp jako kwalifikowana odmiana błędu (art. 84–86 kc);

viii. groźba (art. 87 kc).

Znaczenie korygujące ma także instytucja wyzysku (art. 388 kc), której jednak systemowo nie należy postrzegać jako wady oświadczenia woli.

2.3.4.2 Stan braku świadomości lub swobody podjęcia decyzji i wyrażenia woli

Wada z art. 82 kc jest korygowana za pomocą skutków najdalej idących. Obejmuje ona dwa stany: braku świadomości i braku swobody. Każda z tych okoliczności ma z osobna takie samo znaczenie; prowadzi bowiem do dysfunkcji w zakresie podejmowania decyzji i wyrażenia woli do tego stopnia, że system prawny nie wiąże z uzewnętrznionym oświadczeniem skutków prawnych. Ochrona podmiotu działającego w tym stanie dokonuje się przez przypisaną do tej wady sankcję nieważności bezwzględnej.

Pierwsza z okoliczności, tj. brak świadomości (innymi słowy stan wyłączający świadomość), zachodzi w sytuacji, gdy osoba podejmująca decyzję nie ma świadomości co do jej skutków prawnych. Brak świadomości charakteryzuje brak rozeznania, niezdawanie sobie sprawy ze znaczenia własnego postępowania. Zachodzi w szczególności w przypadku choroby psychicznej, niedorozwoju umysłowego, a także innych powodów, chociażby przemijającego zaburzenia (przy stanach remisji) czynności psychicznych. Obojętne przy tym jest, czy stan wyłączający świadome złożenie oświadczenia woli jest trwały czy przejściowy. Istotne jest natomiast, czy stan ten istniał w chwili dokonywania czynności prawnej. W razie występowania poważnych zaburzeń należy także zbadać, czy czynność nie została dokonana w chwili przebłysku świadomości (lucida intervalla). Wykazanie tej okoliczności powoduje, że czynność prawna jest ważna (np. w przypadku osoby chorej psychicznie, a nie ubezwłasnowolnionej całkowicie; w przypadku ubezwłasnowolnienia całkowitego sankcja nieważności bezwzględnej wynika z art. 14 § 1 kc, a przebłyski świadomości są tu bez znaczenia).

Z kolei brak swobody zachodzi wówczas, gdy podejmowany jest akt woli – decyzja, z wyłączeniem swobody jej podjęcia. Znaczenie mają uwarunkowania natury psychicznej tkwiące w samej osobie składającej oświadczenie woli, a nie w sytuacji zewnętrznej. Chodzi zatem o stany, w których możliwość wolnego wyboru jest całkowicie wyłączona. Nie należy jednak braku swobody wiązać z trudną sytuacją ekonomiczną powodującą zawarcie niekorzystnej umowy. W tych przypadkach może w grę wchodzić wyzysk (art. 388 kc). Brak swobody obejmuje stany, w których możliwość wolnego wyboru jest całkowicie wyłączona. Ma to miejsce w pewnych stanach chorobowych, przy uzależnieniu od narkotyków, które ograniczają człowieka do tego stopnia, że determinują w całości jego zachowanie, a także w stanie ostatecznego wyczerpania organizmu i siły woli spowodowanych ciężką chorobą.

Należy dodać, że brak świadomości lub swobody może nastąpić „z jakichkolwiek powodów" . Do innych powodów niż wymienione w ustawie można zaliczyć np.: pourazowe zaburzenia psychiczne, psychozy, stany depresyjne, maniakalne, uwiąd starczy, alkoholizm, narkomanię, długotrwałą obłożną chorobę, np. nowotwór, trans hipnotyczny, nadużycie środków farmakologicznych, kontakt z substancjami toksycznymi. Wystąpienie tej wady wiąże się również z najdalej idącą sankcją, tj. bezwzględną nieważnością.

2.3.4.3 Pozorność

Z uwagi na ujęcie przesłanek pozorności wada ta nie dotyczy jednostronnych czynności prawnych (np. wypowiedzenia bądź odstąpienia od umowy). Dla jej zaistnienia potrzebne są bowiem co najmniej dwie strony. Do przesłanek określonych w art. 83 kc należy:

1) oświadczenie jest złożone drugiej stronie tylko dla pozoru;

2) druga strona (adresat) zgadza się na dokonanie czynności prawnej pozornej.

Strony swoją zgodą w ramach tej wady obejmują dwie okoliczności. Po pierwsze, umawiają się, że czynność prawna w ogóle nie ma wywołać skutków prawnych, np. przez pozorne przeniesienie własności rzeczy na inną osobę, aby uniemożliwić egzekucję z tej rzeczy (pozorność zwykła). Po drugie, uzgadniają, że oświadczenie ma wywołać skutek prawny, ale inny niż wynika to z treści czynności prawnej. Przykładem jest stan faktyczny, w którym strony zamierzają zawrzeć umowę darowizny, ale pozornie nadają jej charakter umowy sprzedaży, aby uniknąć konsekwencji przewidzianych prawem spadkowym (art. 1039 kc). W tym przypadku czynność prawna jest dokonywana dla ukrycia innej czynności prawnej (pozorność kwalifikowana). W podanym przykładzie czynność prawna pozorna, tj. ujawniona przez strony (symulowana), jest nieważna bezwzględnie. Natomiast czynność prawna ukryta (dysymulowana) jest ważna, jeśli są spełnione przesłanki jej ważności (które należy zbadać).

Z uwagi na to, że czynności prawne pozorne podważają bezpieczeństwo obrotu, ustawa chroni osoby trzecie, które dokonują w zaufaniu do tych czynności (tj. na podstawie tych czynności) dalszych czynności (art. 83 § 2 kc). Ochrona tychże osób ma miejsce wtedy, gdy:

C. po stronie osoby trzeciej następuje nabycie prawa lub zostaje zwolniona z obowiązku;

D. na podstawie czynności pozornej dokonano czynności prawnej o charakterze odpłatnym;

E. osoba trzecia jest w dobrej wierze.

Przyjmuje się przy tym domniemanie dobrej wiary (art. 7 kc), tzn. że osoba chroniona działa w zaufaniu do czynności zewnętrznej (ujawnionej) i nie wie o czynności ukrytej.

2.3.4.4 Błąd oraz podstęp

W pierwszej kolejności warto rozważyć, jakie okoliczności kwalifikują usterki towarzyszące podjęciu decyzji i wyrażenia woli jako błąd. Należy tu wskazać dwie zasadnicze okoliczności. Po pierwsze, przesłanki błędu (w znaczeniu ścisłym) wyczerpuje mylne wyobrażenie o rzeczywistym stanie rzeczy lub brak wyobrażenia o rzeczywistym stanie rzeczy (błędne przeświadczenie, np. przy zakupie kopii obrazu, a wyobrażeniu, że przedmiotem zakupu jest oryginał). Po drugie, jako błąd należy także kwalifikować mylne wyobrażenie o treści złożonego oświadczenia (pomyłka). Wola jest w tym przypadku powzięta prawidłowo, składane oświadczenie jest natomiast wadliwe. Dochodzi tu do niezgodności aktu woli z jego uzewnętrznieniem (np. zamiarem oświadczającego jest wynajęcie nieruchomości, a w umowie pojawia się postanowienie o jej wydzierżawieniu; cena ma wynosić 1 tys. euro, a w umowie pojawia się cena 10 tys. euro).

Podział błędu znajdujący wyraz w obu wymienionych okolicznościach jest pozbawiony normatywnego znaczenia. Traktuje się je jednakowo, gdy chodzi o skutki prawne.

W świetle art. 84 należy wyróżnić następujące przesłanki doniosłości błędu:

– błąd jest prawnie doniosły, gdy dotyczy treści czynności prawnej;

– błąd musi być istotny, tj. taki, kt ó ry uzasadnia przypuszczenie, że gdyby działający pod wpływem błędu oceniał sprawę rozsądnie (tj. wedle wzorca rozsądnego człowieka w danych okolicznościach), to nie złożyłby takiego oświadczenia.

Przy oświadczeniach woli kierowanych do drugiej strony (adresata) musi być spełniona alternatywnie jeszcze jedna przesłanka (art. 84 § 1 zd. 2 kc), tj.:

– błąd został wywołany przez drugą stronę, choćby w sposób niezawiniony (przedmiotem świadczenia w umowie sprzedaży jest samochód z rocznika 2005, a w istocie jest to rocznik 2003);

– druga strona wiedziała o błędzie (np. wiedząc, że kupujący zamierza nabyć materiał ze 100% wełny, sprzedaje materiał z zawartością 80% wełny);

– druga strona mogła z łatwością błąd zauważyć (np. sprzedający nie ma świadomości, że obraz, który zbywa, jest wartościowym oryginałem, a kupujący profesjonalista nabywa go jako pozbawiony wartości).

Z kolei podstęp, ujmowany jako odmiana błędu, polega na podstępnym działaniu drugiej strony, albo osoby trzeciej, które polega na celowym wprowadzeniu w błąd innej osoby. Okoliczność ta łagodzi przesłanki prawnej doniosłości błędu. Błąd bowiem nie musi być istotny, a także nie musi dotyczyć treści czynności prawnej.

Działanie pod wpływem błędu jest, podobnie jak w przypadku groźby, dotknięte sankcją nieważności względnej (o czym niżej).

2.3.4.5 Groźba

Groźba jest związana z przymusem psychicznym kierowanym do oświadczającego. Przesłanki prawnej doniosłości groźby sprowadzają się do następujących okoliczności. Po pierwsze, jedna osoba zmusza inną osobę do złożenia oświadczenia woli określonej (narzucanej) treści. Czyni to w ten sposób, że zapowiada użycie środków prowadzących do niekorzystnych następstw dla tej osoby lub osób trzecich (np. jej bliskich), jeśli określone oświadczenie woli nie zostanie złożone. Chodzi tu o celowe wywołanie poczucia niebezpieczeństwa osobistego lub majątkowego (stanu obawy, strachu), dotyczące nastąpienia jakiegoś zdarzenia przyszłego o negatywnych następstwach dla osoby skłanianej do złożenia oświadczenia (lub osób jej bliskich). Za przykład mogą posłużyć następujące działania: groźba porwania dziecka, gdy wspólnik spółki nie zbędzie udziału; wniosek o wszczęcie egzekucji, gdy nie dokona zbycia jakiegoś przedmiotu.

Aby groźba była prawnie doniosła, musi być, po pierwsze, bezprawna. Chodzi tu zarówno o sprzeczność z prawem, jak i zasadami współżycia społecznego (np. groźba pobiciem, jeśli się nie zwolni kogoś z długu, czy też sytuacja, w której wierzyciel grozi egzekucją, by wymusić na dłużniku przystąpienie do spółki).

Po drugie, groźba musi być poważna. Rozważając tę okoliczność, należy zbadać, czy zagrożony mógł się jej obawiać (czynnik subiektywny), a także czy z uwagi na rodzaj niebezpieczeństwa objętego groźbą i możliwość realizacji groźby każdy na miejscu zagrożonego mógł się obawiać urzeczywistnienia tej groźby (czynnik obiektywny).

Zarówno błąd, jak i groźbę powiązano (w art. 88 kc) z sankcją nieważności względnej (tzw. wzruszalność). Sankcja ta jest bardziej elastyczna i nie tak daleko idąca pod względem skutków jak nieważność bezwzględna. Składający oświadczenie pod wpływem błędu lub groźby może się bowiem uchylić od skutków swego oświadczenia, podejmując określone prawem działanie. Uchylenie się od wadliwego oświadczenia woli następuje przez złożenie pisemnego oświadczenia. Należy je skierować do drugiej strony w nieprzekraczalnym terminie 1 roku od ustania obawy (lub wykrycia błędu). Skuteczne złożenie oświadczenia woli o uchyleniu się od wadliwego oświadczenia woli powoduje, że czynność prawna jest nieważna z mocą wsteczną, tj. od chwili jej dokonania (łac. ex tunc). W tym przypadku zniweczona zostaje podstawa prawna spełnienia świadczenia. Skutkuje to zwrotem tego, co strony sobie świadczyły, wykonując umowę, która stała się następnie nieważna. Nie jest zatem konieczna droga sądowa, aby uchylić się od oświadczenia woli w przypadku błędu czy groźby.

2.3.5 Treść czynności prawnej

W grupie przesłanek ważności czynności prawnych należy w końcu uwzględnić treść czynności prawnej. Kryteria tej kontroli wyznacza art. 58 kc. W świetle wskazanej regulacji należy każdą umowę ocenić pod względem jej zgodności z prawem (uwzględniając charakter prawny przepisów, o czym była mowa wyżej), zgodności z zasadami współżycia społecznego. Należy także zbadać, czy jej treść nie ma na celu obejścia prawa (łac. in fraudem legis). Regulacja ta wyznacza granice swobody stron co do treści powoływanych do życia czynności prawnych. Poprzez wprowadzenie przez prawo sankcji w razie przekroczenia tychże granic limitowana jest autonomia woli.

Sprzeczność postanowień umownych z prawem została już omówiona przy charakterystyce rodzajów przepisów prawa prywatnego. Nawiązując do poczynionych już uwag, warto w tym miejscu przypomnieć, że sankcję cywilnoprawną powoduje naruszenie przepisów imperatywnych (w przeciwieństwie do przepisów względnie wiążących, których skutki strony mogą modyfikować). Naruszenie przepisów bezwzględnie wiążących skutkuje nieważnością bezwzględną. W przypadku przepisów semiimpereatywnych nie jest dopuszczalne umawianie się na niekorzyść strony chronionej przez dany przepis. Postanowienia umowne naruszające tę zasadę powodują, że nie wiążą one podmiotu, który dany przepis chroni (np. konsumenta czy agenta).

Sprzeczność z zasadami współżycia społecznego (tj. klauzulą generalną) powoduje także nieważność bezwzględną postanowień umownych. Funkcja tych zasad polega na uelastycznieniu prawa stanowionego, tak aby sprawiedliwość i słuszność mogły być realizowane w sytuacjach atypowych. Zasady te reprezentują takie wartości jak: dobre obyczaje, słuszność, uczciwość kupiecka, zasady dobrej wiary w znaczeniu obiektywnym. Klauzula generalna może znaleźć zastosowanie np. w sytuacjach, gdy: umowa obejmuje postanowienie, że świadek zezna prawdziwie, jeśli otrzyma wynagrodzenie; umowa nadmiernie uzależnia jedną stronę od drugiej w sytuacji naruszenia równowagi stron (przy naruszeniu zasad słuszności kontraktowej).

Klauzule generalne są to normy niedookreślone przez prawo. Sędzia stosujący prawo powinien zastosować normę zawierającą klauzulę generalną stosownie do okoliczności, oceniając stan faktyczny z uwagi na zasady ogólne, wartości akceptowane w danej kulturze prawnej. Orzekający samodzielnie formułuje w tym zakresie tezę i ją uzasadnia. Nie istnieją tu gotowe reguły czy zbiór zasad współżycia społecznego.

Nieważność bezwzględną powoduje również obejście prawa. Przez termin ten rozumie się czynności prawne, które same nie są sprzeczne z prawem, ale są dokonywane w celu jego obejścia (tzw. czynności prawne okrężne). Innymi słowy strony posługują się środkiem dozwolonym dla osiągnięcia celu zabronionego.

2.4 Sankcje wadliwych czynności prawnych–podsumowanie

System prawa polskiego wprowadza różne sankcje w odniesieniu do czynności prawnych, których dotyczą różnego rodzaju uchybienia. Uchybienia i związane z nimi sankcje należy rozpatrywać w odniesieniu do wszystkich przesłanek ważności czynności prawnej. Do sankcji tych należą, począwszy od sankcji najdalej idącej, tj. nieważności bezwzględnej, ponadto: nieważność względna (wzruszalność) i bezskuteczność zawieszona. Katalog sankcji musi zostać jeszcze uzupełniony sankcją tzw. bezskuteczności względnej, występującej w szczególnych sytuacjach, gdy na skutek różnych zdarzeń nie jest możliwe spełnienie świadczenia wobec osoby uprawnionej (w szczególności art. 59 oraz 527 i n. kc). Ostatnia z wymienionych sankcji nie jest przedmiotem tego opracowania.

Nieważność bezwzględna występuje w przypadkach:

– braku zdolności do czynności prawnych;

– niezachowania formy szczególnej wymaganej przez prawo bądź umowę stron, zgodnie z zasadami, o których była mowa;

– wad oświadczenia woli (przy braku świadomości lub swobody i pozorności);

– sprzeczności z prawem i zasadami współżycia społecznego.

Nieważność względna zachodzi w sytuacjach złożenia oświadczenia woli pod wpływem błędu bądź groźby.

Bezskuteczność zawieszoną należy wiązać z sytuacjami, w których konieczna jest zgoda innej osoby niż tej dokonującej czynności prawnej, a zgody tej brak. Występuje ona w przypadku działania osoby mającej ograniczoną zdolność do czynności prawnych i działania rzekomego pełnomocnika, tj. osoby, która działa bez umocowania bądź przekracza zakres umocowania (o czym była mowa niżej).

W odniesieniu do nieważności bezwzględnej należy jeszcze dodać, że nieważnością może być dotknięta zarówno całość umowy, jak i niektóre jej postanowienia. W odniesieniu do częściowej nieważności czynności prawnej przyjęto zasadę, zgodnie z którą, jeśli nieważne jest jedno bądź kilka postanowień, czynność prawna pozostaje ważna w pozostałym zakresie (art. 58 § 3 kc). Od tej zasady należy wyróżnić trzy wyjątki, w których przyjmuje się nieważność całej umowy. Po pierwsze, nieważność niektórych postanowień umownych spowoduje nieważność czynności prawnej (umowy), gdy pozostała część nie będzie stanowiła wymaganego przez ustawę minimum treści umowy danego typu (np. sprzedaży, najmu, umowy o roboty budowlane). Po drugie, nieważność jednego postanowienia pociąga za sobą nieważność całej czynności prawnej, gdy zachodzi między nimi relacja taka, że naruszona zostanie tożsamość, istota czynności prawnej (nieważność postanowienia określającego świadczenie wzajemne w umowach wzajemnych). Po trzecie, gdy z okoliczności wynika, że bez postanowień dotkniętych nieważnością czynność prawna nie zostałaby dokonana (ustalenia tego dokonuje się, biorąc pod uwagę rzeczywistą wolę stron; w razie, gdyby nie dało się ustalić woli stron, w grę wchodzi miernik obiektywny „rozsądnego człowieka" w konkretnych okolicznościach).

W praktyce w umowach zastrzegane są tzw. klauzule salwatoryjne, stanowiące, że nieważność poszczególnych postanowień umownych nie wpływa na ważność pozostałych jej postanowień. Klauzule te można uznać za wystarczający dowód zamiaru stron wykluczający potrzebę dalszego badania, czy bez nieważnych postanowień czynność prawna zostałaby dokonana. Jeżeli umowa przewiduje dodatkowe, zastępcze postanowienia na wypadek nieważności niektórych postanowień, postanowienia te należy traktować jako skuteczne (o ile spełniają kryteria art. 58 kc).

W ramach wyjątków od zasady określonej w art. 58 kc należy postrzegać także regulację o zastrzeżeniu warunku odnoszącego się do uzależnienia skutków czynności prawnych od zdarzenia przyszłego, niepewnego (art. 94 kc). Jeśli bowiem warunek ma charakter zawieszający, cała czynność prawna jest nieważna. Natomiast w przypadku warunku rozwiązującego przyjmuje się, że jest niezastrzeżony.

3. Interpretacja umowy

W systemie prawa polskiego każde oświadczenie woli powinno być interpretowane zgodnie z dwoma ogólnymi dyrektywami interpretacyjnymi przyjętymi w art. 65 kc[1]. Zgodnie z tą regulacją należy uwzględnić zarówno rzeczywistą wolę podmiotu składającego oświadczenie woli (rzeczywisty, wspólny zamiar stron), jak i wzbudzone przez to oświadczenie zaufanie innych osób (adresata oświadczenia woli lub drugiej strony umowy). Dyrektywa interpretacyjna przyjęta w art. 65 § 1 kc dotyczy każdego oświadczenia woli (art. 65 § 1 kc), tj. oświadczenia jednostronnego (np. wypowiedzenie umowy) oraz umowy. Na podstawie tej dyrektywy, dokonując interpretacji, należy uwzględnić: okoliczności towarzyszące składanemu oświadczeniu bądź umowie, zasady słusznościowe (wyrażone poprzez klauzulę zasad współżycia społecznego) i ustalone zwyczaje. Kolejna dyrektywa interpretacyjna odnosi się wprost do umów (art. 65 § 2 kc). Przyznaje ona pierwszeństwo zgodnemu zamiarowi stron i celowi umowy przed dosłownym (literalnym) brzmieniem treści umowy. Jeżeli zatem zamiar stron i cel umowy wskazuje na inne znaczenie niż brzmienie postanowień umownych, stosujący prawo przyjmie znaczenie zgodne z pierwszym z wymienionych kryteriów.

Przy wykładni umów zasadnicze znaczenie ma zatem wola rzeczywista (kryterium subiektywne), a także zaufanie wzbudzone przez jedną ze stron u kontrahenta. Gdy chodzi o kryteria obiektywne, istotne znaczenie ma wzorzec człowieka rozsądnego[2]. Przy interpretacji umowy w sytuacji istnienia konfliktu między stronami trudno o ustalenie „wspólnego zamiaru stron" . Każda ze stron bowiem inaczej wyjaśnia, jaki miała zamiar w chwili zawarcia umowy. Przy określaniu zatem oczekiwań drugiej strony i jej

---

① Bliżej na temat metod interpretacji: E. Rott–Pietrzyk: *Interpretation of Juridical Acts in Polish Private Law (Are We still Missing in the Whole Point of the Only Right Interpretation Method in Private Law?)*. W: *Free Movement of Goods and Persons Across the Polish–Czech–Slovak Borders. Legal Differences and Similarities*. Ed. B. Mikołajczyk. Katowice 2012, s. 19 i n.

② Na temat tego kryterium zob. bliżej E. Rott–Pietrzyk: *General Standards of Contracts under the Common European Sales Law (CESL)*. "Zeitschrift f ü r Europäisches Privatrecht" 2014, nr 2, s. 385 i n.

uzasadnionego zaufania dotyczącego znaczenia oświadczeń kontrahenta zadowalający wynik można uzyskać właśnie przy zastosowaniu wzorca rozsądnej osoby.

Istotnym założeniem wykładni obiektywnej jest to, jakie oczekiwania może mieć każda osoba znajdująca się w sytuacji strony w takich samych okolicznościach. Zastosowanie kryteriów obiektywnych w odniesieniu do umów wydaje się uzasadnione. Są one bowiem bardziej elastyczne i nadają się do wykorzystania do ochrony niejednokrotnie kolidujących ze sobą interesów każdej ze stron (w sytuacjach konfliktowych). Istotną rolę odgrywa tu kontekst, tj. okoliczności towarzyszące umowie.

Dla ustalenia właściwego sensu oświadczenia woli bądź umowy należy udzielić odpowiedzi na pytanie, jak rozumiałby je rozsądny człowiek znajdujący się w sytuacji strony. Na podstawie art. 65 § 1 kc należy wyjaśnić, jakie rozumienie postanowień umowy zasługuje na ochronę. Druga strona może skutecznie powołać się na rozumiany przez siebie sens oświadczenia kontrahenta (postanowień umownych) tylko wówczas, gdy każdy uczestnik obrotu znajdujący się w analogicznej sytuacji, a w szczególności dysponujący takim samym zakresem wiedzy o oświadczeniu i okolicznościach jego złożenia, rozumiałby tak samo jego złożenie. W sytuacji konfliktu wynikającego z przypisywania oświadczeniu woli odmiennego znaczenia przez strony umowy przeważa ochrona zaufania i rozsądnych oczekiwań adresata nad „wolą” , czy inaczej– intencjami, bądź rozumieniem składającego oświadczenie (art. 65 § 1 kc).

Rozwiązanie to opiera się m.in. na założeniu, że osobie składającej oświadczenie woli czy proponującej treść postanowień umownych należy stawiać wyższe wymagania. To ona bowiem decyduje o tym, w jaki sposób, w jakiej formie i o jakiej treści składa oświadczenie woli. W szczególności podwyższenie wymagań dotyczy formy pisemnej. Wedle szczegółowej reguły interpretacyjnej (łac. in dubio contra proferentem) składający oświadczenie, który korzysta ze swobody formułowania treści umowy, powinien ponosić ryzyko niejasnej redakcji. Reguła ta ma charakter pomocniczy i może znaleźć zastosowanie dopiero wówczas, gdy użycie ogólnych reguł wykładni (tj. odczytania intencji czy zastosowania wzorca rozsądnej osoby) nie przyniesie zadowalających rezultatów.

4. Sposoby zawarcia umowy z uwzględnieniem specyfiki obrotu między przedsiębiorcami

4.1 Swoboda wyboru sposobu zawarcia umowy

W Kodeksie cywilnym unormowano cztery sposoby zawarcia umowy (oferta, negocjacje, aukcja, przetarg). Wybór określonego sposobu jest co do zasady pozostawiony swobodzie stron. Zobowiązanie do zawarcia umowy wedle określonego w ustawie sposobu i procedur może wynikać z przepisów szczególnych zamieszczonych poza Kodeksem cywilnym, np. w Prawie zamówień publicznych[1]. Regulacje szczególne pozostają poza ramami tego opracowania.

W stosunkach gospodarczych umowy są zawierane z reguły w drodze oferty bądź negocjacji. Wybór jednego z tych sposobów zależy od różnych okoliczności, np. stopnia skomplikowania umowy, pozostawania stron w stałych stosunkach, stopnia zaufania kontrahentów, standaryzacji umów w danej branży (tj. posługiwania się wzorcami umów, regulaminami–art. 385 kc).

4.2 Oferta

Zawarcie umowy w trybie ofertowym odbywa się przez złożenie oferty i proste jej przyjęcie przez kontrahenta. Z reguły strony decydują się na ten tryb w przypadku umów mniej skomplikowanych, które nie wymagają negocjacji i indywidualnego ustalania treści poszczególnych postanowień umownych. Tryb ten towarzyszy także umowom zawieranym w branżach, w których występuje standaryzacja umów. Wzór

---

① Ustawa z dnia 29 stycznia 2004 r. Prawo zamówień publicznych, Dz.U. 2004 nr 19 poz. 177, t.j. Dz.U. 2017 poz. 1579, 2018.

umowy, czy jej projekt, któremu towarzyszą niejednokrotnie załączniki w postaci różnego rodzaju wzorców i regulaminów (por. art. 385 kc) jest wówczas przesyłany drugiej stronie umowy. Strona ta przez przyjęcie oferty doprowadza do zawarcia umowy.

Oferta jest rozumiana jako oświadczenie składane drugiej stronie obejmujące wolę zawarcia umowy, określające istotne postanowienia umowy (art. 66 § 1 kc). Należy podkreślić przy tym, że aby oferta miała znaczenie prawne, muszą zostać spełnione określone przesłanki. Po pierwsze, propozycja zawarcia umowy musi być stanowcza. Po drugie, oferta musi być złożona na serio. Po trzecie - musi zawierać konieczne elementy treści danej umowy (niepełne propozycje nie są traktowane jako oferta), np. w umowie sprzedaży powinien być określony przedmiot sprzedaży i cena (albo kryteria do ustalenia ceny w przyszłości). Po czwarte, skutek w postaci zawarcia umowy następuje poprzez proste przyjęcie oferty przez drugą stronę.

Należy dodać, że ogłoszenia, cenniki, reklamy i inne informacje skierowane do ogółu lub do poszczególnych osób nie są ofertą, ale zaproszeniem do zawarcia umowy (art. 71 kc). Natomiast wystawienie rzeczy w miejscu sprzedaży na widok publiczny z oznaczeniem ceny spełnia kryteria oferty (art. art. 543 kc), np. wystawienie przez dystrybutora w centrum handlowym samochodu z oznaczeniem ceny.

Złożona oferta wywołuje określone prawem skutki prawne - po pierwsze, wiąże oferenta, a po drugie, adresat (oblat) przez jej przyjęcie doprowadza do zawarcia umowy.

Istotne jest określenie chwili, od jakiej oferta wiąże (por. art. 61 § 1 kc). Chwila związania ofertą zależy od tego, czy skierowano ją do indywidualnie oznaczonego adresata (konkretnego kontrahenta) w taki sposób, że mógł się zapoznać z jej treścią, czy też do nieoznaczonego kręgu adresatów. W pierwszym przypadku oferta wiąże od chwili, kiedy adresat mógł się zapoznać z jej treścią (np. w chwili, z którą uznaje się przesyłkę, list za doręczony, tj. odebranie przez danego przedsiębiorcę przesyłki czy listu, niezależnie od tego, czy przeczytał on następnie treść doręczonej w ten sposób umowy). W drugim przypadku chwilą ta jest chwila ogłoszenia (np. na tablicy ogłoszeń, w prasie lub w inny sposób służący do komunikowania się z szerszym kręgiem adresatów). Natomiast elektroniczne oświadczenie woli złożone innej osobie jest skuteczne z chwilą, gdy wprowadzono je do środka komunikacji elektronicznej w taki sposób, że mogła ona zapoznać się z jego treścią (art. 61 § 2 kc). Nie ma tu znaczenia, czy mając taką możliwość, zapoznała się ona z treścią oświadczenia. Należy również dodać, że oświadczenie woli składane innej osobie co do zasady nie traci mocy, jeśli przed dojściem do tej osoby oświadczający zmarł lub utracił zdolność do czynności prawnych (np. został ubezwłasnowolniony całkowicie).

Istotne jest także ustalenie chwili ustania stanu związania ofertą (art. 66 § 2 kc). Otóż stan ustania związania ofertą następuje z nadejściem terminu określonego w ofercie. Jeśli go nie oznaczono, to stosuje się zasady określone w przepisach prawa. Zgodnie z zasadą pierwszą, gdy ofertę złożono w obecności drugiej strony albo za pomocą środka bezpośredniego porozumiewania się (np. podczas telekonferencji, przez telefon itd.), ustanie stanu związania następuje, jeśli nie została ona przyjęta niezwłocznie, tj. w toku prowadzonej rozmowy. Zgodnie z drugą zasadą, jeśli ofertę złożono w inny sposób, tj. za pomocą środka pośredniego porozumiewania się (listu, e–maila)–przestaje ona wiązać z upływem czasu, w którym składający ofertę powinien w normalnym toku czynności otrzymać odpowiedź od drugiej strony bez nieuzasadnionego opóźnienia. Należy tu uwzględnić czas potrzebny do namysłu, sformułowania odpowiedzi i doręczenia jej.

Przepisy Kodeksu cywilnego wprowadzają także regulację szczególną w odniesieniu do opóźnionego przyjęcia oferty (art. 67 kc). Jeśli w takim przypadku z kontekstu wynika, że odpowiedź na ofertę została wysłana w czasie właściwym, poczytuje się umowę za zawartą. Jednak oferent może niezwłocznie zawiadomić drugą stronę, że wskutek opóźnionej odpowiedzi uznaje umowę za niezawartą.

Przy rozważaniu oferty trzeba się także odnieść do zasad jej odwołalności. Różnią się one w zależności od tego, czy oferta jest skierowana do indywidualnego kontrahenta czy do nieoznaczonego kręgu odbiorców. W tym drugim przypadku oferta może być w każdym czasie cofnięta bądź zmieniona, chyba że oferent oznaczył termin jej odwołania. Zasada ta nie działa jednak wobec osób, które ofertę już przyjęły (i zawarły w ten sposób umowę) lub elektronicznie zawiadomiły o jej otrzymaniu.Natomiast oferta skierowana do indywidualnego adresata nie może być cofnięta.

Należy jednak zauważyć, że w stosunkach między przedsiębiorcami przyjęto szczególną zasadę dotyczącą odwołalności oferty (art. 66^2 kc). W stosunkach tych oferta może być odwołana przed zawarciem umowy (tj. przed jej akceptacją). Może to nastąpić wówczas, gdyoświadczenie o odwołaniu zostało wysłane drugiej stronie przed wysłaniem przez nią oświadczenia o przyjęciu oferty. Należy przy tym dodać, że mimo odmiennej reguły między przedsiębiorcami, oferty takiej nie można jednak odwołać, gdy wynika to z jej treści (tj. określono ją jako nieodwołalną) lub określono w niej termin jej przyjęcia.

Przyjęcie oferty (art. 69 kc) powinno być co do zasady złożone oferentowi. Od zasady tej jednak zachodzą wyjątki. Po pierwsze, wskazuje na to ustalony zwyczaj i, po drugie, wynika to z treści oferty. Dotyczy to w szczególności sytuacji, gdy oferent żąda niezwłocznego wykonania umowy (np. przesłania zamówionego towaru). W tych przypadkach umowa dochodzi do skutku, gdy druga strona przystąpi w czasie właściwym do wykonania umowy.

Przy zawarciu umowy w drodze oferty należy także rozważyć znaczenie milczenia adresata dla skutecznego zawarcia umowy. Zasadą jest, że składający ofertę nie ma uprawnienia do jednostronnego ustalania reguły, wedle której milczenie adresata (tj. jego potencjalnego kontrahenta) oznacza zawarcie umowy. Strony mogą to natomiast uczynić umownie.

Należy tu jednak podkreślić odmienność zasad w stosunkach między przedsiębiorcami. W relacjach profesjonalnych bowiem milczenie oznacza zgodę, jeśli zajdą dwie przewidziane prawem okoliczności (art. 68^2 kc), tj. po pierwsze, przedsiębiorcy pozostają ze sobą w stałych stosunkach, a po drugie – oferta zawarcia umowy jest związana z prowadzoną działalnością gospodarczą. W takich sytuacjach brak niezwłocznej odpowiedzi uznaje się za przyjęcie oferty. Innymi słowy milczenie drugiej strony po otrzymaniu oferty interpretuje się jako jej zgodę na zawarcie umowy.

Przy zawarciu umowy w trybie ofertowym przyjęto także tzw. zasadę lustrzanego odbicia. Przyjęcie oferty jest zgodą na treść zaproponowanej umowy; jeśli jednak adresat przyjmie ofertę z zastrzeżeniami zmiany lub uzupełnienia treści umowy, to jego oświadczenie uznaje się za nową ofertę. Następuje tu zatem zamiana ról: pierwotny adresat staje się oferentem.

Należy podkreślić, że w stosunkach profesjonalnych wprowadzono odmienna regułę (art. 68^1 kc). Zasada ta obowiązuje między przedsiębiorcami, gdy udzielono odpowiedzi na ofertę i ją zaakceptowano, jednak z zastrzeżeniem zmian lub uzupełnień. Istotne przy tym jest, że zmiany i uzupełnienia nie zmieniają w sposób istotny treści oferty (np. nie chodzi o zmianę przedmiotu sprzedaży z samochodu osobowego na ciężarowy). Umowę poczytuje się wówczas za zawartą z uwzględnieniem zastrzeżeń. Nie dochodzi jednak do zawarcia umowy, gdy:

– w treści oferty wskazano, że może być ona przyjęta wyłącznie bez zastrzeże ń ;

– oferent niezwłocznie sprzeciwił się włączeniu zastrzeże ń ;

– potencjalny kontrahent w odpowiedzi na ofertę uzależnił jej przyjęcie od zgody oferenta na włączenie zastrzeże ń do umowy, a zgody tej nie otrzymał niezwłocznie.

W prawie polskim przyjęto także zasady dotyczące zawarcia umów w drodze oferty elektronicznej (66^1 kc).Należy podkreślić, że zawarcie umowy w formie elektronicznej wymaga zgody adresata. Zgoda ta może być wyrażona w sposób dowolny, nawet w sposób dorozumiany przez podanie adresu komputerowego (e–maila) na blankiecie firmowym.Zasady te dotyczą ofert składanych w postaci elektronicznej, lecz nieadresowanych do indywidualnych osób (np. przez Internet).Po pierwsze, skuteczność złożenia oferty uzależniona jest tu od niezwłocznego potwierdzenia jej otrzymania przez konkretną osobę–tylko wówczas oferta wiąże. Po drugie, na przedsiębiorcy składającym ofertę elektroniczną ciąży przedumowny obowiązek informacyjny o okolicznościach określonych w art. 66^1 § 2 (np. o zasadach utrwalania, zabezpieczania i udostępniania przez przedsiębiorcę drugiej stronie treści umowy). Niedopełnienie tych obowiązków nie wpływa na ważność oferty, ale może powodować odpowiedzialność odszkodowawczą oferenta.

Regulacja ta nie odnosi się do zawierania umów za pomocą poczty elektronicznej albo innych środków indywidualnego porozumiewania się na odległość. W takich przypadkach stosuje się ogólne reguły, które zostały już omówione (art. 61 kc).

4.3 Negocjacje

Negocjacje rozumiane są jako wzajemne oddziaływanie stron w celu zawarcia umowy o treści godzącej ich interesy przy transakcjach bardziej złożonych i skomplikowanych. W umowach tych wiele postanowień wymaga indywidualnego uzgodnienia w toku negocjacji. Prowadzenie negocjacji rządzi się kilkoma zasadami (art. 72 kc). Po pierwsze, w toku negocjacji strony zasadniczo nie są związane swoimi oświadczeniami woli (chyba że oświadczenie którejś ze stron można zakwalifikować jako np. ofertę). Po drugie, zachowują swobodę podjęcia decyzji co do zawarcia umowy. Po trzecie, powinny rozpoczynać i prowadzić negocjacje w sposób zgodny z dobrymi obyczajami, tj. uczciwy. Rozumie się to w szczególności tak, że strony powinny rozpoczynać i prowadzić negocjacje z zamiarem zawarcia umowy, a nie dla pozoru, dążąc do osiągnięcia innych celów (np. w celu uzyskania informacji co do planów inwestycyjnych drugiej strony, opóźnienia zawarcia umowy z innym kontrahentem, wyłudzenia tajemnicy przedsiębiorstwa). Ocena etyki działania kontrahentów ma tu istotne znaczenie. Jeśli ocena ta jest negatywna, nielojalnie, nieuczciwie działający kontrahent może być pociągnięty do odpowiedzialności odszkodowawczej.

W prawie polskim przyjęto także zasadę, zgodnie z którą umowa w drodze negocjacji zostaje zawarta, gdy strony dojdą do porozumienia co do wszystkich postanowień umownych, które były przedmiotem negocjacji. Reguła ta znajduje zastosowanie, gdy strony nie postanowią inaczej (np. umówią się, że niektóre postanowienia zostaną uzgodnione w innym czasie). Strony mogą bowiem umówić się na przykład, że umowa zostaje zawarta już po ustaleniu elementów koniecznych do zawarcia danej umowy.

Jak wspomniano, negatywna ocena działania strony na etapie negocjacji może wiązać się z odpowiedzialnością odszkodowawczą (łac. culpa in contrahendo). Strona działająca nielojalnie w przedstawionym wyżej znaczeniu jest obowiązana do naprawienia szkody, jaką druga strona poniosła przez to, że liczyła na zawarcie umowy. W szczególności szkoda powinna pokryć poniesione w czasie negocjacji koszty (wykonywane ekspertyzy na potrzeby negocjowanej umowy, pobyt w miejscu negocjacji itd.). Odszkodowanie to nie obejmuje zysków, które strona by osiągnęła, gdyby umowa została zawarta i wykonana (np. zysków z umów najmu nieruchomości, którą strona miała nabyć).

4.3 Aukcja i przetarg

Aukcję oraz przetarg charakteryzują cechy, które są dla nich wspólne (art. 70^1 kc). Oba sposoby zawarcia umowy należą do postępowań wielostronnych, eliminacyjnych. Ich celem jest wybór najkorzystniejszej oferty spośród ofert zgłaszanych i zawarcie umowy z autorem takiej oferty.

Ogłoszenie aukcji lub przetargu inicjuje organizator lub inny podmiot na jego zlecenie. Inicjatywa ta polega na ogłoszeniu skierowanym do ograniczonego lub nieograniczonego kręgu adresatów. Treść ogłoszenia powinna obejmować zaproszenie do składania ofert, wskazujące o jaką umowę chodzi. Treść ta powinna także określać dalszy tok postępowania mającego na celu zawarcie umowy. Powinna przede wszystkim określać czas i miejsce oraz sposób udostępnienia warunków aukcji bądź przetargu. Ogłoszenie, a także warunki aukcji albo przetargu mogą być zmienione lub odwołane tylko wtedy, gdy zastrzeżono to w ich treści. Organizator od chwili udostępnienia warunków, a oferent od chwili złożenia oferty zgodnie z ogłoszeniem aukcji albo przetargu są obowiązani postępować zgodnie z postanowieniami ogłoszenia, a także warunków aukcji albo przetargu. Strona postępująca niezgodnie z tymi regułami ponosi odpowiedzialność odszkodowawczą.

Niektóre zasady zostały określone dla aukcji i przetargu odrębnie. Jeśli chodzi o aukcję, obowiązuje zasada, że oferta złożona w toku aukcji przestaje wiązać, gdy inny jej uczestnik (licytant) złoży ofertę korzystniejszą, chyba że w warunkach aukcji zastrzeżono inaczej. Zawarcie umowy w wyniku aukcji następuje z chwilą udzielenia przybicia (tj. zamknięcia aukcji po stwierdzeniu, że dany licytant zaoferował najwyższa cenę, gdyż, mimo trzykrotnego wezwania do dalszych postąpień, nikt nie postąpił wyżej). Jeżeli jednak ważność umowy zależy od spełnienia nadto dalszych wymagań przewidzianych w ustawie, zarówno organizator aukcji, jak i jej uczestnik, którego oferta została przyjęta, mogą dochodzić zawarcia umowy. Jeśli jedna ze stron uchyla się od zawarcia umowy, brakujące oświadczenie woli może zostać uzyskane w drodze orzeczenia sądowego (art. 64 kc w zw. z art. 1047 kpc).

W przypadku przetargu oferty są rozpatrywane bez udziału oferentów, zwykle przez komisję przetargową. Organizator wybiera najkorzystniejszą ofertę albo uznaje, że żadna nie odpowiada jego wymaganiom. W ostatnim przypadku dochodzi do zamknięcia przetargu bez zawarcia umowy (art. 70^3 kc). W razie wyboru jednej z ofert przestają obowiązywać pozostałe. Umowa zostaje zawarta z oferentem, którego ofertę wybrano. Ten etap kończy obowiązek powiadomienia na piśmie oferentów o jego wyniku albo o zamknięciu przetargu bez wyboru oferty. Niewykonanie tego obowiązku rodzi odpowiedzialność odszkodowawczą.

Umowa zostaje zawarta z chwilą otrzymania przez składającego ofertę oświadczenia organizatora o jej wybraniu. Nie jest to jednak wystarczające, gdy do ważności umowy wymagane jest jej zawarcie w formie szczególnej, np. w formie aktu notarialnego w razie sprzedaży nieruchomości. W razie uchylenia się od zawarcia umowy w takiej sytuacji druga strona–podobnie jak przy aukcji–może żądać wydania wyroku zastępującego oświadczenie woli (art. 64 kc w zw. z 1047 kpc).

W procedurze przetargowej (a także w przypadku aukcji) szczególne znaczenie ma wadium jako element procedury przetargowej (bądź aukcyjnej). Wadium stwarza dla uczestników barierę majątkową i wymaga od nich przemyślenia uczestnictwa w przetargu bądź aukcji. W praktyce instytucja ta jest wykorzystywana z reguły przy przetargu. Jest ona gwarantem pewności zawarcia umowy, pełniąc funkcję represyjną. Przedmiotem wadium mogą być: pieniądze, papiery wartościowe, poręczenia, gwarancje bankowe.

W sytuacji, gdy zamierzona umowa nie doszła do skutku, następują szczególne skutki wadium (art. 70^4 § 2 kc). Po pierwsze, gdy uczestnik postępowania uchyla się od zawarcia umowy mimo wyboru jego oferty, organizator może pobraną kwotę zatrzymać lub dochodzić zaspokojenia z przedmiotu zabezpieczenia. W pozostałych wypadkach zapłacone wadium należy niezwłocznie zwrócić, natomiast ustanowione zabezpieczenie wygasa. Po drugie, skutki represyjne powstają, gdy od zawarcia umowy z uczestnikiem, którego oferta została wybrana, uchyla się organizator. Wówczas uczestnik może żądać zapłaty podwójnego wadium lub naprawienia szkody, jaką poniósł, licząc na zawarcie umowy w drodze przetargu. W obu przypadkach zastrzeżenie wadium uchyla więc możliwość dochodzenia zawarcia umowy w drodze sądowej. Zastrzeżenie wadium stanowi jednak dogodny sposób zaspokojenia. Nie wymaga bowiem ustalenia wysokości szkody i okoliczności, za które strona uchylająca się ponosi odpowiedzialność.

Umowę zawartą w drodze aukcji lub przetargu można unieważnić w okolicznościach przewidzianych prawem (art. 70^5 kc).Osoba uprawniona (zasadniczoorganizator oraz uczestnik aukcji albo przetargu) może żądać unieważnienia, jeżeli strona tej umowy, inny uczestnik lub osoba działająca w porozumieniu z nimi wpłynęła na wynik aukcji albo przetargu. Wpływanie na wynik postepowania musi być bezprawne, tj.

sprzeczne z prawem lub dobrymi obyczajami. Tak należy ocenić np.: przekupienie członków komisji, zmowę licytantów w celu nabycia po najniższej cenie, zapłatę innym licytantom, aby nie uczestniczyli w licytacji i nie "przebili" określonej kwoty zaproponowanej przez "płacącego" . Uprawnienie do unieważnienia aukcji bądź przetargu wygasa z upływem miesiąca od dnia, w którym uprawniony dowiedział się o istnieniu przyczyny unieważnienia, nie później jednak niż z upływem roku od dnia zawarcia umowy.

4.5 Zawarcie umowy z wykorzystaniem wzorców umownych

W praktyce kontraktowej, szczególnie z udziałem przedsiębiorców, można zaobserwować standaryzację umów. Przejawia się to w tendencji do eliminowania indywidualnego ustalania treści umów. Wykorzystuje się w tym celu wzorce umowne (ogólne warunki umów, formularze umów, regulaminy). Towarzyszy temu szczególny tryb zawierania umów przez przystąpienie kontrahenta, tj. adhezję (umowy adhezyjne). Możliwość stosowania wzorców wiąże się z zasadą swobody umów, z drugiej jednak strony posługiwanie się wzorcami prowadzi do praktycznego ograniczenia tej zasady. Jest to związane w sposób oczywisty z tym, że wzorce narzucane kontrahentowi stwarzają zagrożenie dla jego interesów. W porządku prawnym przyjęto zatem rozwiązania chroniące stronę słabszą, tj. podmiot, którego sytuacja prawna na skutek użycia wzorca może zostać pogorszona (np. przez nierównomierny rozkład praw i obowiązków, ryzyka związanego z wykonaniem umowy, przyznanie stronie silniejszej uprawnienia do jednostronnej zmiany umowy bądź jej zakończenia).

Wzorce umowne są to klauzule opracowane przed zawarciem umowy, ustalane przez jedną ze stron w taki sposób, że druga strona nie ma wpływu na ich treść. Aby wzorzec wiązał drugą stronę, musi zatem zostać doręczonyprzed zawarciem umowy (a więc konieczne jest zawarcie umowy i uprzednie doręczenie). Od zasady obowiązku doręczenia wzorca ustawa wprowadza wyjątek–doręczenie nie jest konieczne, jeśli między przedsiębiorcami w danej branży posługiwanie się wzorcem jest zwyczajowo przyjęte, a druga strona mogła się z łatwością dowiedzieć o jego treści (np. przez wywieszenie wzorca w lokalu, gdzie zawierane są umowy). Natomiast w przypadku, gdy jedna ze stron posługuje się wzorcem umowy w postaci elektronicznej, ma ona obowiązek udostępnienia wzorca kontrahentowi przed zawarciem umowy w taki sposób, aby mógł on ten wzorzec przechowywać i odtwarzać (art. 384 kc). Od zasady doręczenia wzorca przed zawarciem umowy ustawa również wprowadza wyjątek. Otóż, gdy jedna ze stron wydaje wzorzec w czasie trwania umowy o charakterze ciągłym (np. w umowie agencyjnej zawartej na 5 lat), wzorzec wiąże drugą stronę, jeśli nie wypowiedziała umowy w najbliższym terminie wypowiedzenia (art. 384^1 kc).

W praktyce zdarza się, że postanowienia wzorca odbiegają od treści umowy. W sytuacji sprzeczności wzorca z umową pierwszeństwo mają postanowienia umowy (strony są wówczas związane umową).

Przepisy prawa ustanawiają także dla strony posługującej się wzorcem dwa zasadnicze wymagania co do sposobu jego formułowania (art. 385 § 1 kc). Po pierwsze, wzorzec powinien być sformułowany jednoznacznie, po drugie - powinien być zrozumiały dla typowego adresata (np. sformułowany w języku, jakim włada kontrahent). Wzorzec niespełniający tych kryteriów nie wiąże drugiej strony.

W prawie polskim przyjęto także regułę nakazującą tłumaczenie postanowień niejednoznacznych na korzyść drugiej strony (łac. in dubio contra proferentem). Zasada ta jest wyraźnie wyrażona w przepisach w odniesieniu do konsumentów (art. 385 § 2 zd. 2 kc). W obrocie profesjonalnym dotyczy umów z zakresu pośrednictwa ubezpieczeniowego[①]. Należy jednak przyjąć, że może być stosowana odpowiednio także w pozostałym zakresie w umowach między przedsiębiorcami.

Kolejna reguła odnosząca się do wzorców stosowanych przez przedsiębiorców w umowach profesjonalnych (B2B) dotyczy tzw. konfliktu formularzy (art. 385^4 kc).

① Art. 15 ust. 5 Ustawy z dnia 11 września 2015 r. o działalności ubezpieczeniowej i reasekuracyjnej, Dz.U. 2015 poz. 1844.

Zgodnie z tą regułą umowa między przedsiębiorcami stosującymi różne wzorce nie obejmuje tych postanowień wzorców, które są ze sobą sprzeczne. W takim stanie rzeczy strona, która otrzymała ofertę, może niezwłocznie zawiadomić oferenta, że nie zamierza zawrzeć umowy. Jeśli tego nie uczyni, strony są związane umową i wzorcem, z pominięciem sprzecznych postanowień.

5. Zawarcie umowy przez pełnomocnika i prokurenta

5.1 Uwagi ogólne

Czynności prawnych dokonuje z zasady osoba, której mają dotyczyć skutki danej czynności prawnej. W praktyce obrotu pojawia się często jednak potrzeba dokonania czynności prawnych przez przedstawiciela (zastępcę bezpośredniego). Jest to uwarunkowane rozmaitymi okolicznościami. Zastępstwo jest niejednokrotnie potrzebne w stosunkach między przedsiębiorcami w związku z przestrzennym i organizacyjnym zakresem działania podmiotów prowadzących działalność gospodarczą. Potrzeba posłużenia się przedstawicielem może też być związana z przeszkodami faktycznymi osób fizycznych, np. nieobecnością, brakiem kwalifikacji. W celu realizacji tych potrzeb przepisy prawa polskiego dopuszczają dokonanie czynności prawnych w zastępstwie osoby bezpośrednio zainteresowanej (mocodawcy, reprezentowanego).

W prawie polskim przyjęto bowiem zasadę, że czynności prawnej można dokonać przez przedstawiciela. W konsekwencji czynność prawna dokonana przez przedstawiciela w granicach umocowania pociąga za sobą skutki bezpośrednio dla reprezentowanego (co jest istotą przedstawicielstwa). Stronami czynności prawnej dokonanej w imieniu reprezentowanego przez przedstawiciela jest reprezentowany i osoba trzecia (innymi słowy–kontrahent mocodawcy).

Umocowanie do działania przedstawiciela może wynikać z: ustawy (np. w przypadku rodziców małoletniego mających władzę rodzicielską), orzeczenia sądowego (np. w razie ustanowienia opiekuna dla ubezwłasnowolnionego całkowicie) bądź oświadczenia woli mocodawcy. Dalsze uwagi odnoszą się do przedstawicielstwa, które swoje źródło ma w woli mocodawcy (jednostronna czynność prawna), którego określa się mianem pełnomocnika bądź prokurenta (w zależności od tego, kto udziela umocowania).

Skuteczne działanie przedstawiciela w imieniu mocodawcy jest uzależnione od kilku okoliczności. Po pierwsze, pełnomocnik musi mieć mocowanie do działania w cudzym imieniu i działać w cudzym imieniu. Po drugie, musi mieć zdolność do reprezentowania i działać w zakresie umocowania. Po trzecie, daną czynność musi być można dokonać przez przedstawiciela (nie można np. za pośrednictwem przedstawiciela sporządzić testamentu, uznać dziecka).

5.2 Pełnomocnictwo

5.2.1 Działanie przez pełnomocnika

Pełnomocnik działa na podstawie pełnomocnictwa udzielonego przez mocodawcę. Innymi słowy pełnomocnictwo ma swoje źródło w woli mocodawcy. Jego udzielenie następuje z reguły w drodze jednostronnej czynności prawnejmocodawcy (lub pełnomocnika w przypadku dalszego pełnomocnictwa - tzw. substytucja). Udzielenie pełnomocnictwa sprawia, że pełnomocnik jest umocowany do dokonywania czynności prawnych w imieniu mocodawcy. Skutki czynności prawnych dokonanych przez pełnomocnika w imieniu mocodawcy z kontrahentami dotyczą bezpośrednio mocodawcy. To on jest stroną czynności prawnej.

Należy podkreślić, że czynność prawna udzielenia pełnomocnictwa jest czynnością prawną wyłącznie upoważniającą. W konsekwencji z samego faktu udzielenia pełnomocnictwa nie wynika obowiązek działania pełnomocnika. Obowiązek ten ma swoje źródło dopiero w umowie podstawowej, która towarzyszy pełnomocnictwu.

Pełnomocnik przyjmuje na siebie zobowiązanie do wykonania umocowania dopiero w umowie podstawowej (którą może być: umowa zlecenia, umowa agencyjna, umowa spedycji, umowa o pracę itp.). Jeśli umowy podstawowej nie zawarto, mocodawca nie może–na podstawie samego pełnomocnictwa–żądać od pełnomocnika naprawienia szkody, gdy ten np. nie stawi się u notariusza w celu zawarcia umowy sprzedaży nieruchomości w imieniu mocodawcy.

5.2.2 Forma pełnomocnictwa i inne przesłanki ważności

W prawie polskim przyjęto zasadę swobody formy udzielenia pełnomocnictwa. Pełnomocnictwo może zostać objęte treścią umowy podstawowej lub wynikać z oddzielnej czynności prawnej dokonanej w sposób wyraźny (na piśmie lub ustnie) lub dorozumiany. Pełnomocnictwo jest bowiem instytucją niezależną od umowy będącej źródłem obowiązku działania pełnomocnika. Jak już bowiem wspomniano, obowiązek ten nie wynika z faktu udzielenia pełnomocnictwa.

Pełnomocnik może zostać również umocowany w sposób dorozumiany. Następuje to w sytuacji, gdy zgodnie z dyrektywami interpretacji zachowaniu mocodawcy można przypisać udzielenie umocowania. Fakt udzielenia umocowania można niejednokrotnie wywieść z treści umowy podstawowej, np. umowy agencyjnej przewidującej obowiązek agenta do zawierania umów sprzedaży w imieniu dającego zlecenie (mocodawcy).

W prawie polskim wprowadzono wyjątki od zasady swobody formy udzielenia pełnomocnictwa. Pierwszy dotyczy sytuacji, gdy ważność dokonywanej przez pełnomocnika czynności prawnej uzależniona jest od zachowania formy szczególnej (np. formy aktu notarialnego dla sprzedaży nieruchomości albo formy pisemnej z notarialnie poświadczonymi podpisami dla zbycia przedsiębiorstwa). Pełnomocnictwo do dokonania tej czynności powinno zostać udzielone w tej samej formie (art. 99 § 1 kc). Odnosząc się do podanych wcześniej przykładów, powinno być zatem udzielone w formie aktu notarialnego, gdy pełnomocnik ma zawrzeć umowę sprzedaży nieruchomości, i w formie pisemnej z notarialnie poświadczonymi podpisami, gdy zbywa przedsiębiorstwo. W tym ostatnim przypadku jednak, gdy w skład przedsiębiorstwa wchodzi nieruchomość, a strony obejmują czynnością prawną wszystkie elementy przedsiębiorstwa, pełnomocnictwo także powinno być udzielone w formie aktu notarialnego. Po drugie, pełnomocnictwo ogólne musi być udzielone w formie pisemnej pod rygorem nieważności (art. 99 § 2 kc).

Odnosząc się do innych przesłanek ważności pełnomocnictwa, należy dodać, że pełnomocnik musi mieć co najmniej ograniczoną zdolność do czynności prawnych. Z reguły jednak mocodawcy udzielają umocowania osobom fizycznym mającym pełną zdolność do czynności prawnych.

5.2.3 Rzekomy pełnomocnik

Mianem rzekomego pełnomocnika (łac. falsus procurator) określa się osobę, która nie ma w ogóle umocowania bądź przekracza jego zakres. Działanie takiej osoby nie prowadzi do zobowiązania mocodawcy. Skutki jej działania zależą od tego, czy dokonuje ona czynności prawnej jednostronnej (np. wypowiada umowę bądź od niej odstępuje), czy też zawiera umowę w cudzym imieniu. W pierwszym przypadku czynność prawna jest co do zasady nieważna (art. 104 kc). Natomiast w przypadku zawarcia umowy jest ona dotknięta sankcją bezskuteczności zawieszonej (obie sankcje zostały omówione wyżej). Do wywołania przez umowę skutków prawnych konieczne jest potwierdzenie czynności prawnej przez mocodawcę (art. 103 kc). W razie braku potwierdzenia lub upływu terminu do potwierdzenia (wyznaczonego przez drugą stronę) umowa jest nieważna od chwili zawarcia.

W razie niepotwierdzenia umowy przez mocodawcę na rzekomym pełnomocniku ciążą dwa obowiązki. Po pierwsze, ciąży na nim obowiązek zwrotu wszystkiego tego, co otrzymał w wykonaniu umowy (np. określony towar, cenę za towar, wynagrodzenie). Po drugie, ma obowiązek naprawienia szkody, jaką kontrahent poniósł przez to, że zawarł umowę, nie wiedząc o braku umocowania. Innymi słowy kontrahent działa w dobrej wierze (tzn. nie wie o działaniu bez umocowania lub z przekroczeniem zakresu).

Jeśli natomiast rzekomy pełnomocnik działał w granicach pierwotnego, wcześniejszego umocowania (art. 105 kc), które wygasło, to zawarta przez niego umowa jest ważna, chyba że druga strona wiedziała lub z łatwością mogła się dowiedzieć o braku umocowania.

Przepisy prawa przewidują w niektórych przypadkach wyjątki od zasad ogólnych zamieszczonych w Kodeksie cywilnym (np. art. 8 prawa wekslowego i art. 760^3 kc odnoszący się do agenta handlowego).

5.2.4 Rodzaje pełnomocnictwi sytuacje szczególne

W kodeksie cywilnym wyróżniono trzy zasadnicze rodzaje pełnomocnictw (art. 98 kc):

– pełnomocnictwo og ó lne (szerokie umocowanie do dokonywania czynności zwykłego zarządu);

– pełnomocnictwo rodzajowe (np. umocowanie do nabywania w imieniu kolekcjonera sztuki obraz ó w danego artysty);

– szczeg ó lne, tj. do dokonania określonej czynności prawnej (np. jednorazowe pełnomocnictwo do zawarcia umowy sprzedaży przedsiębiorstwa).

W prawie polskim dopuszczono wyjątkowo udzielenie przez pełnomocnika dalszego pełnomocnictwa (pełnomocnictwo substytucyjne). Zasadą jest zatem zakaz substytucji. Pełnomocnik może bowiem ustanowić dla mocodawcy innych pełnomocników tylko w trzech przypadkach. Po pierwsze wówczas, gdy możliwość taką przewidziano w treści pełnomocnictwa głównego. Po drugie, gdy wynika to z ustawy (np. w przypadku pełnomocnictwa substytucyjnego udzielonego przez adwokata czy radcę prawnego innemu adwokatowi, radcy prawemu czy aplikantowi radcowskiemu bądź adwokackiemu). Po trzecie, gdy wynika to ze stosunku prawnego będącego podstawą pełnomocnictwa (np. ze zlecenia, umowy agencyjnej, umowy spedycji, umowy spółki).

W prawie polskim unormowano tzw. pełnomocnictwo domniemane (art. 97). Regulacja ta odnosi się do osoby, która działa w lokalu przedsiębiorcy przeznaczonym do obsługi klientów. W razie wątpliwości uznaje się tę osobę za umocowaną do dokonywania czynności prawnych, które zazwyczaj dokonywane są z osobami korzystającymi z usług tego przedsiębiorstwa.

Kolejna unormowana instytucja szczególna to tzw. czynności prawne z samym sobą. Pojęcie to obejmuje dwie sytuacje. Po pierwsze, gdy pełnomocnik składa lub odbiera oświadczenie woli w imieniu mocodawcy, a z drugiej strony działa w imieniu własnym. Po drugie, gdy pełnomocnik reprezentuje obie strony. Innymi słowy–składa oświadczenie woli w imieniu obu stron umowy. Zasadniczo działanie takie jest zakazane. Dozwolone jest jedynie wówczas, gdy wynika to z treści pełnomocnictwa, a także w sytuacji, gdy wyłączona jest możliwość naruszenia interesów mocodawcy (np. ustalono cenę, za jaką ma być sprzedany określony w umowie przedmiot).

5.2.5 Wygaśnięcie pełnomocnictwa

Wygaśnięcie pełnomocnictwa jest związane z różnymi zdarzeniami. Zasadniczo wygasa z upływ czasu, na jaki go udzielono, bądź ze ziszczeniem się warunku, od którego było uzależnione. Pełnomocnik jest wówczas zobowiązany zwrócić mocodawcy dokument pełnomocnictwa. Pełnomocnictwo wygasa nadto w sytuacji:

– dokonania czynności, dla której go udzielono;

– odwołania przez mocodawcę (wyjątkowo pełnomocnictwo może mieć charakter nieodwołalny);

– zrzeczenia się pełnomocnictwa przez pełnomocnika;

- śmierci mocodawcy lub pełnomocnika (z treści pełnomocnictwa może wynikać co innego);

– wygaśnięcia stosunku podstawowego, jeśli umocowanie wynikało z tego stosunku w sposób dorozumiany.

5.3 Prokura

5.3.1 Istota prokury

Prokura jest swoistym pełnomocnictwem udzielanym przez przedsiębiorcę (podlegającego obowiązkowi wpisu do rejestru przedsiębiorców, tj. Krajowego Rejestru Sądowego oraz Centralnej Ewidencji i Informacji o Działalności Gospodarczej). Prokurentem może być osoba fizyczna mająca pełną zdolność do czynności prawnych.

Prokura stanowi odmianę pełnomocnictwa ogólnego, jednak zakres umocowania określa w sposób stanowczy ustawa. Nie podlega on zatem modyfikacji, w związku z czym nie można jej ograniczyć ze skutkiem wobec osób trzecich. Zakres prokury został określony prawem w sposób szeroki. Obejmuje bowiem czynności sądowe i pozasądowe związane z prowadzeniem przedsiębiorstwa (art. 109 kc). Niektóre czynności zostały jednak wyłączone z zakresu prokury (art. 109^3 kc). Otóż do takich czynności jak: zbycie przedsiębiorstwa, oddanie go do czasowego korzystania oraz zbycie i obciążenie nieruchomości wymagane jest odrębne pełnomocnictwo (pełnomocnictwo do danej czynności). Każdy kontrahent zatem wie (a przynajmniej powinien wiedzieć), jakie są określone ustawą kompetencje prokurenta. Rozwiązanie to sprzyja pewności obrotu w stosunkach profesjonalnych.

W przypadku prokury – odmiennie niż przy pełnomocnictwie – nie dopuszczono substytucji. Prokura nie może być bowiem przeniesiona. Prokurent może jedynie ustanowić pełnomocnika do poszczególnej czynności lub pewnego rodzaju czynności (art. 109^6 kc). W odróżnieniu od przepisów ogólnych o pełnomocnictwie, w przypadku prokury nie przewidziano wyjątkowych okoliczności uzasadniających odwołanie prokury–może być ona odwołana w każdym czasie (art. 109^7 § 1 kc)

5.3.2 Forma prokury

Prokura powinna być, pod rygorem nieważności, udzielona w zwykłej formie pisemnej (art. 109^2 kc). Należy podkreślić, że przepisu art. 99 § 1 kc o pochodnej formie pełnomocnictwa nie stosuje się. Oznacza to, że prokurent do zawierania umów w formie szczególnej nie musi mieć umocowania w takiej samej formie jak czynność prawna, której ma dokonać (co jest wymogiem w przypadku pełnomocnika).

5.3.3 Rodzaje prokury

W prawie polskim przewidziano dwa rodzaje prokury: łączną (art. 109^4 kc) i oddziałową (art. 109^5 kc).

Prokura może zostać udzielona kilku osobom łącznie (prokura łączna) lub oddzielnie. Łączny charakter prokury powinien wynikać z treści oświadczenia przedsiębiorcy i zostać ujawniony w rejestrze. Ujawniony powinien być także sposób wykonywania prokury łącznej. Podmioty uprawnione do reprezentacji nie muszą bowiem działać równocześnie; mogą składać oświadczenia woli sukcesywnie. W ramach prokury łącznej przyjęto rozwiązanie, zgodnie z którym prokura może obejmować umocowanie także albo wyłącznie do dokonywania czynności wspólnie z członkiem organu zarządzającego lub wspólnikiem uprawnionym do reprezentowania handlowej spółki osobowej. Nawet jeśli udzielono prokury łącznej, kierowane do przedsiębiorcy oświadczenia (lub doręczanie pism) mogą być dokonywane wobec jednej z osób, którym udzielono prokury łącznie.

Prokura oddziałowa natomiast polega na tym, że prokurę można ograniczyć do zakresu spraw związanych z działalnością oddziału przedsiębiorstwa (wpisanego do rejestru). Jest to wyjątek dotyczący możliwości ograniczania prokury wobec osób trzecich.

5.3.4 Wygaśnięcie prokury

Prokura wygasa wskutek wykreślenia przedsiębiorcy z rejestru, ogłoszenia jego upadłości, otwarcia likwidacji bądź przekształcenia przedsiębiorcy. Nadto prokura wygasa ze śmiercią prokurenta.

Z kolei ani śmierć przedsiębiorcy, ani utrata przez niego zdolności do czynności prawnych nie powoduje wygaśnięcia prokury. Prokurent nadal jest zobowiązany w takich przypadkach do działania. Przedsiębiorca zgłasza do odpowiedniego rejestru nie tylko udzielenie prokury, ale także jej wygaśnięcie.

Ewa Rott–Pietrzyk

图书在版编目（CIP）数据

投资波兰法律指南／万猛，（波）拉法乌·波利哈什主编．—北京：中国法制出版社，2019.8

ISBN 978－7－5216－0414－6

Ⅰ．①投…　Ⅱ．①万…　②拉…　Ⅲ．①投资－金融法－波兰－指南　Ⅳ．①D951.322.8－62

中国版本图书馆 CIP 数据核字（2019）第 166027 号

责任编辑：马金风　　　　封面设计：杨泽江

投资波兰法律指南

TOUZI BOLAN FALÜ ZHINAN

主编/万猛，（波）拉法乌·波利哈什

主编/新华书店

印刷/北京京华虎彩印刷有限公司

开本/710 毫米×1000 毫米　16 开　　　　印张/22.75　字数/321 千

版次/2019 年 8 月第 1 版　　　　2019 年 8 月第 1 次印刷

中国法制出版社出版

书号 ISBN 978－7－5216－0414－6　　　　定价：79.00 元

北京西单横二条 2 号

邮政编码 100031　　　　传真：010－66031119

网址：http：//www.zgfzs.com　　　　**编辑部电话：010－66070046**

市场营销部电话：010－66033393　　　　**邮购部电话：010－66033288**

（如有印装质量问题，请与本社印务部联系调换。电话：010－66032926）